教育教学管理

田 方 徐丽丽 吕仁顺 编著

天津出版传媒集团

天津科学技术出版社

图书在版编目（CIP）数据

教育教学管理 / 田方，徐丽丽，吕仁顺编著. -- 天津：天津科学技术出版社，2020.4

ISBN 978-7-5576-7613-1

Ⅰ．①教… Ⅱ．①田… ②徐… ③吕… Ⅲ．①教学管理 Ⅳ．①G42

中国版本图书馆 CIP 数据核字(2020)第 053747 号

教育教学管理

JIAOYU JIAOXUE GUANLI

责任编辑： 陶 雨

出版： 天津出版传媒集团
　　　　天津科学技术出版社

地址：天津市西康路 35 号

邮编：300051

电话：(022) 23332400

网址：www.tjkjcbs.com.cn

发行：新华书店经销

印刷：北京宝莲鸿图科技有限公司

开本 787×1092　1/16　印张 12.75　字数 290 000

2021 年 4 月第 1 版第 1 次印刷

定价：58.00 元

前　言

　　"教育"一词来源于孟子的"得天下英才而教育之"。社会根据受教育程度选拔人才。人通过受教育实现社会地位的变迁。教育伴随着人类社会的产生而产生，随着社会的发展而发展，与人类社会共始终。因此，研究教育教学管理的课题不只是当前面临的巨大挑战，更是关系到后代子孙绵延与文化传承的大事儿。

　　本文首先初步概述了教育、我国教育发展现状与趋势及现代教育教学管理问题与对策，又通过对教育、教学、学校、教师、学生等基本教育教学管理以及普通高中教学管理的信息化和职业高中教育教学管理的研究，力图打造一部切合实际的教育类工具书，以期为广大一线教育人员提供理论指导与支持，为我国教育事业的发展添砖加瓦。

目 录

第一章 绪 论 1

    第一节 教 育 1

    第二节 我国教育发展现状与趋势 6

    第三节 现代教育教学管理问题与对策 10

第二章 教育管理 16

    第一节 教育管理学概述 16

    第二节 教育管理研究理论思维 22

    第三节 现代教育十大理念 31

    第四节 教育管理体制 37

    第五节 教育发展战略规划 44

    第六节 教育法律 58

    第七节 教育政策 68

    第八节 教育经费与教育财政 71

    第九节 教育领导与决策 83

第三章 教学管理 89

    第一节 教学管理概述 89

    第二节 教学设计 92

    第三节 教学方法 96

    第四节 教学目标与计划 103

第四章 学校管理 108

    第一节 学校管理概述 108

第二节　新课改的学校管理理念 ……………………………………… 113

第三节　当前学校管理存在的实际问题 ………………………… 117

第四节　适应新课改的学校管理体系构建 …………………… 122

第五章　教师管理 ……………………………………………………… 131

第一节　教师管理概述 …………………………………………………… 131

第二节　教师的评价和期望 …………………………………………… 137

第三节　义务教育阶段教师管理权边界 ……………………… 144

第六章　学生管理 ……………………………………………………… 150

第一节　学生管理概述 …………………………………………………… 150

第二节　学生班级管理 …………………………………………………… 152

第三节　学生课外活动管理 …………………………………………… 158

第七章　普通高中教学管理的信息化 …………………………… 164

第一节　普通高中教学管理信息化的理论基础 ……………… 164

第二节　普通高中教学管理信息化的模式 ………………… 170

第八章　职业高中教育教学管理 …………………………………… 189

第一节　职业高中教学管理 …………………………………………… 189

第二节　职业高中体育教学 …………………………………………… 191

结束语 ……………………………………………………………………… 197

第一章 绪 论

第一节 教 育

一、教育概念与定义

1. 概念

上述教育定义既反映了教育的本质，又可将教育活动同其他活动，如学习、训练、宣传等区别开来，可视作教育的基本概念。但是，与人们时常挂在嘴边的"教育"相比，该定义涉及的范畴显得窄多了。传统上，人们把学习培养、教育培养、训练培养、资助培养等事物都看作是教育，这表明在人们的意识里，还另有一种大得多的教育概念，即宏观的教育概念。它既包括基本概念的教育、训练、学习等可以直接影响人的素质、能力的一类活动，还包括那些虽然不能直接影响人的素质、能力，却可以对前一类活动的进行起到促进作用的活动，这也就是人们所说的培养活动。宏观的教育其实是等同于培养的，那么，培养的定义也就是宏观教育的定义。在上述基本的教育定义基础上，去掉能区别学习、训练等活动的"种差"，就成为宏观的教育（培养）定义：着眼于人的素质、能力而进行的活动。

宏观的教育的唯一特征是"着眼于人的素质、能力"，这表明判别某个活动是不是教育不在其结果如何。现实中，不是所有的教育活动都能达到预期的效果，有的甚至会失败。而有些活动，如研究活动、宣传活动虽然可以影响人的素质、能力，却并不是人们所公认的教育活动。当人们持不同的立场着眼于人的素质、能力时，能从正反两方面来对待人的素质、能力，正向地去开发、加强人的某些素质、能力，反向的则去削弱、抑制人的某些素质、能力。人的素质、能力有先天和后天之分，先天的与其他动物一样，是大自然长期进化造就的。后天的又分为两种情况：其一，人们不经意间获取的，或非刻意成就的；其二，人们刻意造就的，宏观的教育就概括了所有刻意于人的素质、能力而进行的活动。

"教育"一词存在多种概念的状况由来已久，《现代汉语词典》中对"教育"一词的描述（定义）就包括了两个方面：其一，表达的是宏观的教育概念——"培养新生一代准备从事社会生活的整个过程"。但其在描述教育概念时用到了"培养"一词，而它在表述培养概念时又使用了"教育"一词——"按一定的目的长期地教育和训练",有循环描述（定义）的嫌疑；其二，表达的是基本的教育概念——"教导、启发"，但同时它对教导的表述是——"教育指导"，又有循环描述（定义）的嫌疑。在定义时，定义项中不能直接或间接包括被定义项，否则就形成了循环定义的错误。这方面，《新华词典》中对"教育"一词的描述就不存在循环定义的问题。《新华词典》中对"教育"一词的描述也分为两个方面：其一，"以影响人的身心发展为直接目的的社会活动"，显而易见这里表达的是宏观的教育概念；其二，"使明白道理"，该表述把教育同训练活动区别开来了，想来是要表达教育的基本概念。但是，这么表述是不能把教育同学习、研究、宣传等活动区别开来的，因为这些活动也可以使人明白道理。因此，这样表述教育的基本概念是值得商榷的。

《新华词典》《现代汉语词典》中描述的教育宏观概念，也被称为广义的教育。与之对应，狭义的教育一般指专门组织的教育。学校教育中包括了教育、训练、学习、资助等各种培养活动，因此学校教育也是属于宏观教育的范畴。像教育这样，集多种概念于同一领域，势必使其难以形成一个统一的定义。因此，人们在不同场合、语境中运用或理解教育一词时，就需格外注意其确切的含义。

2. 定义

"教育"是以知识为工具教会他人思考的过程，思考如何利用自身所拥有的创造更多的社会财富，实现自我价值的体现。

在教育学界，关于"教育"的定义多种多样，可谓仁者见仁、智者见智。一般来说，人们是从两个不同的角度给"教育"下定义的，一个是社会的角度，另一个是个体的角度。苏联及我国一般是从社会的角度给"教育"下定义的，而英美国家的教育学家一般是从个体的角度给"教育"下定义的。从社会的角度来定义"教育"，可以把"教育"定义区分为不同的层次：

（1）广义的，凡是增进人们的知识和技能，影响人们思想品德的活动都是教育。"教育"看成是整个社会系统中的一个子系统，分配着且承担着一定的社会功能。

教育最本质性的理解，就是社会对人们思想的知识灌输和行为指导。一、教育的对象是人；二、内容必须是良性的有意义的。从而使人民去改造社会。

（2）狭义的：指个体精神上的升华。这种定义方式强调社会因素对个体发展的影响。把从个体的角度来定义"教育"，往往把"教育"等同于个体的学习或发展过程。

（3）更狭义的，主要指学校教育，指教育者根据一定的社会或阶级的要求，有目的有计划有组织地对受教育者身心施加影响，把他们培养成一定社会或阶级所需要的人的活动。这个主要指的中国校园的应试教育。

教育是在一定的社会背景下发生的促使个体的社会化和社会的个性化的实践活动。

如果围绕教育活动的基本要素来定义，可以把教育定义为教育是指人有意识地通过若干方法、媒介等形式向他人传递信息，期望以此影响他人的精神世界或心理状态，帮助或阻碍他人获得某种（些）观念、素质、能力的社会活动。处于前者角色的称为教育者，处于后者角色的称为教育对象。这样定义符合所有的人类教育活动，可以作为教育的基本定义。

当代诗人、文化学者张修林在《谈教育》一文中有如下解释：

所谓教育，应当是作为对社会文化的传授、传播。而社会文化，包括文理学科，它应当包含三个层次的内容：第一层次是指高层次文化，既抽象的、看不到存在的，比如社会心理、美学和价值；第二层次指从第一层次具体下来的，尽管看不到具体存在，但能切实感觉到它的结构与活动方式存在的，比如政权及其机构；第三层次指表面文化，既看得到又摸得到的，物品或物质的文化。简单地说，就是精神文化、精神的物化文化以及物质文化。教育的目的，说是教化育人，其实就是让人接受各种有用的知识，以期将这些知识吸收、溶化，能够将其直接作用于社会，或者把这些知识作为基础，升华出新的知识，即发现和发明。前者像物理变化，接受的人如同一个盛东西的容器，接受的几种东西还是那样的几种东西，不过是换了个地方，有了些混杂，这大概就是常说的实用型人才——技术或技艺的人才；后者则类似于化学反应，已经生成了不同的、另外的东西，这类人才能够很好地掌握第一层次的文化，容易形成自己特有的治学思想、理念和方法。这就是创造型人才。一个国家和民族，在世界上的文化影响，主要就是第一层次的文化、创造型人才的影响。人类高度发达的神经系统是教育产生和发展的物质基础和前提。它提供了感受、记忆、联想、想象、推理等完整的思维功能，使人的意识能够相互影响并得以传播。

3. 内涵

教育有广义和狭义之分。

广义的教育泛指一切有目的地影响人的身心发展的社会实践活动。

狭义的教育是指专门组织的教育，即学校教育，它不仅包括全日制的学校教育，而且也包括半日制的、业余的学校教育、函授教育、刊授教育、广播学校和电视学校的教育等。

它是根据一定社会的现实和未来的需要，遵循年青一代身心发展的规律，有目的、有计划、有组织、系统地引导受教育者获得知识技能，陶冶思想品德、发展智力和体力的一种活动，以便把受教育者培养成为适应一定社会（或一定阶级）的需要和促进社会发展的人。

二、教育本质与功能

1. 本质

教育本质的多重审视：

（1）内涵：所谓教育本质，就是指教育作为一种社会活动区别于其他社会活动的根本特征，即"教育是什么"的问题。它反映出教育活动固有的规定性即其根本特征。

（2）关于教育本质的四种观点：上层建筑说、生产力说、特殊范畴说、多重属性说。

（3）关于教育本质的第五种观点"意识替代说"。

唐震认为，文化教育的本质也许可以概括为：用我们已经掌握的关于我们的对象及对象关系的知识，教给新的个体以应付对象的方式方法。它以一种意识改变另一种意识，以意识之间的碰撞、磨合、渗透及变革为目的，是一种意识覆盖以致消除另一种意识的、令个体可能产生痛苦的过程。由于任何两个个体所面临的对象均有不同，从不同对象中得来的意识之间就具有差异性或冲突性，文化教育活动的受体也就具有一定的排斥性。现实社会中，人们为了减弱受体的排斥心理，一是让教育活动主要在长幼之间进行。年长者（或者先得知识者）一般居于教育者地位，年幼者（或者后得知识者）知识匮乏，像个白板，因而是被教育者。二是通过功利等方式加以诱导。比如古代有"学而优则仕"，今天有"知识就是财富"等教育目标的召唤，使得教育活动能够正常地开展下去。

关于意识替代，作家三盅则说：我们强迫孩子用死记硬背替代想象与创造，于是我们易中天多，而陈景润少，甚至一万个易中天里挑不出一个陈景润。

文化教育通过改变个体的意识空间来改变个体的选择指向。人类通过文化教育增大了个体的意识空间，从而找到了教给个体选择对象方式方法的捷径。人类的文化成果通过教育者附着在个体的意识当中，塑造了新的个体，为个体关于未来的指向提供了透视器和显微镜。

（4）人类的教育有社会性、目的性，这与动物的本能教育有本质区别。人类教育本质是有目的的培养人的社会活动。主要表现在以下三点：第一，教育是人类所特有的社会现象；第二，教育是有意识、有目的、自觉地对受教育者进行培养；第三，存在教育者、受教育者及教育影响三种要素之间关系。

2. 功能

教育功能，即指教育活动的功效和职能，就是"教育干什么"的问题。教育的功能大致可分为：个体发展功能与社会发展功能。教育的个体发展功能故可分为教育的个体社会化功能与个体个性化功能两方面。社会活动的领域主要包括经济、政治和文化等方面，因而教育的社会发展功能又可分为教育的经济功能、政治功能和文化功能。

教育的主要功能是：

（1）教育的最首要功能是促进个体发展，包括个体的社会化和个性化。

（2）教育的最基础功能是影响社会人才体系的变化以及经济发展。现代社会重教育的经济功能主要包括：为经济的持续稳定发展提供良好的背景；提高受教育者的潜在劳动能力；形成适应现代经济生活的观念态度和行为方式。

（3）教育的社会功能是为国家的发展培养人才，服务于国家的政治、经济发展。

（4）教育的最深远功能是影响文化发展，教育不仅要传递文化，还要满足文化本身延续和更新的要求。

三、类型

1. 幼儿教育

幼儿教育主要指的是对 3～6 岁的幼儿所实施的教育，幼儿教育是学前教育或说早期教育的后半阶段，前面与 0～3 岁的婴儿教育衔接，后面与初等教育衔接，是一个人教育与发展的重要而特殊的阶段。"重要"指的是它是一个人发展的奠基时期，许多重要能力、个性品质在这个时期形成基本特点；"特殊"指的是这个阶段是儿童身心发展从最初的不定型到基本定型，转而可以开始按社会需求来学习并获得发展的过渡时期。

2. 正规教育

社会、群体或私人开设课程教育人们，通常是年轻人。正规教育比较系统完整。正规教育体系传授理想或有价值的知识，但有时会出现滥用情况。

3. 成人教育

终身教育或成人教育在许多国家已经非常普及。"教育"还被看作儿童的事，成人教育经常称为"成人学习"或"终身学习"。

成人教育意义是负担成人社会角色人所进行有系统持续的学习活动目的在促进知识、态度、价值和技巧上的改变。早期曾被认定是唯一一种扫除文盲，教导民众基本读、写、算术技能的活动，逐渐拓展至因应技术变迁的需要而提升个人知识能力为目的。

4. 高等自学教育

针对在职人群，因工作需要用学历而没时间去进行脱产学习；在工作期间自学通过国家统考的教育方式。

5. 开放教育

以学生和学习为中心，取消和突破对学习者的限制和障碍，对入学者的年龄、职业、地区等方面没有太多的限制，学生对课程选择和媒体使用有一定的自主权，在学习方式、学习进度、时间和地点等方面也可以由学生根据需要决定；在教学上采用面授、多种媒体教材和现代信息技术手段等。

6. 远程教育

通过互联网等方式进行授课的方式。

四、现代弊端

（1）教育不平等，精英教育与大众教育的对立。

（2）家庭与学校的理想主义教育与社会的现实主义教育的尖锐对立。

（3）私有制下的教育未能解决人的信仰问题。

（4）应试教育和社会功利性导致精神层面的缺失。

（5）家庭教育的家长专政性质以及与此关联的家庭暴力等问题，教育科学无法直接在家庭中推进实施。

（6）学校教育对学生个性的扼杀乃至自由权利（如恋爱）的剥夺，违背人性。学习不能与劳动相结合，反而与考试相结合。

（7）社会教育的大染缸性质，酿成重大社会问题。不能与学校和家庭教育有效结合，无缝连接。

（8）教育产业化（私有化）对教师本身的剥夺和对教育平等的严重损害。

（9）教师未能起到真正的传道授业解惑的职责，也未能真正做到因材施教。

（10）教育的社会功能未能与其他社会问题的解决相互关联，如老龄化问题等。

（11）素质教育仍需采取措施实施。

第二节　我国教育发展现状与趋势

当经济全球化的趋势逐渐风靡于当今世界的各个角落时，随其而来的是各个国家或者说整个社会对于科学技术以及信息化产业的一种深切关注，因为无论从哪一个角度出发，知识经济已经成为当今世界经济竞争的一种代表性的表现形式，而教育事业作为知识经济发展的一种前提条件，这样的社会境况对于它既是一种挑战，又是一种机会。

传统意义上认为教育是培养新生一代准备从事社会生活的整个过程，也是人类社会生产经验得以继承发扬的关键环节，主要指学校对适龄儿童、少年、青年进行培养的过程。而从广义上讲，凡是增进人们的知识和技能、影响人们思想品德的活动，都是教育。狭义的教育，主要指学校教育，其含义是教育者根据一定社会（或阶级）的要求，有目的、有计划、有组织地对受教育者的身心施加影响，把他们培养成为一定社会（或阶级）所需要的人的活动。类型有正规教育、成人教育、技术教育、特殊教育、终身教育等。

在我国，对于教育的关注，似乎已经成为一个潮流性的话题，我们国家有着五千年的文化底蕴，这就意味着，教育这一话题也有着深远的历史，随着文化的前进，不断地更新变革。近些年，尤其是改革开放的三十年里，我国的教育事业突飞猛进地发展，与此同时，教育制度、体制、方式等多方面也在与时俱进。今天，我们能看到一些详细的、优质的教育方案，正是我们教育成熟的结晶，当然这之中还有许多需要我们不断完善的东西和要素，需要我们用很长的时间来完成在这一变化发展中前行的伟大事业。

社会发展背景不同，各个区域的教育状况和形式也不尽相同，以我国为实例，在我国古代，原本没有文字的产生，人们从远古时期的打猎，到刀耕火种时期，随着生产力的发展，人们开始进步，不仅表现在劳动分工上，更重要的是，人们学会了用文字去记录信息，也正是文字的出现，为日益繁复的社会知识和自然知识的积累创造了有利的条件，同时也造成了产生学校的现实需要，因为要掌握文字和由文字保存下来的社会经验，就更加需要专门的指导和学习，而教育的发展与改革也就随之而起。

一、我国现阶段的教育状况

我国素来有"教育大国"的称号，孔夫子的名号已经响彻国内外，然而对于我国现今教育问题发展的局面，我们却要为此引起社会各界关注，无论是素质教育阶段还是大学教育都似乎进入一种比较尴尬的局面。

在传统的教学过程中，我们通常愿意用习惯性的眼光来审视教育，认为教育之重在于"教"，所以"填鸭式教学"才成为普遍现象生存于传统的意识形态中。而当教育成为一种义务在大众的生活中扮演着越来越重要的角色时，各种关于教育的言论便出现于社会舆论中。

1. 传统教育方式的发展状况

当下，我国的课堂教学，从小学到大学，甚至是研究生，虽然一直在强调启发式、研究式，但实际上主要的还是灌输式占据主流，学生在课堂上是被动的，课下是闲散的，造成了无所大收获的局面。纵观我国的教学历程，我们可以看到，虽然自主式的学习方式已经推广多年，但是传统教育模式，即填鸭式的教学模式或多或少地束缚了青年学生的创新型发展思维，大多数学生局限于传统思维的教条式发展，不懂得举一反三，不能够灵活运用，这种滞后性使我们的教育呈现一种完全的制度化、模式化，少了活力和动力，这个问题是存在于我国的教育事业之路上的一块顽固的绊脚石。我国基础教育过程中，总是在追求教育教学质量，通过集中式教学，采用考试来评价学生的学习和教育办学质量，这极大地限制了学生自身的特质，忽略了素质教育的问题。

在我们传统的教学过程中，课堂四十五分钟只有老师发挥光热的身影，却没有学生的发展空间，长此以往，在学生的世界中，会错误地认为老师会安排好一切，他们只是原封不动地将老师所教的东西复制到自己的笔记中，形成一种对老师的依赖，所以会出现很多这样的结果，比如，老师进行了一节课堂测验，只是将自己所讲的东西进行了一个形式的转变，即"换汤不换药"，可是学生却会茫然不知所措，觉得老师没讲过，自己不会答。

2. 教育发展区域间不平衡以及"教育不公平"的问题

地区间经济状况的不同，导致办学条件存在较大的差异，由此造成了不同地区学生享受到的教育资源不同；而教师队伍的素质参差不齐，也使得学生接收到的教育有所不同。

虽然教育只是个体生存和发展的一个重要方面，但基于不公平入学条件毕业出来的学生，社会很难区分其真实水准，从而导致就业竞争的不公平。相对于名牌、重点院校的大学生而言，不少一般本科、专科院校的毕业生，在就业市场上似乎存在"品牌劣势"。某沿海城市在举办毕业生就业招聘会时，甚至打出"非重点院校的毕业生谢绝入内"的标语，严重破坏了就业竞争的公平性。还有在高等教育的发展过程中，发达地区特别是中心城市的高考招生分数远低于其他省区，这势必造成了教育机会的不公。

二、针对我国的教育现状所需要做出的改变

教育是广泛存在于人类生活中的社会现象，是有目的地培养社会人的活动。在经济改革的大背景下，教育改革也成了一个必然的趋势，教育改革开始关注个人的自身价值以及全面发展的问题，并且在现代教育的影响下，传统教学的方式从教师指导和教学的方式上都有一定的弊端，由此革新教学的重要性也就越来越被重视。

1. 针对教学方式的改革

新课程和新教材的出现是教育改革中一个很好的举措，我们可以在新教材中找到很多具有现实意义和富有挑战性的学习素材，并且会留给学生自主创新的空间，以此类练习来展示学生思考创新的能力，为学生提供了探究、交流的实际操作平台，使学生将传统的理论知识以实践过程展现出来；这就尊重了学生，还给了学生学习的自由，提高学生的学习兴趣。现在社会讲求的是全面的人才，这需要学生除了学习以外，还要能够达到德、智、体全面发展，同时彰显自己的个性优点，这样既可以为服务于社会，同时可以使个人价值得到体现。新课标的改革也正好体现了这一点。

学生才是学习的主体，如果主体失去了前进的兴趣，那么向导说再多做再多都是徒劳，让学生对学习感兴趣，就应该给学生自由，尊重他们，学生之间由于自身的实际情况不同所以会参差不齐，这一点在教学过程中必须注意，老师不应该只根据教学内容设计教学过程，必须要考虑到不同学生的潜在能力和能否有效将老师所讲的内容消化。给他们自由发挥的空间，才会将不同水平的学生在某方面上的突出能力显现出来，使学生受到鼓励，才会对学习产生兴趣，有了兴趣，学生的主观能动性也才可得到加强。总而言之，兴趣是最好的老师，注重学生兴趣的培养，是教育改革中很关键的一步。

在课堂上，老师和学生能否很好地交流也是教育改革中不可忽略的一个关键环节，课本上的东西往往只是一种范例，作为老师，应该运用一些技巧性的教学新方法来激发学生创新思维的能力，而学生，也应积极拓展自己的知识面，无论是在课内外，都应扩大自己的视野，不让自己完全被课本束缚，并且是否能将所学的东西运用到实际生活中也是学生是否能够对所学内容进行实践创新的一个能力的体现。学生应在平时的学习生活中，多思多问，老师多启发多方式地解决学生思想中的疑难杂症，学生老师共同合作，整理经验，才会使老师的教学和学生的学习得到"共赢"的结果。

2. 如何促进不同区域教育发展的协调性以及改变"教育不公平"的问题

在区域教育发展不平衡的问题中，笔者认为政府应该加大对边远山区教育的投入力度，拉近地区教育的距离，使东、西部地区以及城乡之间教育经费的投入处于一个相对协调的状态；而在教育不公平的问题中，这也是需要国家政策的扶持与帮助，我国财政教育支出在三级教育上生均投入相差过大，导致了教育投资内部结构的不合理，这就需要一定的调整；而且对于技术教育的投入也应有一定的力度，而不应该只是一味地增加

高等教育的投入。

三、我国未来教育的发展趋势

21世纪的今天，综合国力的较量已经发展成为经济实力的较量。我们可以认知到，面对今天的信息化社会，创新型人才已经是未来教育事业发展所要培养的重要对象，创新对于任何一种事物或者机制来说，都是促使其历史车轮源源不断向前迈进的动力。

1. 发展创新型人才

在世界上，经济实力的较量就完全取决于一个国家科技文化水平的高低。纵观世界上的各个发达国家以及综合能力强劲的大国，教育已经成为各个国家十分重视的一项长期任务。不能否认的是，我国正处于发展的重要战略时期，大力培育创新型人才，能够为我国建设创新型国家、国家的创新体系以及全面建设小康社会，提供坚强的人才保证和智力保障，只有当文化素质提高，科学技术实力增强，才能够在国际上的综合能力竞争中脱颖而出。从一定意义上说，创新型人才正以前所未有的时代需求推进着国家的自主创新，在激烈的国际竞争中占据主动，实现中华民族伟大复兴的历史使命。因此说，创新型人才必须是有理想、有抱负的人，具备良好的献身精神和进取意识、强烈的事业心和历史责任感等可贵的创新品质。具备了这样一种品质，才能够有为求真知、求新知而敢闯、敢试、敢冒风险的大无畏勇气，才能构成创新型人才的强大精神动力。建设创新型国家，科技是关键，人才是核心，教育是基础。所以，发展和壮大教育事业就成了我国的一项必须做好的长期工作。

2. 网络教育的发展以及多媒体的运用

如今，站在时代前沿的我们正处于一个信息化突飞猛进的时代，网络教育走进社会大众的视野，逐渐地也似乎成了未来全球化形势下一个重要的课题，我们已经明确地认识到当人类进入网络教育时期，教育的对象，教育的组织形式以及教育的目的都发生了很大的变化，与此相适应的，我们所采用的教学方式也必须得到转型。只有教学方式和受教育对象的接收方式相吻合，孩子们才能够得到更大的收获，获得更好的教育。21世纪是科技飞速发展，网络信息化的时代，而以网络技术和多媒体技术为核心的信息教育已成为拓展人类能力的创造性工具。近年来，用多媒体在课堂教学中的使用也越来越多地受到教师的重视。由于多媒体能够形象、直观、大容量地反映教学内容的特点，从而使课堂教学能够变得更加生动活泼、丰富多彩，充分调动了学生的学习兴趣，这样不仅加强了学习的积极性，而且也切实提高了教育教学质量。

在当前的生活中，我们已经或多或少地接触到一些有关网络教育的知识，但我们所能认知到的只是局域性的，面对未来的世界，我们还需要用很长的时间去了解网络教育的深层体系，从而知道我们的教育走向一种具有时代性的方向。

3. 发展现代教育，构建新型教学机构

所谓教育现代化，最重要的就是其中的时代性。这就要求我们在应对改革的过程中，要严格地按照时代的特点进行改革，使之顺应潮流。这就要求我们在改革的过程中做到培养出来的人具有现代社会所需要的素质，同时师资力量包括校长都要具有应对具有时代特征的学生的能力，课程和教材内容的设定更要符合时代的要求和特征。

对于现代教育来说，需要的是以个人的吸收能力为基础的，人不单单再是传统观念所认为的生产主体，更重要的是要发展个人的潜力，并使其得到最大限度的发挥，这是当前教育改革的一个急需解决的任务。目前世界各国在基础教育改革中普遍提出：要大力提高基础教育质量；要以培养孩子的生存能力作为教育发展的基本方向；要以国际化、信息化为背景重新制定改革方略；要以培养学生的自我教育能力为教学改革的指导思想；要充分认识教师素质是决定改革成败的关键因素。当前我国正积极推进教育现代化、信息化发展，积极倡导和探索教育转型与具体教学课程整合的教学方式，对于教育改革的成功进行，发展学生的"信息素养"，以及培养学生的创新精神和实践能力，提高教师树立现代教育观念，改变传统的教学机构，培育和创造未来教育的新型模式，都有着十分重要的现实意义。能够在教育教学过程中运用现代教学技术构建新型教学机构，实现信息技术与课程整合的探索，对于教育将会是一项长期而艰难的任务。

第三节　现代教育教学管理问题与对策

教育教学管理是现代学校管理的重要组成部分，是学校管理活动的主线的改革，其水平与质量如何，直接关系到学校的兴衰成败。文章拟论述当前中学教育教学管理过程中存在的一些问题，并就这些问题提出一些相关的解决措施。

以人为中心的人本管理是教育科研管理的核心和发展方向，是塑造创新型教育者的成功妙法，是提高教师的生命价值的科学管理方法。激励是人本管理的有效方法，教育科研的管理应该是以人为本的管理。

在过去的教学管理实践中我们积累了丰富的经验，许多经验对今天的教学管理仍有一定借鉴意义，但随着办学规模的扩大和学校教学内容的增加，教学管理活动日益复杂，随着教育改革的不断发展，教学管理过程中暴露的问题也越来越多。在当前的中学教学管理中，管理者一方面要求教师和他们的学生以新课程理念实施新课程，另一方面以传统的管理模式来管理教师。这就会造成较多的管理问题，文章拟论述当前中学教学管理过程中存在的一些问题，并就这些问题提出一些相关的解决措施。

一、当前中学教学管理中存在的几个主要问题

1. 重行为管理，轻知识交流传递

常规管理的组织自上而下，有校、教研组、教师之间垂直链接，下级服从上级，上级是教学行为的信息源，是下级教学措施的决策者，严格的上下级关系成为信息沟通的障碍，造成教学效率低，适应能力差，思想僵化。过多的层次、过死的职责、过细的职能禁锢了教师的思维，限制了教师的责任感和创造性的发挥。下级遇到难题，不是积极地寻求解决的方案，而是简单地把问题推给上级。教师之间缺乏互动的方式传递信息，进行合作。

2. 重数量、轻质量管理

量化管理进入学校并没有什么错，但一些学校的教学管理干部却将其发挥到了极致。评价教师的工作业绩，看班上的优秀率、及格率、达标率，看有几个学生考上了重点高中或是名牌大学，检查教师的教学态度，教学管理干部年终写总结，大多要数一数自己这一年组织了多少次评优课，听了多少节推广课。这些教学管理干部将不能量化的也要量化，将不该量化的硬要量化，使教师们产生了抵触情绪。

3. 重视教学模式而忽略教师的个性作用

譬如在备课组活动中实行统一要求，忽略了教师的个性和知识背景，忽略了不同班级的学生层次，备课中要求了解学生对旧知识的掌握情况，但忽略了教师对学生的情绪、心理、情感、态度的影响，推行统一的课堂评价标准，凡上课就用这个标准衡量。把所有教师的教学思想统一在单一的模式上面，过分重标准规范，把教师的情感意志、道德价值观、个性能力等内在因素与教学行为分离，使老师成为用规定程序统一标准加工学生的机器。

4. 课堂教学的现状不容乐观

当前的课堂教学仍是把传授陈旧知识作为教学的主要目标，忽视学生全面发展，重视"教"而忽视"学"，限制了学生的创新精神发展。重视现成结论的记忆，忽视学习过程；重视向学生灌输而忽视学生的主动参与；重视教学活动的严格划一，忽视学生的创造才能和个性差异；重视认识能力培养，而忽视合作、交往等行为的养成；重视考试的选拔功能，忽视学生的综合评价。

5. 习本教学有待探索

在教育教学管理过程中，我们只是重视加强"教和学"的内容而忽视了"习"的重要性。老师教，学生学，至于学生究竟有多少东西转化为自己的，已经无从跟踪，导致高投入，低效率的结果，成绩的下降使学生出现焦虑甚至自暴自弃，失去学习的信心和兴趣。

6. 教育生态环境必须重建

新课程的理念逐渐成为教学管理的主话题和教学的核心内容，与新课程相关的理论学习与实践上的成熟也逐渐形成一种气候。回顾教育教学历程，我们有自豪的一面，但也有

负疚的一面。就如我们的经济发展一样，在很多情况之下，我们的教育教学成就是建立在对"环境"的破坏上，属于"高耗低效"的产出。具体有以下几个表现：一是掠夺性开发。对学生的培育是以牺牲他们的时间、个性与兴趣为代价的，教师过早地剥夺了学生的天性。其实质是对资源的掠夺性开发；二是循环性破坏。在以知识为主导的教学中，我们淡化了对学生品德、个性心理、情感、态度、价值观的引导与教育。存在着学生知识技能与个人修养的不协调，教师人格示范与学生的人品塑造不协调等问题。"环境"中的某个环节的弱化往往会形成"多米诺骨牌"效应，从而产生整个环境的循环性破坏；三是生态平衡失调。以"重分数，轻能力；重结果，轻过程；重知识，轻人品；重功利，失远利；重个人，轻团体；重主科，轻副科"为主要表象。尤其是目前我们学生的心理品质与道德素质的弱化已经引起"生态"的严重失调，并变得难以修复。

目前，我们已经开始得到"环境"的显性报复：教师的职业倦怠、教师的人格退化、师生人际冲突、学生人格扭曲、学生学习动力的衰退、师生情感淡漠、创新与进取精神的后滞，以及青少年犯罪等等问题都开始不断地暴发，并出现了一系列的并发症与后遗症，也开始进行着循环性的恶化。在扼腕长叹之际，在痛定思痛之时，我们不得不去寻找症结的根源，不得不对我们的教学生态环境予以高度的重视与深度的剖析和研究。

二、加强中学教学科学管理的主要方法与对策

1. 加强对教师教学过程的监控和引导

因为教学内容、学生、社会对学生的要求在不断地发展变化，教学过程也必须随之而变。教学过程包括多个环节。在教学过程的监控和引导方面，首先要以教案为突破口，在改革教法上下功夫，体现以学生为主体，以学生的发展为本，帮助学生建立新的学习方式，让新思想、新观念走进课堂，注重教案的创新性。

随着课堂教学改革实验的不断深入，教学管理者应把教师的教学反思纳入教学常规管理中，采取每节课后反思，写好教学后记附于该节教案后，每周的教研活动时间同年级组交流，讨论存在的问题及进一步改进的方法，提出自我奋斗的目标。期末将每个教师的教学后记收集起来展示评比，对教学设计有创新、有独特的个人教学风格、关注学生个性发展的教师应予以表彰。

2. 追求教师实施课堂教学管理创新

在管理机制方面，课堂教学管理改革必须建立一种激励创新的机制，从而创设一个充满创新精神的教学氛围，建立鼓励教师教有创新、学生学有创新的管理制度。要培养学生的创新精神，教师首先要有创新精神。在教学中，教师应当让学生向自己发问，任何创新都是以发问为前提的，学习前人的知识，就是要把前人走过的创新过程再发现、再体验，教师要有这个意识，由已知不断引出未知，使学生每掌握一个新知识，都能得到创新精神和实践能力的培养。这也是课堂教学管理的重要任务。

在管理方法方面，课堂教学管理应提倡全过程管理，注重课堂教学的各个环节的管理，提倡全方位管理，不仅要抓教的管理，关注教师的教育方法、教学效果，还要抓学的管理，关心学生的学习方法、学习习惯以及学习效果。

3. 提高教师管理者自身的素质

作为教学管理者不仅应有教师职业的基本知识，还应具有现代管理科学知识，在深厚知识功底的基础上提高能力。为使教学管理科学化，适应开放的学校系统，教学管理者急需加强条件性知识的学习，掌握现代教育科学理论和管理学理论，以条件性知识为依托，增强实践性知识的学习和提升，形成自己的管理特色，提高教学管理效率。要加强提炼，及时总结实践经验并与教育科学理论相联系，上升为系统的教育教学理论，指导今后的教学。

4. 提高教学管理者的创新性管理意识

教学的创新要求改革教学管理制度，教学创新需要有与之相匹配的教学管理制度的引导、支持和保障，而符合素质教育要求的教学管理制度又会促进和深化教师教学的创新，使教学创新不断发展。

教育思想要转变，教学活动理所当然地要转向以学习者为中心的轨道，衡量一节好课、评价一节好课要以学习者的发展为尺度。教学管理者应以新教学观来透视、分析、管理今天的教学。教学管理有必要采用刚性管理手段。规范教学行为，变革教学中不合理的思想观念和行为方式，改变教师习以为常的教学习惯。教学常规管理首先体现在依法治教，按照规定的计划、大纲、教材管好教学，必须科学规范，教学质量提高以有序的管理为基础，常规管理是有序管理的根本。

5. 真正加大和落实对习本教学的重要认识并落到实处

习本教学是一种全新的教学模式，突出"习"的地位，强调"习"的重要性，是一种以学生为本的教学模式。针对在教学管理中存在的种种问题，我们的教学管理者必须从课堂教育现象出发，强调"习得"的问题研究。目前教学管理者大多是注重教案和学案的研究，忽视对习案的研究。"习"是巩固知识和技能，包含温习、实习、练习，偏重于行动实践，更有利于学生的成长和发展。我们要让学生智慧地学习，教学管理者不仅要交给"学"的方法，还要他们有"习"的智慧，让习本教学思想渗透在教学指导与课后巩固的整个过程中，从而形成一种全新的教学模式。

6. 构建适应学生个性化成长的教学生态环境

教学生态环境也叫教学生态场景，是区别于自然生态环境而言的一种教学关系与氛围。以"能量流动、资源调配、人际协调、情绪情感塑造、品德培育"为流程，以"合作、竞争、同化、异化、蜕化"为特征。通过研究，教师把课堂还给学生，使课堂充满生命活力，形成学生主动参与，师生互动与逐步生成的人才培养模式；每个教师价值得到充分实现，使课堂成为现实社会的真实组成部分，回归生活才有生命力。学校管理的一切活动都是为了有效地实现育人的目标。这是学校管理的基本规律之一，反映了学校管理内部工作与育人工作以及学校管理目标与管理手段之间的本质关系。坚持在教学管理中强化和渗透德育，从宏观上保证教学管理与德育的有机融合，是最有效的途径。

一是重视合力作用，促进教学管理中诸因素同步协调。从合力出发思考教学管理与德育的有机结合是领导思维科学的基本点。这样，再不是将德育局限于某些活动或课程，再不是将教学看成仅仅是学校的工作，要把校内因素与校外因素、受控因素与非受控因素、明显因素与隐蔽因素、趋同因素与冲突因素等都结合起来一并思考。视野更广阔，角度更新颖，运筹帷幄，使两者在教育系统中取得优化组合的效果。譬如，教学管理作为学校管理的中心工作，受诸多因素的制约，过去只注意到校内因素如师资素质、教学设施、学习风气等的影响，实际上，校外因素也会对教学管理中心产生复杂的影响，如学生的社交、家庭教育等；教学管理中心不仅受受控因素的影响，如教学活动的组织、教学方法的选择等，所有这些都是围绕教学管理中心的，其中有相当多的因素就具有双重性，既属教学范畴，而更多的是难分难解，如果机械地割裂开来，就事论事，不从合力角度处之，就谈不上两者的有机结合。

二是树立全面渗透、全员参与和全程负责的意识，充分发挥各方面尤其是教师的教育优势。在教育工作中，教师是主体队伍，是教学管理与德育关系中具有交点意义的中脊。要使二者有机结合，就应当让所有教学人员都认识到自己既是教学管理者，又是德育工作者。这是保证在宏观系统中使二者有机结合的关键所在。但目前一般情况下，教师则表现为教学尚可，德育没有摆到重要位置上。导致这种现象的原因很复杂，对科任教师在教学管理中渗透德育的能力要求还未引起足够重视。注意到上述原因，使全员树立起参与意识，教学管理与德育的关系的调控才能落在实处并显出效果。

三是找准最佳途径，将课堂教学管理作为两者有机结合的主要渠道。引导教育工作者根据学科特点重新研究教学管理规律，考虑教学管理计划，使教书和育人在更为广泛的领域内真正统一起来并落到实处。因而将课堂教学管理作为两者有机结合的主要渠道，片面强调某一种渠道的作用都是不足取的。

四是增强教学管理中德育实效的关键是提高教师教学育人能力和教学能力。首先是具有本学科史系统知识，熟悉和掌握本学科教材的知识体系和结构，把握其中丰富的思想内涵。其次是本学科学科史知识。此外还要有其他学科的广泛知识，触类旁通，知识信手拈来，为我教育所用，采撷各种思想的花朵充实课堂教育，使德育丰富多彩，富有魅力。

五是具有一定的思想道德修养和认识能力。具备优良的品德和健康的意识，以向上的情绪、优良的品质、健康的情感去影响学生，这样课堂德育的效果将大大降低。因此，教师不仅要有政治理论知识修养，还必须具有运用这种理论去分析、认识、解决问题的能力，只有如此，才能辨识、挖掘教材中的教育因素，深刻地理解它，正确地把握它，准确地阐释和讲授它。

如何进行教育教学管理改革，使教育教学管理更好地促进教师、学生的发展，是教学管理者们必须思考的问题。教育教学管理是现代学校管理的重要组成部分，其水平与质量如何，直接关系到学校的兴衰成败。提高学校教育教学管理的质量和水平在中学管理工作中显得十分重要。

第二章　教育管理

第一节　教育管理学概述

教育管理学是研究教育管理过程及其规律的科学。按照教育管理对象的特点有广义和狭义之分。广义教育管理学，是以整个国家教育系统的管理作为自己研究的对象。狭义教育管理学，是以一定类型的学校组织作为自己研究的对象。

教育是一种社会现象，它存在于一定的社会环境之中，社会环境中各个因素对教育的存在与发展有着激励或制约的双重作用。教育管理学就是研究在什么社会积极条件下，采用什么方法能够激发教育中的激励因素，改变制约因素，此外，在评价教育管理的质量时也是以其社会效益的大小为准绳的。

一、历史沿革

中华人民共和国成立以前称为教育行政学。

教育管理组织的历史沿革，中国教育管理的组织在周朝设"大司徒"统辖全国教育。汉武帝兴太学，置明师，并制定博士弟子制。王莽执政时，令天下立学官，兴乡学，以奖进教育。隋文帝诏令国子寺不隶太常，改称国子监后，设祭酒一人统辖。唐承隋制，设国子监及弘文、崇文两馆，并置馆监以统辖之。元代至元六年（1269）诏令诸路设提举学校及教授官。至元二十四年又设江南各路儒学提举司。清初恢复国子监制，并设各省学道，后又改为提道政。清末设立学部，把国子监所管事务并于学部。辛亥革命后，改学部为教育部。1949 年中华人民共和国成立后，设教育部管理全国教育。

1862 年（即同治元年）到 1898 年（即光绪二十四年）间，我国创办了一批学校，如同文馆、方言馆、北洋中西学堂和上海的南洋公学等。这些学校的外籍教员不同程度地采用和传播了国外学校管理的思想、理论、制度和方法。此期，我国出版有外籍传教士编写的有关西洋各国教育制度、学校制度的读物，如德国同善会传教士范之安的《德国学校论略》和英国浸礼会传教士李提摩太的《七国新学备要》。

1898 年光绪下诏变法，明令兼习中西学术，并开办官书局印行"中外要书"，编译出版了较多学校管理方面的书籍，如田中敬一编周家树译的《学校管理法》，邵羲译著的

《学校管理法问答》等较为流行。

此期，我国教育行政部门较为重视教育管理在学校工作中的作用，张百熙、荣庆、张之洞等人在《学务纲要》中就有"学堂所重，不仅在教员，尤在有管理学堂之人，必须有明于教授法、管理法者实心从事其间，未办者方能开办，已办者方能得法；否则成效难期，且滋流弊"的规定。并对没有条件到国外考察学习的偏远地方，也要求广购编译出版的教育学、学校管理法、教育行政法等丛书学习，以提高办学的规范性和办学的效益。由于张百熙等人的倡导，一些地方的学务官员则明令所属学堂的监督、堂长、董事对《学校管理法》《学校卫生学》之类的书籍，"逐日点读，日以五页为限，由查学员随时考察，如该监督、董事等文义不通，不能句读，以及毫无心得有不胜管理之任者，准商同地方官即行撤换"。

1903年（光绪二十九年）张百熙等人在奏定学堂章程规定师范学堂为两级制，即初级师范学堂和优级师范学堂。奏定初级师范学堂章程所设的课程中，开始开设教育管理的课程，其中，教育法令和学校管理法两科是我国教育管理学科最初的形态。奏定优级师范学堂章程所设的课程中，也有学校卫生和教育法令两科。1906年（光绪三十二年）6月，优级师范学堂选科简章关于本科公共必修科目中也设有学校管理法一科。当时编辑、编译出版的教育管理著作也有所增多。

1912年至1921年，国民党政府教育部公布的高等师范学校课程标准中，科目有学校卫生、教育法令。学校卫生、教育法令两科在当时高等师范学校本科各部（即各系）作为必修的公共课程。这个阶段是我国早期师范教育的一个兴盛时期，作为师范学校的专业必修课和公共必修课的教育管理类课程也得到了重视。

1922年至1929年，随着我国师范教育制度的变化，教育管理类课程在师范学校课程体系中也出现了一些变化，比如，有的六年制师范学校的课程中设置的教育管理课程为"小学校行政"，有的称"学校行政及组织"，有的称"学校管理"。在师范学校进行较大调整后，没有被调整和合并唯一保留下来的北京师范大学教育系为各系开设的公共课程中仍将"教育行政"一科作为四年级的必修课程。

二、研究内容

1. 研究内容

主要研究学校、教育类型机构以及非营利组织的管理，认识教育系统及其政策，提升管理者的认识水平以及管理能力。

研究的内容有：①教育领导的作用、特征、原则、活动和评价；②教育立法；③教育目的和方针政策的制定与实施；④教育制度；⑤教育行政组织；⑥教育视导的意义、目的、任务、制度、活动、原则和方法；⑦对教育人员的要求、培训和成绩评定；⑧教育经费的管理；⑨学校工作的具体管理。包括思想政治工作、教学、科研、生产劳动、体育卫生、人事、保卫、总务、财务、图书仪器、与社会联系、与家长联系等项工作的管理。另外还包括学校的性质任务、领导体制、组织机构、学校规划、科学管理、工作原则与方法等。

2. 职能

管理职能是指"活动""行为"，也就是各种基本活动及其功能。最早是法国的亨利·法约尔提出的"五职能"说，后有"三功能派""四功能派""七功能派"等。总的来看，关于管理职能划分有计划、组织、指挥、协调、控制、激励、人事、调集资源、沟通、决策、创新。

可以从宏观上分为计划、组织、领导、评价、控制五个方面。

（1）计划职能指对未来的活动进行规定和安排，是管理的首要职能。在工作实施之前，预先拟定出具体内容和步骤，它包括预测（分析环境）、决策（制定决策）和制订计划（编制行动方案）。

（2）组织职能是指为了实现既定的目标，按一定规则和程序而设置的多层次岗位及其有相应人员隶属关系的权责角色结构。是指为达到组织目标，对所必需的各种业务活动进行组合分类，授予各类业务主管人员必要职权，规定上下左右的协调关系。包括设置必要的机构，确定各种职能机构的职责范围，合理地选择和配备人员，规定各级领导的权力和责任，制定各项规章制度等。要处理好管理层次与管理宽度（直接管辖下属的人数）的关系。还应处理好正式组织与非正式组织的关系，对于后者应"避免对立，加以利用"。

（3）领导职能主要指在组织目标、结构确定的情况下，管理者如何引导组织成员去达到组织目标，将自己的想法通过他人实现的人。

①激励下属；②指导别人活动；③选择沟通的渠道；④解决成员的冲突。

（4）评价职能是对教育的效果和教育质量进行综合的评价，没有对教育质量的合理评价，不能实现教育过程及决策控制的优化，也难以实现教育的健康发展，难以实现教育的公平。

建立科学的教育评价体系，让人在德智体美心等各个方面获得全面健康的发展，是中国教育管理科学体系中最缺乏也是最需要解决的一大问题。

（5）控制职能就是按既定的目标和标准，对组织的各种活动进行监督、检查，及时纠正执行偏差，使工作能按照计划进行，或适当调整计划以确保计划目标的实现。控制是重要的，因为它是管理职能环节中最后的一环。

3. 目的

（1）丰富和充实智能结构。

（2）成为一个成功的教育管理者。

4. 性质

（1）教育管理学是一门社会学科。

（2）教育管理学是教育科学的组成部分，又是管理科学的一个分支。

（3）教育管理学的文化性。

5. 关系

教育科学是研究教育现象及其规律的科学。教育科学研究的范围十分广泛，如社会环境与教育环境、教育目标、教育对象等。当这些教育因素各自处于孤立的状态时，它们形成不了教育过程，更达不到教育的预期目标。教育管理学就是研究对影响教育质量和效益的诸因素如何进行组合。因此教育管理学就成为教育科学中一个重要的组成部分。

为什么说教育管理学是管理科学的一个分支呢？因为管理是人类社会特有的一种现象，它存于社会生活的各个领域。管理科学就是研究管理者这种活动适合于社会生活的一切领域，其中也包括教育领域。但是教育管理又有自己的特点，它不同于其他行业和部门的管理。教育管理学就是把教育和管理结合起来。研究如何按照教育的客观规律来管理教育，对影响教育质量和效益的各个要素进行规划、组织、指导、协调和控制。

6. 学科特点

（1）教育管理学是增长智慧的科学。

（2）教育管理学是富有挑战性的科学。

（3）教育管理学是价值的科学。

（4）教育管理学是权变性的科学。

（5）教育管理学是行动的科学。

7. 学习原因

①丰富和充实智能结构。②成为一个成功的教育管理者。③通过学习可以获得一种学历证书、文凭，以改变自己的身份和地位。所谓有用，一种是职业技能性的知识如教育调查、教育统计等，另一种属于思想方法、价值观念。因为学习教育管理学的知识可以应用到自己需要的时候，如当你被委任一个新的领导职务时，当你接受一项新任务时，当你在工作中取得成绩时，当你遇到失败或挫折时，当你工作中遇到麻烦感到苦恼时。虽然教育管理学没有提供明确的答案，但是我们可以从书中找到解决问题的原则和思路。

三、研究方法

关于教育管理的研究方法，实际上也是智者见智，仁者见仁的问题，迄今并没有一个绝对理想的分类。不过一般而言，以下几种方法是值得推荐的。

1. 文献分析法

很多教育管理学著作都把文献分析作为教育管理研究最基本的方法之一。的确，除了直接来自实践的第一手材料外，许多研究必须通过文献的搜集、整理和分析来进行。这样一种方法就其形式渊源来讲，主要源自历史的研究，后者以分析大量翔实的史料为基本的研究手段。文献调查法研究成本较低，能对研究者无法直接参与的事件进行研究。但这一方法也有其不足，主要表现为对文献的准确性、可信度及代表性不易把握；有些资料因条件所限不易查询；有些原始资料与当事人的政治态度、个人偏好等个人因素夹杂在一起，而非客观中立的事件报道，因而要求研究者有较强的知识基础和判断能力。

2. 问卷调查法

问卷调查在教育管理研究过程中运用得非常普遍，特别是 20 世纪 50 年代行为科学兴起以后，这一方法被大量运用在分析各类教育管理问题上。问卷调查方法一般的过程是：确定研究主题→编制问卷项目→选取样本→小范围预测→实施调查→统计调查资料→讨论分析→提出建议。适当采用这类方法，对于增进教育管理研究的科学性有着明显的意义。问卷调查的难处在于：设计有较强信度和效度的问卷不大容易；研究成本较高；所费时间较长；研究者须掌握一定统计学方面的知识等。

3. 访谈调查法

访谈调查就是通过访问者与被访问者的对话来获得所需信息，这种方法在教育管理研究中有极高的价值，特别在有关教育政策和学校管理的研究方面。访谈调查法的优点在于具有广泛的适应性，几乎任何研究课题都可以运用这种方法；通过这一方法还能了解到问卷调查法难以反映的一些深层次问题。访谈调查的局限在于需花费较多时间，而且研究者的主观倾向较浓，有时难免夹杂个人的主观偏见，影响了研究的客观性和公正性。

4. 实验研究法

这一方法的特点是：

（1）至少有一个变量，而且这个变量可以由研究者人为地加以控制和改变。

（2）主要用于揭示变量之间的因果关系。

（3）研究时通常要将有控制的事实和对象的情况与没有控制的事实和对象的情况进行比较。

（4）实验过程要求有假设、验证，有较严格的操作规则，有科学的测量手段。

（5）实验结果可以重复，即只要条件相同，任何人都可以重复这一实验。

与其他研究方法相比，教育管理领域的实验研究难度较高，这可能跟教育管理所涉及的因素复杂多变，难以控制，且有高度的政策导向等因素有关。不过，也并不是没有这方面的成功例子，如美国管理心理学家莱温 20 世纪 30 年代末在学校进行的关于领导风格类型的研究，通过研究，他得出了不同的领导风格会对群体行为和团体效率产生不同影响的结论，该研究对战后领导科学的发展产生了深远的影响。实验研究较适合的是小范围且目标比较单一的情况，如学校的班级管理，师生间的互动关系等。

5. 人种学研究法

这一方法是从人类学研究中演变而来的，它特别强调在自然状态下的观察、描述和定性判断，而不看重假设或坚实的理论基础，与我们平时所讲的自然观察法有点相似。如要研究一所民办学校的教学和管理情况、一位中学校长的行政决策过程、一个地区的教育体制改革现状，都可以采用这种方法。不过有些教育管理专业的研究生已在尝试运用这种方法撰写毕业论文，这是一个十分可喜的现象，反映了我国教育管理研究方法正在日趋丰富和完善。

6. 比较研究法

比较研究法是人们认识客观事物的一种重要方法，在教育管理研究中经常要用到。像教育政策、教育管理体制、教学管理形式等问题，很多人都喜欢进行比较研究。比较法的形式很多，有纵向比较、横向比较，有校与校的比较、地区甚至国家与国家的比较。就其意义而言，比较研究能扩大研究者的视野，加深对所要研究的问题的认识；跨国家、跨文化之间的比较研究，还能增进对未来教育管理发展趋势的认识。

7. 行动研究法

行动研究从其性质上讲属于应用研究，因为其研究指向非常明确，就是为帮助基层人员解决实际问题。这一方法的特点是它的实用性，它不关心研究成果的普遍意义，故对研究条件的要求不那么苛刻，理论基础也并不要求非常成熟。行动研究通常规模较小，大都以集体合作形式进行，在研究中特别看重对原计划的及时评估和修正。

在教育管理领域，行动研究法在学校资源管理、课程管理、德育管理、学校效能提高等方面都可以被采纳。这种方法如能运用得好，不但能解决实际问题，也能促进理论与实际的结合，同时也能提高教师的专业素养和研究能力，所以有的学者认为这也是一种极佳的训练教师科研能力的方法。

教育管理学的教学模式是多种多样的。

四、教学方法

（1）教育管理学教学成功的关键是通过教学活动唤起学习者对本学科有较高的期待。

（2）教育管理学教学的作用不仅仅是向学习者传授系统的教育管理基础知识、基本理论和基本技能，而更为重要的是使学习者学会思考。

（3）教育管理学教学的难点不在于内容是否深奥，而在于如何把教育管理学的基本理论转化为学习者的信仰和追求。

（4）教育管理学的教学模式是多种多样的。

（5）教育管理学教学中容易发生的错误：关于教育管理的标准环境与非标准环境问题、关于教育的常规管理和例外管理问题、关系教育管理中人与事的关系、关系权力在教育管理中如何应用的问题、教育管理学的教学起点问题。

这些教学方法相互补充，结合使用，以获得客观可靠的科学论据。

五、自我管理

教育管理就要从提高干部的自身素质入手。以下几个方面是普遍需要关注的问题：

（1）学校管理者的影响力场。为了不断地扩大自己在组织和群体中的影响力，就必须从自己是否善于正确地使用权力、自己的智能结构完善程度和本人的品德修养等方面来研究和改进。

（2）学管理者的类型。

（3）学校管理者智能结构。

大致有五个方面：概念的能力、决策论证和可行性分析的能力、组织实施能力、自我反省和评价的能力。

第二节　教育管理研究理论思维

教育管理研究理论思维范式是从事教育管理活动或教育管理研究的人或研究者在对教育管理现象或教育管理问题进行研究中，头脑中对于科学研究所秉持的共有的研究观念、研究方式、研究方法或研究程序、路径等的总称。对于教育管理研究理论思维范式而言，它的主要特点在于：首先，教育管理研究理论思维范式是与从事教育管理研究的"科学共同体"相联系在一起的，即教育管理研究理论思维范式反映的是从事教育管理研究的一类人对于理论研究中共同的对于理论思维活动的看法、观点、观念、模式、方式、方法等，其群体性主要体现在教育管理范围内的研究者之中。其次，教育管理研究理论思维范式更多的是体现教育管理研究中在思维中反映出来的观念、方式、方法等构建起的对于教育管理理论思维的模式，这种模式更多的趋向于具有一定的条理性、逻辑性和系统性特征。最后，教育管理研究理论思维范式在教育管理研究中具有稳定性特征，即它在教育管理研究中是研究者共同遵循的一种理论研究观或研究模式，存在于"共同体"的内在思维观中自觉地对科学研究起指导作用，头脑中一旦形成很难轻易改变。

一、教育管理研究理论思维的基础条件

对于教育管理研究理论思维的基础条件研究包括：教育管理研究理论思维的知识基础和教育管理研究理论思维的价值立场。

1. 教育管理研究理论思维的知识基础

哲学知识、教育管理知识和一般的知识构成了教育管理研究理论思维的三大知识基础，也构成了教育管理研究理论思维的知识体系。教育管理研究理论理论思维的知识应该是在教育管理学科范围内，能够促使教育管理研究者在对教育管理的理论与实践认知的过程中形成系统、科学、全面的理论化体系。哲学知识、教育管理知识和相关的一般知识构成了教育管理研究的知识体系，教育管理研究理论思维的知识或许可以围绕这三个层面来进行完善与整合，它成了教育管理研究理论思维主要的知识来源。它要求研究者在教育管理的研究中不仅要具备一定的哲学基础，能够从本体论、认识论、价值论等方面来分析理论问题，还要以教育管理学科本身的知识作为自己的研究对象，研究教育管理学的知识，更不

能忽视对于一般知识的学习和积累，三个层次的知识构成了教育管理研究理论思维的知识基础。以什么知识基础来对教育管理研究进行理论思维的问题，从两个层面对教育管理研究理论思维提出了知识要求，其一，从事教育管理研究的研究者本身所应该具备的知识或知识体系，其二，教育管理学科对从事教育管理研究的研究者所应该具备的知识或知识体系。只有研究主体和研究客体具备了相关的知识或知识体系才能在此基础上形成关于知识的理论思维，教育管理研究理论思维也只有具备了以上两个方面的条件，才能形成教育管理研究理论思维的知识基础。之所以这样理解这一问题，是由教育管理研究与理论思维的内在特殊联系所决定的。

首先，思维（也包含理论思维）一直是传统哲学的研究对象，哲学与思维的发展相伴而生，有着密切的联系，因此，要想对理论思维有清晰的理解应借助哲学知识来思考要研究的问题，用哲学思维考察所要研究的对象，能够帮助我们在学科范围内进行科学思维。学界普遍认为，哲学思维和科学思维构成了理论思维的两大基本形态，而在科学研究中常常注重用哲学思维来思考科学问题成为科学研究的方法和途径，对于理论思维的研究也是如此。本体论问题、认识论问题、价值论问题构成了哲学知识主要的组成部分，它构筑出了一个较完整的理论哲学体系，为科学研究提供了一种科学的方法。随着知识的不断积累，理论思维的不断深入，哲学思维介入科学思维的研究领域成了必要且可能，用哲学思维的知识成果来回答科学思维提出的问题成了迫切的要求，自然，哲学知识就成了科学研究所必须具备的基础知识之一。教育管理研究理论思维需要用哲学认识论知识来回答教育管理研究领域提出的科学问题，因此，构成了教育管理研究理论思维的知识基础之一。

其次，教育管理知识构成了教育管理研究理论思维的核心。对教育管理进行理论思维，就是要在教育管理学科范围进行理性的认识和思考，进而才能形成理论成果，因此，这就需要研究者在进行教育管理的研究时首先要具备教育管理知识，其次要懂得教育管理知识，这是进行理论思维活动客观而必要的要求。只有具备且懂得教育管理知识，才能保证在对教育管理进行理论思维时的科学性和专业性。研究者围绕教育管理知识进行科学的研究，成了整个理论思维活动主要内容，只有围绕教育管理知识进行思维活动才能在真正意义上形成具有科学性且学科特征明显的理论成果。有研究认为，对教育管理进行科学研究和理性的思维需要具备以下教育管理知识：教育管理学知识、教育行政学知识、教育政策学知识、教育法学知识、教育督导学知识、教育效能学知识、学校管理学知识、教育组织行为学知识、教育评价学知识、教育财政学知识、教育统计学知识等，除此之外，与教育管理知识相关的教育学知识、教育心理学知识、教育史知识、德育论知识等同样在教育管理研究时进行理论思维有着重要的作用。立足教育管理知识对教育管理进行研究是进行理论思维的核心内容。

再次，一般的知识成为教育管理研究理论思维的必要且充分的条件。研究表明，如果哲学知识从抽象的高度概括出教育管理研究所应该具备的理论高度，教育管理知识从专业的层面论证了教育管理研究所应该具备的理论的深度，那么，一般的知识则从普通的层面丰富和发展了教育管理进行理论思维时的知识储备，辅助教育管理研究进行理论思维活动时的知识视域。

它不仅能够弥补哲学知识和教育管理知识在进行理论思维时的知识欠缺，而且能够帮助研究者认识在进行教育管理研究时的知识"盲区"，开拓理论思维的视域边界，为更好地进行教育管理理论思维活动提供更为丰富的知识成果，它是教育管理研究进行理论思维的有益补充。

2. 教育管理研究理论思维的价值立场

在教育管理研究中对于理论思维的价值考察，不仅追求的是教育管理研究理论思维到底是什么，应该是什么的问题，因为认识本体本身就是寻求它所存在的价值，更反映的是透过理论思维活动对教育管理进行的研究活动的最终目的，也即通过理论思维活动对于教育管理研究会产生何种作用，实际又是什么的问题。这最终会统一于教育管理研究理论思维到底追求什么的价值问题上来。教育管理研究理论思维追求的不仅是对教育管理进行认识，更重要的是通过认识活动实现对于教育管理理论认识的创新。这大体上反映出在教育管理研究中对于理论思维的价值立场存在两种不同的取向：理论取向和非理论取向（或称实践取向）。

以理论取向为主的教育管理研究，它是一种把对理论的思维作为教育管理研究中主要思考的对象和内容的研究方式，这种研究主张在教育管理中偏向理论思维，通过理论的研究，建构理论体系，依靠理论来解决实践中的问题，以此来提高理论研究水平，改变教育管理实践状况的研究方式。以理论取向为主的教育管理研究把对教育管理基本理论的研究作为研究活动的重心，这些研究包括对教育管理学的产生和发展、教育管理研究对象、教育管理学科体系、教育管理研究方法、教育管理本身的理论研究、教育管理哲学、教育管理心理学研究等内容。例如，孙绵涛教授长期致力于教育管理理论的研究工作，为我国的教育管理理论研究的实践活动做出了自己的努力，不仅出版了一批有影响力理论著作，而且为教育管理理论体系的构建也做出了新的探索和尝试。著作方面，如《教育管理学》对中国主体教育管理理论学派的形成进行了有益探索和重大理论创新；《教育管理哲学—现代教育管理观引论》对于教育管理中重大的哲学观问题从教育管理本体观、价值观、实践观、质量观的角度进行了理论阐释；《教育管理原理》对教育管理的基本理论问题进行了研究；《教育行政学》对教育行政中的组织与运作、领导与效能的研究从组织、人事、工作、效能几个方面做出了理论探讨；《教育政策学》对教育管理政策的制定、执行、评价、分析等政策理论问题进行研究，构建了独特的理论体系；《中国教育体制论》更是以独特的视角对中国的教育体制进行了系统的理论分析，为我国教育改革的实践活动提供了理论支撑；《西方当代教育管理理论流派》针对理论研究中典型的教育管理理论流派站在国际的视野做出了自己的理论概括和分析，为国外教育管理理论思想的介绍和引入，丰富我国的教育管理理论的知识论基础研究提供了很好的理论借鉴；《教育效能论》是较早的对于西方教育效能理论进行研究和引介，是我国大陆第一本有关教育效能的著作，为我国教育管理效能的理论研究奠定了基础等等，以上著作构建了较为完整、系统的主体教育管理理论观的学科理论体系。理论体系方面，孙绵涛教授通过自己对于教育管理学的认识和理解，创立了教育管理六论：教育管理学科论、教育管理活动论、教育管理体制论、教育管理机制论、教育管理观念论、教育管理人论，建立起了独特的教育管理理论范畴及理论逻辑。这一理论体系的提出"不仅对教育、教育管理领域的学科建设及改革问题有一定的价值，而且对其他社会科学和社会改革也会有一定的普适性。"

以实践取向为主的教育管理研究，是一种把对实践活动作为教育管理研究中主要思考的对象和内容的研究方式，这种研究主张在教育管理中偏向实践思维，面向教育实践活动，关注现实的教育活动现象，通过对现实教育实践的研究，来为教育实践中出现的问题找到解决的途径和办法，以此改变教育管理实践状况的研究方式。以实践取向为主的教育管理研究较多地注重从微观的视角来对具体的教育管理问题进行研究，这些研究包括有从宏观的层面对教育管理中在教育行政学、教育政策学、教育法学、教育督导学等方面出现的某一具体问题进行的研究，有从微观的层面对学校管理中出现的问题进行的研究，其中有从纵向角度研究教育管理的学前教育管理问题、小学和中学教育管理问题、高等教育管理问题等，有从横向的角度研究教育管理的学校教学管理、学校德育管理、学校科研管理和学校后勤管理等出现的问题进行的研究等等。例如高洪源教授的研究多是从实践的角度出发，来对教育活动中出现的管理问题进行思考，用自己的研究来回应实践提出的要求，用实践中出现的问题来作为自身的研究对象，促进自身的研究活动，取得了丰厚的成果。如在著作方面，《庙算之道：教育管理的理论与方法》是一本针对校长在日常管理实践活动中出现的管理实践问题的经验介绍和总结，尽管作者在书中对管理问题进行了适当的理论化概括，但本书认为作者的初衷是想通过对教育中"智慧经验"的介绍来为校长的管理活动提供一种借鉴，从而提高日常的教育管理效果，蕴含很强的实践性。《人才摇篮的忧思：中国教育的转机、问题与对策》则针对教育改革实践中的教育现象和教育行为表现出的教育问题进行介绍，提出个人对于教育的政策、理论应对看法，本书不是针对教育理论的著作，更多地表现为对教育实践的反思。《学校战略管理》作者直接将其定位于面向实践应用，是对实践经验和教训的剖析、对应用规范和操作技能的陈述构成了本书的主体，通过对学校中校长战略管理行为的经验介绍和总结来"面向实践，说明实践；升华实践，服务实践"等等，此外围绕教育活动中的学校、校长、班级、课程等具体方面的研究集中地体现了面向实践展开研究活动的特征，这反映在其相关的论文著述之中，如对于学校的研究有《如何创办特色学校》（上、下）、《中小学并校——政策与策略的再认识》《琐议私立学校服务对象合法权益的保护》《学校教育特色持续发展的机制》《试论提升学校组织的执行力》等，对于校长的研究有《校长应抓住根本角色》《对"校长职业化"说不》等，对于班级层面的研究有《班级管理要有利于学生个性的觉醒和发展》《小班教育——行政视角的思考》等，对于课程方面的具体研究有《课程和教学改革与学校建筑的发展》《设置和开展活动课程的几个问题》等，还有对于国外教育实践经验的介绍有《美国教育资源共享的经验及其启示——休斯的理论观点》《美国教育中的腐败问题透析》《欧美学校微观政治研究的进展》等文章。从上述的著作和论文中大概可以窥见高洪源教授的研究趋向，那就是以面向实践应用为价值的取向，实际上这也是其自身对于学术追求的评价，"面向实践，说明实践；升华实践，服务实践"成为其对于教育管理研究学术理念的最恰当定位。再如萧宗六先生对于教育管理的研究，多是从教育教学的经验中来对问题进行概括和提炼，其对于教育管理理论的认识来源也多是从经验而来，本质上说也是一种以实践取向为主的教育管理研究，萧宗六先生在认识教育管理学时认为"象《学校管理学》这样实践性很强的应用科学，要体现中国特色，对学校管理实践起指导作用，必须从总结我国自己的管理经验入手，面对我国学校的实际，把经验条理化、系统化，上升为理论"。上述的认识反映了萧宗六先生对于教育管理学学科性质的认识和对于教育管理学研究的价值取向的看法，那就是一方面教育管理学是一门应用学科，在教育活动中实践性很强，另一方面教育管理的研究要从总结我国的管理经验入手，把经验的总结上升为系统、科学的体系才能形成教育管理的理论。尽管萧宗六先生的研究多是从经验而来，但无论怎样他还是对实践中的经验做了适当的概括，为我国教育管理学的发展做出了适当的贡献，其主张面向实践的思维活动值得肯定。从对学者们对于学术的认识和研究活动中简单可以看出，面向实践的思维在我国的教育管理研究中一直受到高度的重视和提倡，需要我们继承和发扬。在我国，以实践取向为主的教育管理研究学者还有很多，这里不再一一列举。

二、教育管理研究理论思维的内容

"教育管理研究理论思维的内容"这一命题包含两个层面的内容：其一，教育管理研究"理论思维"本身的内容，如理论思维的本质、特征、要素、规律等；其二，教育管理把理论思维的对象作为所要理论思维的内容，即理论到底思维什么或理论思维的是什么作为所要研究的内容。对于理论思维本身的研究一直以来是学者们不断探索而又没能彻底论证清楚的一个问题，学界也存在着不同的研究结论，足见其对于本身的研究存在着较大的难度，与此相对应的是，把教育管理对于理论思维对象的研究作为内容来考察则使这一命题显得浅显、直观且容易把握，而教育管理研究理论思维对象是可以被研究的，就使得教育管理研究理论思维的内容较易被把握且具有可操作性，能够更加清晰地凸显"教育管理研究理论思维的内容"这一命题的内容。因此，这里主张把教育管理研究的对象作为理论思维的内容而不是研究理论思维本身。

理论思维的内容是理论思维什么的问题，教育管理研究理论思维的内容就是教育管理研究中理论思维什么的问题，它既是教育管理研究理论思维的对象也是教育管理理论思维要研究的内容。教育管理研究理论思维的内容也是教育管理要研究的内容，学者们认为教育管理研究中关于教育管理的活动、教育管理的现象、教育管理的问题、教育管理的过程、教育管理的特殊矛盾、教育管理的规律等方面构成了教育管理要研究的内容，这里认为这同样成了教育管理研究理论思维的内容，也是教育管理研究理论思维的对象。教育管理研究理论思维的内容来自教育管理的实践，是研究的主体通过实践中出现的问题来对教育管理进行理论化思维，教育管理研究理论思维的内容决定着对其进行理论思维的水平程度和理论化思维的范围边界，是教育管理研究思维主体进行思维的客观性基础。研究者从不同的视角出发来构筑教育管理研究需要理论思维的内容，就本研究而言，研究教育管理现象，揭示教育管理规律是教育管理所要进行理论思维的对象，也可以成为教育管理理论思维的内容。

如果说教育管理理论思维的内容是研究教育管理现象和教育管理规律，那么，它是否可以成为教育管理研究理论思维的内容呢？答案是肯定的。首先，教育管理现象是教育管理形态中客观存在的，需要认真地研究。教育管理的研究者认为，在当前的教育管理中存在着诸如教育管理矛盾、教育管理问题、教育管理活动、教育管理过程、教育管理现象等形态，这些形态的存在，既是教育管理实践中已经出现的一种客观存在物，又是教育管理理论研究中所要思考和解决的问题，因为只有从理论层面弄清楚教育管理实践中业已存在的客观形态，才能真正地为教育管理实践活动提供指导和参考，为教育管理实践提供理论帮助，教育管理现象是教育管理实践中的一种客观形态，需要运用科学的手段对其进行认真的研究。其次，教育管理现象有其特定的范畴和内在逻辑关系，需要教育管理研究者作为一种科学的研究对象来进行系统的研究。在教育管理的研究中，研究者大都承认有教育管理现象的存在，也以不同的形式宣称自己对于教育管理现象的主张，然而在实际的研究中大都说得比较模糊，甚至有学者承认教育管理现象的存在但却没能真正弄清或解释清楚何谓教育管理现象，教育管理现象真的是说不清道不明的吗？在这方面，孙绵涛教授做出了尝试和努力，他认为教育管理现象是由教育管理活动、教育管理体制、教育管理机制、教育管理观念构成的范畴体系，并且这些范畴间存在着内在的逻辑应然关系，这使得对于教育管理现象的研究成了一个具有系统结构和内在逻辑联系的科学体系，使得研究者较容易地理解和把握教育管理现象这一概念，但是，教育管理现象的研究不能停留在单一个人的学术讨论之中，需要把教育管理现象作为教育管理理论思维的内容来进行全面的研究。最后，由于教育管理现象自身研究的复杂性就需要把其作为教育管理研究理论思维的内容深入地研究。很多研究者认为教育管理现象作为科学的概念范畴说起来较为模糊，研究起来不易把握，很多时候较难把握，是教育管理现象的复杂性所致，现在之所以出现这种认识现象，是因为对于教育管理现象的认识还不够彻底，没能深入地研究，这需要我们作为一项教育管理的理论思维内容进行持续的研究。

既然教育管理现象可以作为揭示教育管理规律的教育管理研究理论思维的内容，那么，教育管理研究理论思维的内容具体又是什么呢？这里认为，在教育管理的研究中，孙绵涛教授提出的教育管理现象理论可以成为当前解释教育管理现象的理论思维内容，他认为教育管理现象包括教育管理活动、教育管理体制、教育管理机制、教育管理观念四个基本范畴，那么，教育管理研究理论思维的内容就可以在以上几个范畴展开。教育管理现象的范畴体系可以成为分析教育管理研究理论思维的内容的一种途径。

教育管理研究理论思维的内容，可以是对教育管理理论思维现象总体的思考，也可以是教育管理理论思维现象中具体理论范畴的考察，可以是对四个基本范畴的全面论证，也可以是对单一范畴的认识活动，无论何种情况，它都构成了理论思维要思考的内容，都可能为揭示教育管理研究理论思维的规律提供帮助。

三、教育管理研究理论思维的方法

教育管理研究理论思维的方法是针对教育管理研究而采取的具体手段、步骤，它是对教育管理理论进行研究时的工具。这里认为，教育管理研究理论思维的方法具体表现为"两个阶段三个步骤"。两个阶段是表象到抽象的阶段和抽象到具体的阶段，马克思在对一般理论思维发展道路的科学总结时指出，理论思维存在两条发展道路，"在第一条道路上，完整的表象蒸发为抽象的规定；在第二条道路上，抽象的规定在思维行程中导致具体的再现"。马克思所提及的这两条道路事实上就是思维发展所要经历的两个阶段，在教育管理的研究中，研究者首先需要做的是大量占有感性材料，对教育管理中出现的现象或问题进行细致的认识，在全面搜集教育管理具体事实的基础上，对教育管理现象或教育管理出现的问题（或指感性的存在）进行分析，排除个别的、偶然的、现象的因素，抽出本质的、必然的、一般的因素，形成抽象，找出一些有决定意义的、抽象的、一般的关系，最终抽象出简单的概念、判断、推理等，进而对抽象出的概念、判断、推理进行研究；之后，教育管理的研究者在思维的能动反应的推动下，能将从表象抽象出的本质的、必然的、一般的因素来规定个别的、偶然的、现象的因素，完成有抽象的概念、判断、推理向具体的概念、判断、推理的转化，再现具体对象的过程。所谓三个步骤就是在教育管理研究思维的整个过程中，第一步，对教育管理研究中感性材料的把握，即事实材料的搜集；第二步，对教育管理研究中具体材料进行抽象，在头脑中形成概念、判断、推理；第三步，把头脑中抽象的概念、判断、推理运用到具体的教育管理研究实践中，形成对事实材料的具体再现。

简而言之，表象到抽象、抽象到具象的分析方法是理论思维活动一般步骤，更是教育管理研究理论思维中所遵循的方式（方法）。它对于指导我们的教育管理研究实践活动有着重要的方法论意义，对推动教育管理研究的发展，促进教育管理研究理论思维水平的提升有着积极的作用。

四、教育管理研究理论思维的表达形式

教育管理研究理论思维表达是借助教育管理研究思维方法的实践活动最终形成的成果、结论，把教育管理研究的思维活动内容以一定的形式直接展示出来，使得他人能够直观地明白、理解。一般情况下，思维的表达通过言语、文字、符号、工具等方式予以体现，

这就是思维显得具体而易于理解。对于教育管理来说，研究中最终形成的成果构成了教育管理的理论，教育管理理论是教育管理研究思维的成果，教育管理研究（理论）思维的表达是通过对教育管理研究中的理论成果进行言语化的概括、文字化表述、符号化象征、工具化代替来实现。

　　具体而言，教育管理研究理论思维的表达形式有哪些呢？教育管理研究理论思维是对教育管理进行的理论思维，教育管理研究理论思维的表达是对教育管理理论体系的表达，实际上，教育管理研究理论思维的表达形式就是对教育管理理论体系的思维表达形式。我们借助孙绵涛教授对于理论及理论体系的理解，教育管理理论体系有广义和狭义之分，广义的教育管理理论体系"既可以是指用语言文字对教育管理现象进行抽象而形成范畴逻辑的论文、著作和教材，或所形成人物形象等的文学作品所表达的教育管理的思想体系；还可以是指用音乐符号、文字、语言、线条、声音和音响对教育管理现象进行抽象而形成某种旋律的音乐作品或形成的某种形象的影视作品和舞蹈艺术所表达的教育管理的思想体系；也可以是指用图案、色彩、文字符号对教育管理现象进行抽象而形成某种艺术形象或意境的美术作品所表达的教育管理的思想体系等"。狭义的教育管理理论体系专指运用语言文字对教育管理现象进行抽象而形成的教育管理的思想体系。在这里广义的教育管理理论体系形成一种非理论表达形式，狭义的教育管理理论体系形成了一种理论表达形式。因此，教育管理研究理论思维的表达形式是对教育管理理论体系进行思维后的理论化表达形式，那么自然也就存在着广义和狭义之分，就本研究而言，是从狭义的角度来理解教育管理的理论体系，所以教育管理研究理论思维的表达形式"一方面指的就是用范畴的逻辑而形成的论文、著作和教材等所表达的教育管理思想的理论体系，另一方面指的是直接用语言文字塑造某种形象或描述现象或分析问题而形成的文学作品所表达的教育管理思想的理论体系"的表达，实际上，前者可以被简单地表述为由概念组成的范畴所形成的理论表达形式，后者则可以被通俗地理解为是一种非概念的理论表达形式。

五、教育管理研究理论思维各范畴间的逻辑关系分

　　教育管理研究理论思维既是一种对教育管理的研究行为，又是一种对教育管理的理论思维活动，无论是何种类型都有着一定的逻辑关系，探讨教育管理研究理论思维的内部逻辑关系，有助于更好地认识教育管理研究理论思维。

　　1. 教育管理研究理论思维的应然逻辑

　　教育管理研究理论思维是一种对教育管理知识和内容的理论化思维，创建科学的理论一般认为存在三个环节：逻辑起点、逻辑中介与逻辑终点。所谓逻辑起点，就是研究中理论体系最一般的规定性，体现为抽象的规定，是理论思维活动中最一般、最本质的范畴。抽象的规定作为理论思维的逻辑起点是因为对于基点的抽象而言，其抽象的程度越高，它

所承载的信息容量就越大，在从抽象上升到具体的过程中，就可能发展出越来越丰富、越来越具体的内容。这里认为，教育管理研究理论思维的起点源于教育管理研究方法论的差异，之所以得出这样的结论那是因为教育管理的研究中，研究者首先是对研究对象的选择，要想对其展开研究就要对研究对象进行分析确定其相关的性质、属性，之后才能依据不同的性质种差选择研究的方法，不同的方法构成了关于相关研究的方法论，方法论既指导研究实践活动的开展，又支配理论思维活动的进行，因此，教育管理研究中的方法论成了逻辑思维的起点。

所谓逻辑中介是沟通逻辑起点和逻辑终点的工具桥梁。逻辑中介既需要把具体的事物进行思维上的抽象，又需要把抽象的东西进行加工转换为形象的事物，在这里逻辑的中介包含了两个方面的内容，一方面是作为逻辑思维的物质中介，即研究者的大脑，另一方面是逻辑的功能转换中介，即研究者大脑中的思维活动。教育管理研究思维的逻辑中介，除了上述介绍的两种方式外，还有一种在理论活动中较为明显且相对重要的中介工具，那就是对教育管理进行研究的实践中介，即教育管理研究方法。教育管理研究方法沟通教育管理研究思维与教育管理研究活动。逻辑终点是完成思维的认识活动，达到认识客体目的的最终归宿，对于理论思维来说就是完成对于事物从具象到抽象再到形象（具象）的这样一个完整的思维周期活动过程，这是形成科学理论的否定之否定的辩证发展过程，是思维主体运用思维将感性经验转化成科学理论的一般过程。这种逻辑关系应该是理论思维的主体认识教育管理的一种理想的理论逻辑状态。

2. 教育管理研究理论思维的实然逻辑

实然逻辑关系是从教育管理研究实际的思维状态出发的认识活动。一般在实然逻辑中具有复杂性特征，因为现实的教育管理研究思维活动或理论思维活动主要取决于研究者个体的实际思维状况，由于研究主体知识的差异、价值取向的不同、思维观念的不统一性等因素，对于教育管理研究思维的出发点或研究趋向从一开始的理论研究活动就不一样，因而不同的研究主体间有着不同的理论思维状态。

故此，根据相关的实际研究状况，把教育管理研究理论思维范式划分为教育管理研究理论思维的基础条件、教育管理研究理论思维的内容、教育管理研究理论思维方式（方法）、教育管理研究理论思维表达形式等范畴，就决定了这里对于教育管理研究的实际情况是在以上范畴内进行讨论。孙绵涛教授曾经在讨论范畴这一概念时指出，范畴间的逻辑关系存在两种主要形式：一种是递进关系；一种是对应关系。由于教育管理研究理论思维的特殊性和复杂性，教育管理研究理论思维的实然逻辑状态表现出递进与对应兼而有之的状况。一方面，教育管理研究理论思维的递进关系反映了教育管理研究理论思维的递进活动规律。从教育管理管理研究理论思维活动过程上分析，首先教育管理研究的主体依据自身的知识基础和思维状况与价值立场的相互交互活动，使得在研究主体形成了一定的教育管理研究理论思维所要具备的条件基础，教育管理研究者具备的这些基础为教育管理研究理论思维内容的顺利研究和展开提供了一种可能，在教育管理研究思维方法的辅助下，思维可以完成对教育管理研究思维内容的研究。这种对教育管理研究进行的思维体现的是一种递进式的发展关系。另一方面，我们可以看出，在思维层面来考察，教育管理研究理论思维的基础条件、内容、方法、形式表达等是思维活动中相互独立、单独存在的不同要素，它构成了思维完整的体系。教育管理研究理论思维中存在的这些范畴，每一项都可以独立的作为反映教育管理研究思维内涵属性的内容存在，既反映教育管理理论又反映教育管理研究理论思维，既反映教育管理研究理论思维的路径又反映教育研究理论思维的结构。

第三节　现代教育十大理念

一、以人为本的理念

伴随着我国社会主义市场经济的发展，改革开放的不断深入，为了保持稳定的发展状态，中共第十六届三中全会正式提出了"以人为本"的科学发展观，将"以人为本"作为发展的指导思想。此后，这一理念对我国社会、经济及文化的进步产生了深远的影响。而就教育来说，为了从根本上实现素质教育，我国诸多教育机构将"以人为本"作为口号，在长期实践积淀中逐渐形成了富有现代化人文色彩的教育思想。这里要相对"以人为本"理念在教育实践中的应用展开系统的研究，首先就需要对其内涵有一定的了解。

1."以人为本"的理念

（1）思想内涵。

从根本上来看，"以人为本"的理念最早可以追溯到古希腊时期，也就是公元前五世纪，古希腊著名的哲学家普洛泰戈拉提出"人是万物的尺度"的命题。该命题的含义可以理解为：人既是存在者存在的尺度，同时也是不存在者不存在的尺度。该命题的出现奠定了"以人为本"理念的出现，标志着古希腊哲学家已经意识到人的重要性。

近年来，在社会经济全面发展的时代背景之下，国内外学者对"以人为本"的理念展开了十分丰富的研究，并且取得了显著的研究成果。我国学者在《以人为本的理论价值与实践意义》中站在马克思主义哲学的高度，对"以人为本"的理论价值及实践意义展开了深入的分析，并且对两者进行了系统的比较，得出的结论具有很高的科学性。另外，在《西方人本主义的传统与马克思的"以人为本"的思想》中结合国内外学者对以人为本理念的研究成果，对"以人为本"的哲学意义展开了探究。总体来说，我国学者关注"以人为本"理念的实践和应用，并且认为：以人为本是社会和国家获得可持续发展的重要前提，对各行各业都产生着很大的影响。

（2）科学内涵。

事实上，无论是国内还是国外，"以人为本"理念的出现都是强调人本身的重要性，要求人们将这种理念来进行一系列社会活动。国务院领导人也曾经明确地指出：坚持以人为本，就是要将实现人的全面发展作为决策及行事的目标，从群众利益的角度出发，切实维护群众利益，并在此基础上谋求更大的进步和发展。纵观我国各界学者对"以人为本"理念的种种解读，结合这里的探究重点，作者将"以人为本"的理念的含义归纳为以下几个：第一，"以人为本"理念高度肯定了人在社会发展中的重要地位。该理念将人作为核心，认为人在社会发展中起到了关键的作用；第二，"以人为本"理念属于一种价值取向，重在强调对人的尊重、塑造和解放；第三，"以人为本"理念属于一种特殊的思维方式，要求人们在分析问题、思考问题和解决问题的过程中，高度重视人的生活世界，对人的发展予以全面的关怀。

从更加详细的视角分析，"以人为本"的理念还有三个方面的深层含义：其一，现代社会的发展应当是一种"以人为本"的发展，不应该只将物质和经济作为发展的重点，更应该重视对人本身需求的分析；其二，理想社会的发展应该将大多数人的发展放在首要位置，不能片面地关注少数人的发展；第三，社会的发展应该以具有平等权利的个体为根本。实际上，社会本身就是由很多具有平等权利的个体共同构成的，政府及国家应该切实保护所有社会成员的基本权利及合理利益。

2."以人为本"的管理理念

（1）形成。

"以人为本"管理理念的形成并非一朝一夕实现的，其经历了一个较为漫长的过程。在此过程中，关于人性假设的发展经历了"经济人""社会人""自我实现人""复杂人"四种人性假设。可以看出，这些反映了西方管理学界对人性认识不断深化的演进过程，揭示了人的各方面的社会心理需求对管理的影响，以及管理方式对人的影响。从人性假设的发展趋势来看，其越来越重视人性，这本质上就是一种伦理观，从人性假设理论逐渐向"人本伦理"相靠拢。人本伦理——现代管理伦理中的一种新的理念，而现代企事业中的人本管理是人本伦理在现代企事业伦理管理中的具体表现，人本管理的一项依据便是人本伦理。以人为本是现代管理伦理的核心，人本管理把人作为最根本的组成要素，主张人既是实现组织目标的工具，更是组织发展的目的。在这里，人既是目标，更是手段。为此，组织必须充分尊重人、塑造人、培养人，给个人的发展提供广阔的天地。而以人为本又是人本管理的核心理念，在现代管理中有着举足轻重的意义。

（2）内涵。

结合诸多专家学者的研究结论来看，"以人为本"管理理念包括两方面基本的含义：一方面，"以人为本"的管理理念强调人在管理中的主导作用，并以此来调动人的主动性、创造性及积极性；另一方面，"以人为本"管理理念认为将"以人为本"贯彻到管理活动当中将有助于实现组织的高效运转，进一步锻炼人的智力、技能、脑力及体系，并培养出更符合时代需求的全能型人才。具体来说，"以人为本"管理理念包括以下五个重要的内容：

其一，对人予以高度的尊重。从"以人为本"管理理念的内涵来看，尊重人是实现以人为本管理的基础和前提。马斯洛需要层次说也强调，人的需求主要有五个层次，其中尊重需要是最为关键的。一般来说，所谓尊重人实际上就是对人的思想、价值、需要及情感等方面予以高度的关注，尊重人的平等权利和合理需求。

其二，对人予以高度的信任。"以人为本"管理理念认为对人的信任能够激发人的积极性，能够使人拥有更多的动力，进而提高工作的实际效率。基于这一认识，企业的管理者应该对员工予以一定的关心，将员工的需求放在心上，并通过一系列有效的措施来满足员工的合理需要，使员工感受到企业的关怀，从而更加全身心地投入到工作当中。

其三，将实现人的全面发展作为管理的关键。"以人为本"管理理念本身就将人作为管理的核心，认为对人的管理是实现"以人为本"管理的重点。

其四，将为人服务作为管理的根本任务和目标。无论对于哪一行业来说，为人服务都应该是管理的目标，企业或组织可以通过大量有效的管理措施来达成这一目标，为相关人员提供良好的管理服务，进而实现企业的稳定发展。

其五，将激励作为管理的主要渠道。激励是提高员工积极性，促进生产经营效率进一步提高的重要手段，因而对于以人为本管理理念来说，如何实现对员工的激励将成为企业管理中的重要内容。

3. "以人为本"的教育管理理念

（1）内涵。

将"以人为本"管理理念应用到教育实践之中，就形成了"以人为本"教育管理理念。结合"以人为本"管理理念的内涵来看，"以人为本"的教育管理理念要求坚持将"尊重人""关心人""激励人""解放人"和"发展人"作为旗帜来进行学校的种种管理活动，坚持将人作为管理的主体，全面地开发和利用学校的人力资源，促使学校的管理现状进一步好转，最终形成良好的校园管理体系。详细来说，"以人为本"的教育管理理念包含以下两层含义：

第一，"以人为本"教育管理理念实际上就是将学生及教师的发展作为管理的根本，在此基础上展开相关的管理活动。在教育管理当中，人既是管理行为的发出者，同时也是管理的对象。可见，人在学校管理者占据着至关重要的地位。"以人为本"要求学校高度重视和尊重学生及教师的需求，尊重教师的教学习惯，并对学生的成长和发展规律予以一定的支持。

第二，"以人为本"并非一种特色，而是各个学校应该遵从的指导性原则。很长一段时间以来，由于"以人为本"思想未普及，只有少部分的学校真正意义上实现了"以人为本"教育管理，大部分学校还处于传统的管理模式当中。正因如此，部分学校将"以人为本"当作一种可有可无的特色，并未予以重视。实践表明，这种认知是不合理的，"以人为本"教育管理理念应当是素质教育背景下各个学校都应该遵守的管理原则。

（2）特征。

强调人的重要性，将人作为管理的中心是"以人为本"教育管理理念最为显著的一个特征，这里的"人"其实是多元的，既包括管理者本身，也包括管理对象，也就是被管理者，所涉及的人包括校领导、学生、教职工、学生家长及相关的社会群众，这些人对教育管理的综合质量产生了很大的影响。另外，"以人为本"的教育管理理念还强调对人进一步发展的推动，认为促进人的发展是教育管理中的关键。

结合这一系列认识，这里将"以人为本"教育管理理念的特征总结为以下几点：

第一，"以人为本"教育管理理念从根源上改变了个人价值观的判断，提高了人在教育管理中的重要地位。

第二，在"以人为本"教育管理理念的作用下，学校原有的人事管理开始重视人力资源的开发，将发现人才、培养人才和利用人才作为当下人事管理工作中的重点任务。

第三，"以人为本"教育管理理念使得教育管理者自身的服务观念发生了一定的变化。时下，教育管理者在进行管理工作时，逐渐开始关注学生家长、社会各界对教育管理的要求，并采取积极的措施满足合理的要求，以此达到学校教育管理的满意度，推动学校的进步与发展。

第四，"以人为本"教育管理理念将学校的发展目标与教职工发展目标很好地结合在一起，有助于营造良好的教学氛围，进而提高教职工的工作积极性。

第五，在"以人为本"教育理念的影响之下，学校真正实现了"解放人""发展人"的目标，在提高教学管理质量的同时，也能够促进学校综合竞争力的提高。

二、全面发展的理念

现代教育以促进人的自由全面发展为宗旨，因此它更关注人的发展的完整性、全面性，表现在宏观上，它是面向全体公民的国民性教育，注重民族整体的全面发展，以大力提高和发展全民族的思想道德素质和科学文化素质，提高民族的知识创新和技术创新能力，增强包括民族凝聚力在内的综合国力为根本目标；表现在微观上，它以促进每一个学生在德、智、体、美、劳等方面的发展与完善，造就全面发展的人才为己任。这就要求人们在教育观念上实现由精英教育向大众教育、由专业性教育向通识性教育的转变，在教育方法上采取德、智、体、美、劳等几育并举、整体育人的教育方略。

三、素质教育的理念

现代教育扬弃了传统教育重视知识的传授与吸纳的教育思想与方法，更注重教育过程中知识向能力的转化工作及其内化为人们的良好素质，强调知识、能力与素质在人才整体结构中的相互作用、辩证统一与和谐发展。针对传统教育重知识传递、轻实践能力，重考试分数、轻综合素质等弊端，现代教育更加强调学生实践能力的锻造，全面素质的培养和训练，主张能力与素质是比知识更重要、更稳定、更持久的要素，把学生综合素质的培养与提高作为教育教学的中心工作来抓，以帮助学生学会学习和强化素质为基本教育目标，旨在全面开发学生的诸种素质潜能，使知识、能力、素质和谐发展，提高人的整体发展水准。

四、创造性理念

传统教育向现代教育的重要转型之一，就是实现由知识性教育向创造力教育转变。因为知识经济更加彰显了人的创造性作用，人的创造力潜能成为最具有价值的不竭资源。现代教育强调教育教学过程是一个高度创造性的过程，以点拨、启发、引导、开发和训练学生的创造力才能为基本目标。它主张以创造性的教育教学手段和优美的教育教学艺术来营造教育教学环境，以充分挖掘和培养人的创造性，培养创造性人才。现代教育主张，完整的创造力教育是由创新教育（旨在培养学生的创新精神、创新能力与创新人格）与创业教育（指在培养学生的创业精神、创业能力与创业人格）二者结成而形成的生态链。因此，加强创新教育与创业教育并促进二者的结合与融合，培养创新、创业型复合性人才成为现代教育的基本目标。

五、主体性理念

现代教育是一种主体性教育，它充分肯定并尊重人的主体价值，高扬人的主体性，充分调动并发挥教育主体的能动性，使外在的、客体实施的教育转换成受教育者主体自身的能动活动。主体性理念的核心是充分尊重每一位受教育者的主体地位，"教"始终围绕"学"来开展，以最大限度地开启学生的内在潜力与学习动力，使学生由被动地接受性客体变成积极的、主动的主体和中心，使教育过程真正成为学生自主自觉的活动和自我建构过程。为此，它要求教育过程从传统的以教师为中心、以教材为中心、以课堂为中心转变为以学生为中心、以活动为中心、以实践为中心，倡导自主教育、快乐教育、成功教育和研究性学习等新颖活泼的主体性教育模式，以点燃学生的学习热情，培养学生的学习兴趣和习惯，提高学生的学习能力，使学生积极主动地、生动活泼地学习和发展。

六、个性化理念

丰富的个性发展是创造精神与创新能力的源泉，知识经济时代是一个创新的时代，它需要大批具有丰富而鲜明个性的个性化人才来支撑，因此它催生出个性化教育理念。现代教育强调尊重个性，正视个性差异，张扬个性，鼓励个性发展，它允许学生发展的不同，主张针对不同的个性特点采用不同的教育方法和评估标准为每一个学生的个性充分发展创造条件。它把培养完善个性的理念渗透到教育教学的各个要素与环节之中，从而对学生的身心素质特别是人格素质产生深刻而持久的影响力。个性化理念在教育实践中首先要求创设和营造个性化的教育环境和氛围，搭筑个性化教育大平台；其次在教育观念上它提倡平等观点、宽容精神与师生互动，承认并尊重学生的个性差异，为每一位学生个性的展示与发展提供平等机会和条件，鼓励学习者各显神通；再次在教育方法上，注意采取不同的教育措施施行个性化教育，注重因材施教，实现从共性化教育模式向个性化教育模式的转变，给个性的健康发展提供宽松的生长空间。

七、开放性理念

当今时代是一个空前开放的时代，科学技术的日新月异，信息的网络化，经济的全球化使世界日益成为一个更加紧密联系的有机整体。传统的封闭式教育格局被打破，取而代之的是一种全方位开放式的新型教育。它包括教育观念、教育方式、教育过程的开放性，教育目标的开放性，教育资源的开放性，教育内容的开放性，教育评价的开放性等。教育观念的开放性即指民族教育要广泛吸取世界一切优秀的教育思想、理论与方法为我所用；教育方式的开放性即教育要走国际化、产业化、社会化的道路；教育过程的开放性即教育要从学历教育向终身教育拓宽，从课堂教育向实践教育、信息网络化教育延伸，从学校教育到社区教育、社会教育拓展；教育目标的开放性即指教育旨在不断开启人的心灵世界和创造潜能，不断提升人的自我发展能力，不断拓展人的生存和发展空间；教育资源的开放性指充分开发和利用一切传统的、现代的、民族的、世界的、物质的、精神的、现实的、虚拟的等各种资源用于教育活动，以激活教育实践；教育内容的开放性指教育要面向世界、面向未来、面向现代化设置教育教学环节和课程内容，使教材内容由封闭、僵化变得开放、生动和更具现实包容性与新颖性；教育评价的开放性指打破传统的单一文本考试的教育评价模式，建立起多元化的更富有弹性的教育评价体系与机制。

八、多样化理念

现代社会是一个日益多样化的时代，随着社会结构的高度分化，社会生活的日益复杂和多变，以及人们价值取向的多元化，教育也呈现出多样化发展的态势。这首先表现在教育需求多样化，为适应经济社会发展的要求，人才的规格、标准必然要求多样化；其次表现在办学主体多样化，教育目标多样化，管理体制多样化；再次还表现在灵活多样的教育形式、教育手段、衡量教育及人才质量的标准多样化，等等。这些都为教育教学过程的设计与管理提出了更高的要求与挑战，它要求根据不同层次、不同类型、不同管理体制的教育机构与部门进行柔性设计与管理，它更推崇符合教育教学实践的弹性教学与弹性管理模式，主张为教育事业的发展提供更加宽松的社会政策法规体系与舆论氛围，以促进教育事业的繁荣与发展。

九、生态和谐理念

自然物的生长需要良好的自然生态环境，人才的健康成长同样也需要宽松和谐的社会生态环境的滋润。现代教育主张把教育活动看作是一个有机的生态整体，这一整体既包括教育活动内部的教师、学生、课堂、实践、教育内容与方法诸要素的亲和、融洽与和谐统一，也包括教育活动与整个育人环境设施和文化氛围的协同互动、和谐统一，把融洽、和谐的精神贯注于教育的每一个有机的要素和环节之中，最终形成统一的教育生态链整体，使人才健康成长所需的土壤、阳光、营养、水分、空气等各种因素产生和谐共振，达到生态和谐地育人。所以，现代教育倡导"和谐教育"，追求整体有机的"生态性"教育环境建构，力求在整体上做到教学育人、管理育人、服务育人、环境育人，营造出人才成长的最佳生态区，促进人才的健康和谐发展。

十、系统性理念

随着知识经济的来临，学习化社会的到来，终身教育成为现实。教育成为伴随人的一生的最重要的活动之一。因而，教育不再仅仅是学校单方面的事情，也不仅是个人成长的事情，而且是社会进步与发展的大事，是整个国民素质普遍提高的事情，是关乎精神文明建设及两个文明协调发展的全局性、战略性大业，它是一项由诸多要素构成的复杂的社会系统工程，涉及许多行业和部门，所以需要全社会普遍参与、共同努力才能搞好。所以，与传统教育不同，转型时期我国正在形成的是一种社会大教育体系，它需要在系统工程的理念指导下进行统一规划、设计和一体化运作，以培养人们的学习能力，提升人们的生存和发展能力为目标，以实现社会系统内部各环节、各部门的协调运作、整体联动为基础，把健全教育社会化网络作为构成教育环境的中心工作来抓，促进大教育系统工程的良性运行与有序发展，以满足学习化社会对教育发展的迫切要求。

第四节　教育管理体制

教育管理体制是一个国家在一定的政治、经济和文化制度基础上建立起来的对教育事业进行组织管理的各项制度的总和，教育管理体制是整个教育体制得以构成和运行的保障，它对学校教育管理体制改革和发展的方向、速度、规模有直接的影响。它涉及教育系统的机构设置、职责范围、隶属关系、权力划分和运行机制等方面，其外延包括以教育领导体制、办学体制和投资体制为核心的一系列教育制度。

一、改革走向

纵观 10 余年来我国教育管理体制改革的历程，我们不难发现，它基本上是沿着三个走向展开的。

1. 重心转移

即通过权限下放，改变过去整个国家的教育活动的管理权都高度集中于中央政府和中央教育行政管理部门的状况，给予地方政府和学校自身更多的管理权和自主权。其重要手段之一在于，它反映了管理权限在原有体制内从上到下的变化，只是把管理的重心由中央下移到地方各级政府和学校，而并未超出原有体制范围。这一走向主要反映在两个方面。其一，地方各级政府对本地方教育活动的管理权限的扩大。过去，无论是学校的建设、专业的设置和学科的调整，还是课程、教材、教学大纲与教学计划的审定，包括各种教育经费的拨付与使用等，基本上是由中央政府和中央教育行政管理部门集中统一管理，地方政府和教育行政管理部门的管理权限十分有限，更多的只是扮演一个执行者的角色。但是，这种模式不利于发挥地方办学的积极性，难以适应随着社会发展和分化而出现的不同地区之间的差异；由于信息收集和掌握上的困难，也常常影响管理的效率。为此，在教育管理体制改革中，中央政府明确规定了基础教育管理权属于地方政府所有。除了大政方针和宏观规划由中央决定外，具体政策、计划的制定和实施，以及对学校的领导、管理和检查的权力和责任，都交给地方。其二，是扩大学校，主要是高等学校的办学自主权。在招生、专业与系科的调整、机构的设置、干部的任免、经费的筹措与使用、职称评定、工资分配及国际交流等方面，高等院校正一步步地朝着在政府宏观管理下，面向社会自主办学的法人实体发展。

2. 转移

即改变过去政府包揽办学的格局，逐步建立以政府办学为主体，社会各界共同办学的体制。首先是学校的举办主体由过去体制内的一元化向体制内与体制外相结合的举办主体多元的改革。近年来，各种不同的社会力量办学的兴起，私立学校的涌现，以及与国际上有关组织机构的合作办学等等，反映了教育管理体制改革中举办主体多元的走向，并呈现出逐渐深化和扩大的趋势。其次，学校的举办者、管理者和办学者的同一也逐渐走向分离。过去，在政府包揽办学的体制中，学校的举办者、管理者和由政府任命的学校领导基本上都是同一的。如今，一方面由于出现了体制外不同的举办主体，而学校也获得了较大的自主权，便带来了三者之间的分离和差异。这有利于更好地动员各种社会资源发展教育，有利于调动办学者的积极性，但它同时也向教育管理提出了挑战，增加了难度。

教育供给与需求之间基本重合向相对分离转变：这里所讲的"教育供给"与"教育需求"分别指的是整个社会所提供的各种不同的教育及总的数量，和社会各个层面在上述种类和质量方面对教育的需求。这一走向表现为：社会的教育需求逐渐从完全由政府提供的教育供给的约束和控制中分离出来，并获得了相对的独立性，与此同时，教育供给本身也呈现出多元的状况。通过经济体制的改革和社会主义市场经济体制的不断建立，各个地方、各个部门初步形成了一定的利益主体，有了相应的利益驱动和约束，成为教育需求的现实主体；而劳动人事制度、工资制度、招生及毕业分配制度等改革，也使得教育，尤其是非义务阶段的各种教育，与人们的自身利益有了内在的联系，并促使个人在教育需求上有了更为实际和主动的选择。

总之，上述三个走向基本上是围绕着改变过去教育管理权限高度统一和过度集中的现象而展开的。而招生和考试制度的改革、教育职称职务制度的改革，以及教育经费结构及管理的改革等，则是从不同侧面进一步具体地反映了上述三个走向。

二、问题矛盾

1. 成就

第一，由于降低了管理重心，使教育活动与各个地区自身的实际情况和发展相结合，从而直接带来了两个好处：首先调动了地方各级政府和人们发展教育与办学的积极性，形成了教育发展的新的支持机制，扩大和增加了整个社会对教育的投入；其次，教育本身与现实的联系更为紧密，从而使教育获得了更大的社会效益。一方面，由于缩短了各种信息流动、反馈和转换中的时间与空间，增加了管理的直接性和决策的针对性，因而在一定程度上降低了教育的管理成本和费用；另一方面，学校的布局、课程的设置、教材的选编，以及教学计划的制定等也可比过去较好地适应本地区要求。

第二，扩大了高等学校的办学自主权，为高等学校的深化改革创造了一定的条件，在一定程度上调动了广大教职工的积极性，增强了学校主动适应经济和社会发展的能力，促进了高校办学质量、科研水平和办学效益的提高。

第三，学校举办者的分化，以及管理者与举办者、办学者的相对分离，在一定程度上调动了更多的社会资源参与和支持办学。各种社会力量办学、私立学校的出现，以及非正规和非正式教育的兴起，已成为我国以政府为举办主体的正规学校教育的极大补充，并在一定程度上缓解了政府办学的压力，适应了现代社会中不断扩大的教育需求。与此同时，由于各种社会力量办学本身具有相对的独立性和自主性，它们在办学思想、课程设置、教学上的某些试验和创新，也为我国教育教学的改革和理论研究提供了十分可贵的经验。由此，一种多元的办学格局正在逐步形成。

第四，教育需求与教育供给的相对分离，也从某些方面促进了教育的改革与发展。因为各个地区和部门作为相对独立的利益主体而形成的各具特色的教育需求，以及个人在利益驱动下的不同选择，都加大了整个社会在量、质、类等方面对教育的需求，并逐渐成为影响教育发展的重要力量。大量涌现的各种社会力量办学，尤其是私立学校和各地举办的非学历性高等教育，正是在这种不断膨胀的教育需求的刺激下出现的。而政府在教育上的投资取向与政策行为，也不得不更多地考虑现实教育需求的状况与倾向。同时，这种相对分离还能够较好地为提高办学效益提供可能性。因为它可以在一定程度上改变过去作为行政附属学校的办学思路和工作逻辑，激发学校的竞争意识，从而使学校更贴近现实和适应本地区社会经济发展的要求。

2. 问题矛盾

首先，由于教育管理权限的下放和学校自主权的扩大，中央政府关于全国教育改革和发展的整体布局、规模与宏观结构的一系列方针政策与地方政府在发展地方教育、满足局部利益之间的冲突和矛盾，以及教育行政管理部门的宏观调控与学校自身利益的冲突与矛盾，正逐渐成为深化教育管理体制改革的重大课题。一方面，有些地方政府和教育管理部门不顾中央的三令五申，擅自扩大招生规模，提高收费标准；有的则对各项教育经费进行挪用和截流，以至于造成大面积地拖欠教师工资，严重冲击了教育，尤其是基础教育的发展。另一方面，有的学校为了克服办学经费，尤其是公用经费的短缺问题，提高教师工资，改善办学条件，兴起了经商的热潮，导致学校行为的市场化倾向；有的学校则违反政策，滥发文凭；有的中小学则凭借自身的优势，招收"议价生"和"高价生"等，背离了义务教育的基本宗旨。所有这些都在一定程度上导致了学校办学质量和教育水平的滑坡，涣散了学校的校风和学风。

其次，由于原有体制外社会力量举办的学校、私立学校等大量涌现，如何使政府办学和非政府办学这两类具有不同资源基础的学校协调起来，并使社会主义的教育方针和各种原则、政策得以全面贯彻，也成为教育管理体制改革中面临的突出问题。有的学校为了尽快地收回建校的投资，过高地收取学杂费；有的学校为了吸引更多的生源，做出了与国外"接轨"的允诺；还有些学校利用种种机会和可能，变相地侵占公立学校的资源等。这些在一定程度上造成了教育领域中无序现象，影响了社会的稳定。另一方面，各级政府和教育行政管理部门也尚未形成对各种社会力量办学的有效管理，包括缺乏统一的管理机构，缺少适当的制度规范和有效的手段等等。

最后，由于学校举办主体的多元和各个地区、部门与个人成为相对独立的教育需求的主体，教育供给与教育需求的相对分离也进一步增加了政府对教育宏观调控的难度，在某些层次的人才供需之间，也已经产生了矛盾和不平衡。

显然，上述种种问题的认识与解决已经成为深化教育管理体制改革的重大课题和任务。但必须指出的是，随着社会发展和教育本身在结构性实体要素、功能、资源及各种关系方面的分化，以及由分化引起的冲突，上述种种问题的出现具有一定的必然性。关键在于，我们应该客观地分析这些问题出现的社会环境，确定某些既定的外部因素，找出那些可以通过主观努力和人为因素加以调整和改变的方面，从而逐步完善我国的教育管理体制。

三、比较

1. 英国体制

机构少而精、法制化水平高。

英国的教育管理体制从行政建制到学校内部的机构设置都比较精简。就教育行政管理而言，在垂直层次上仅分为中央和市（郡）两级。中央教育行政部门为联邦教育部，直接受教育大臣领导，管理全国的教育事业。地方教育行政部门则为市（郡）教育局，接受教育部和市（郡）行政部门的领导，管理下属教育部门的事宜。就学校内部的组织机构而言，英国实行的是校董事会领导下的校长负责制，由各方代表组成的校董事会是学校的决策机构。校长是学校首席行政长官，向校董事会负责，执行校董事会的决议并主持学校的日常行政管理事务。英国的教育管理法制水平比较高，首先表现在教育法规体系非常健全。仅联邦议会颁布的全国性教育法规就有 20 多种，此外，地方议会和政府还制定了一系列教育法规、政策，几乎覆盖了教育管理领域的各个方面。其次，全民教育法制观念强，知法守法已成为公民的一种自觉行为。在英国，谁如果不按照法律行事，就会被认为是一种耻辱，严重的要受法律制裁。再次，政府对学校的管理行为和学校内部的管理活动明显呈现出有法可依、有章可循、按章办事、有条不紊的特点。学校的独立法人地位相当明确。在没有明确的法规依据的情况下，市、郡政府和教育行政部门绝对不能随意插手干预学校的管理工作。师生员工的教育、教学和日常生活行为也都十分规范，很少出现违规的人和事。

2. 美国体制

层次少、社会监督力度大。

美国的教育行政实行地方分权，中央虽在 20 世纪 80 年代恢复了教育部，但机构简化，人员较少，主要起规划、指导和协调作用。在中央与州两级管理中，以州为主。中央除立法和拨款外，不干涉地方的教育行政事务。在地方教育行政机关与学校的关系中，强调学校办学的自主性。地方教育行政部门对学校的领导主要体现在：制定课程的质量标准，进行检查与评估，提出改革建议；根据学校办学的实际情况，确定拨款标准；校长的选拔、任用、考核和培训。州和学区的教育机构比较简单。州一般设教育委员会，由 10 名委员组成，其中 5 名由该州有影响的公司、单位和学生家长推选，另 5 名由州长指定。由教育委员会提名并投票选举产生一名教育专家组组长，组成公立学校办公室，相当于中国的教育厅、局，领导全州教育的业务工作。美国的学校要接受社会监督，社区成立教育委员会，选举各界人士和学生家长代表为教育委员会委员。学校教育计划和改革方案，须交委员会讨论通过后方可执行。美国学校校长是学校的行政首长，向教育局长负责，执行学区教委的有关决议及管理学校日常行政事务。除宏观指导外，政府对学校的具体业务不加干预。所以，美国的公立学校有较大的办学主动权。

3. 法国教育

集权与分权相结合。

法国属于中央集权制的国家，在教育管理上长期实行高度的中央集权制。政府非常重视教育，确立了教育的优先地位，强调公民受教育的权利和机会均等；规定中小学实行学校、家长、学生合同制；设立"国家教学大纲委员会"，定期审查修改教育内容，改革学制，减少考试；加强教师队伍建设，鼓励大学毕业生从教，建立教师培养学院，强调教师接受继续教育的必要性；重视教育改革，重点放在消除教育管理中的官僚主义和加强技术教育上，强调教育、科研与企业发展紧密结合。法国强调教育管理要统一，教育部垂直管理基础教育。基础教育结构全国统一，小学为五年制，初中为四年制，高中为三年制。初中分为适应阶段、中间阶段和专业定向三个阶段。高中阶段分为确定阶段和最后阶段。法国中小学实施校长负责制。校长作为学校的一员，既是校长又是任课教师。法国校长同教师一样，均是国家公务员，聘任权在国家，而不在学校，工资直接由国家教育部发放。法国对校长的选拔非常严格，既注意资格，也注重经历，竞聘校长职务的教师必须通过严格的考试和培训。这些措施既保证了校长的质量，又提高了其权威。

4. 德国体制

州政府享有充分的自治和自主权。

德国属于联邦制国家，在教育管理上，联邦政府同各州政府有着明确的分工。联邦宪法规定："整个教育事业置于国家监督之下，教育、科学的立法管理主要由各联邦州负责。"联邦政府在教育领域的权力主要由联邦教科部行使，但整体教育外交和师资待遇等则由联邦外交部和内政部负责。德国各州政府在教育管理方面享有充分的自治和自主权，教育领域的基础原则不是由联邦政府的主管部门确定，而是由各州之间相互约定。德国没有全国统一的中小学校和高等院校法，而是由各州在宪法的范围内独立管理发展其学校教育事业，颁布各种专门的法规；规定各级学校的设立、维护和发展；组织师资的培训和进修；加强学校的监督和管理；负责学生在学校中的地位、学费和教材费的减免以及教育补助等事宜。这种管理模式导致各州间的学校教育发展各具特色。德国中小学同英国一样实行校长负责制。必须是优秀教师才有资格竞聘校长职务。

四、分类

1. 高等教育

早在 1985 年颁布的《中共中央关于教育体制改革的决定》中，最初提出了对我国高等教育管理体制进行改革的思想。20 世纪 90 年代初，国家即开始了这方面工作的探索，1992 年扬州工学院、扬州师范学院、江苏农学院、扬州医学院、江苏商业专科学校、江苏水利工程专科学校和国家税务局扬州培训中心等 7 个单位合并组建了扬州大学，作为我国高校合并的第一例，标志着我国高校管理体制改革工作的启动。

1994 年、1995 年、1996 年，原国家教委召开了 3 次高教管理体制改革座谈会，规范地提出了在实践中形成的五种改革形式，即"共建""合作""合并""协作"和"划转"。1995 年 7 月 19 日，国务院办公厅转发国家教委《关于深化高等教育体制改革的若干意见》（以下简称《意见》）。《意见》提出，要着重抓好高等教育管理体制的改革。其目标是，争取到 2000 年或稍长一点时间，基本形成举办者、管理者和办学者职责分明，以财政拨款为主多渠道经费投入，中央和省、自治区、直辖市人民政府两级管理、分工负责，以省、自治区、直辖市人民政府统筹为主，条块有机结合的体制框架。

在党中央、国务院的正确领导下，配合政府机构改革和职能转变，教育部、财政部、国家计委等有关部门在各地的配合下对国务院部门（单位）所属学校集中进行了三次大的调整，基本上解决了部门办学体制问题，高教管理体制改革取得了历史性的重大突破。这三次调整分别是：1998 年 7 月，对原机械工业部等 9 个撤并部门所属院校的调整；1999 年上半年，对原兵器、航空、航天、船舶、核工业等五大军工总公司所属院校的调整；2000 年上半年，对铁道部等 49 个国务院部门（单位）所属院校进行了调整，其中一部分划归教育部管理或与教育部的学校合并，大部分实行中央与地方共建、以地方管理为主。

2. 农村教育

农村义务教育管理体制改革的基本观点，就是要把"农村教育农民办"转变为"义务教育政府办"。不能再打着办教育的旗号向人民乱收费了。在广泛调查研究和充分试点的基础上，2001 年 5 月，国务院做出了《关于基础教育改革与发展的决定》，并于 6 月召开了全国基础教育工作会议，把各省、自治区、直辖市政府的一把手请到北京来，统一思想，对改革和完善农村义务教育管理体制进行了部署。这一改革的主要内容是：农村义务教育实行在国务院领导下，由地方政府负责，分级管理、以县为主的管理体制。通过体制的调整与完善，实现两个改变，也就是把主要向农民收费集资办学改变为主要由政府财政出资办学，将农村义务教育由以乡镇为主管理改变为以县为主管理。只有把教师的管理权和教师工资的发放收到县上来，才能把住教师进口关、质量关、编制关。对贫困地区、中西部地区教师工资实行专项转移支付，一定要确保中间不能克扣，都要发到县里，把工资直接打到教师的银行账户上，让他们能按时领到工资。农村义务教育管理体制改革是我国教育体制的一项意义重大的变革。

3. 特殊教育

特殊教育是国民教育体系的重要组成部分。与普通教育的繁荣景象相比，我国特殊教育仍处于相对滞后的欠发展状态。从管理体制看，多部门办学的松散格局不利于资源的优化整合，也不利于发挥普教优势。为此，必须在战略规划方面，强化政府行为，增强其宏观调控能力；在战略实施方面，突出教育部门的主管功能，集中整合、统一管理；在运作机制方面，在现有的"公办"为主的特殊教育领域引入竞争、责任机制，发展和培育多元化的办学模式。

4. 学前教育

当前我国学前教育管理体制处于起始阶段，只有部分地区在尝试这方面的试点。学前教育体制包括投入体制、办学体制、管理体制等。当前加快学前教育发展，解决体制问题尤为重要，它是破解学前教育难题的关键。到目前为止，国内没有人对我国学前教育发展过程中出现的体制模式进行综合分析研究，为了弄清楚目前我国学前教育发展中有多少种体制模式。

第五节　教育发展战略规划

一、教育发展战略

教育发展战略是关于我国教育事业发展的宏观决策和总体规划。我国现阶段的教育发展战略，是以"教育要面向现代化，面向世界，面向未来"为战略目标的。"三个面向"是教育发展的宏观决策。新中国成立以来，我国教育事业有了很大发展。但是，从50年代后期开始，由于"左"的思想影响，教育事业不但长期没有放在应有的重要地位，而且受到政治运动的频繁冲击。

当前，教育面临着世界性新技术革命的挑战，如何在这种新形势下发展我国的教育事业，使之更好地适应经济社会发展的需要，更好地为社会主义现代化建设服务，是一个至关重要的战略问题。"三个面向"的决策，科学地解决了我国教育事业发展的战略方向问题，提出了新的历史时期整个教育工作的总目标，体现了党对教育工作的总要求。"三个面向"是一个以面向现代化为基础的统一整体。教育要面向现代化，就是要适应以经济建设为中心的社会主义现代化建设的需要。为了面向现代化，教育就必须面向世界，面向未来。因此，我国现阶段的教育发展战略，也就是立足现代化，放眼未来，迎接世界性"新技术革命"的挑战。它通过一系列的具体工作计划和步骤体现出来。我国目前正在进行的教育体制改革，就是落实我国教育发展战略的一个重要方面和重点环节。

二、教育发展战略地位

习近平总书记提出教育是"党之大计"，立论高远、视野宏阔、思想深邃，是对中国特色社会主义教育的新定位，体现了党对人类社会发展规律、社会主义发展规律、党的执政规律的深刻认识，是党的理论和党的教育思想的新发展。

在全国教育大会上，习近平总书记提出教育是"党之大计"。这是习近平总书记对我国教育事业战略地位做出的具有重大历史意义和现实意义的新表述，既与长期以来党和国家有关教育的基本认识一脉相承，又立足中国特色社会主义新时代，坚守与实现党的初心和使命，深化和丰富了党和国家优先发展教育事业的规律性认识和战略部署。

1. 教育是民族振兴、社会进步的重要基石，决定着中华民族的复兴大业

教育是一个民族最根本的事业。教育作为一种培养人的社会活动，传承文明和知识，以文化人，延续民族命脉。党的十七大报告提出，"教育是民族振兴的基石"。党的十八大报告提出，"教育是民族振兴和社会进步的基石"。2014 年 9 月，习近平总书记在同北京师范大学师生代表座谈时的讲话中指出，教育"是民族振兴、社会进步的重要基石，是对中华民族伟大复兴具有决定性意义的事业"，强调教育是"重要基石"及其"对中华民族伟大复兴的决定性意义"。在全国教育大会讲话中，习近平总书记更是具体强调了教育对"增强中华民族创新创造活力"的重要意义，凸显了教育在民族振兴、社会进步中的基础性、动力性和决定性作用，明确提出"坚持把服务中华民族伟大复兴作为教育的重要使命"，将教育地位和作用提到一个前所未有的新高度。

民族兴亡，国运兴衰，系于教育。放眼世界，中华文明是唯一没有中断而延续至今的文明，缘于中华文明在人类各大文明形态中以重视教育而独树一帜。孟子曰，"修庠序学校之教"，意思是古人兴办学校。钱穆认为，"中国民族绵延五千载，日以扩大繁昌，亦赖于此"。中华民族在历史上长期引领世界文明前行，16 世纪以前影响人类生活的重大科技发明约有 300 项，其中中国人的发明占 175 项，中国古代四大发明造福全世界。近代以来，中国面临千年未有之大变局，中华民族陷入空前危机，在饱受封建奴役的同时又遭遇外强欺凌，面临着亡国灭种的困境。中华民族落伍了，政治上缘于封建统治者因循守旧、故步自封，文化上则缘于旧学教育僵化，科举八股抑制了人的创造能力，整个民族创造力出现衰微。同生产实际和创新实践相结合的现代教育发展缓慢，影响了国家科技发展和民族整体创造力的提升，阻滞了中华文明的现代转型。

中华民族伟大复兴首先是文化复兴，以中华文化发展繁荣为条件。习近平总书记在十九大报告中强调："没有高度的文化自信，没有文化的繁荣兴盛，就没有中华民族伟大复兴。"唯有经济崛起与文化复兴双轮驱动，物质文明和精神文明比翼双飞，建设中国特色社会主义文化强国，推动中华优秀传统文化创造性转化、创新性发展，铸就中华文化新辉煌，为人类文明进步做出独特的贡献，中华民族以更加昂扬的姿态屹立于世界民族之林，才是实现中华民族伟大复兴的重要标志。

培育中华民族共同的精神家园，汇聚起民族团结奋进的磅礴力量，点亮人类命运共同体的思想火炬，教育重任在肩。正如习近平总书记 2014 年 3 月在联合国教科文组织总部的演讲所指出的："让教育为文明传承和创造服务。"中国特色社会主义进入新时代，持续接力实现民族复兴的中国梦，对教育的期待比以往任何时候都更加迫切，对科学知识和卓越人才的渴求也比以往任何时候都更加强烈。人才兴则民族兴，教育强则国家强，建设教育强国是中华民族伟大复兴的基础工程，服务中华民族伟大复兴是教育的重要使命。

2. 教育是功在当代、利在千秋的德政工程，关系着党长期执政兴国的大局

尊贤重才，尊师重教，既是中华民族的传统美德，又是历代治国经验的科学总结。"建国君民，教学为先"，以孔孟之道为代表的儒家文化，更是将发展教育提升到施教化、行德政的高度。

党和国家历来高度重视教育，特别是改革开放以来，强调教育在经济社会发展中的先导性、全局性和基础性作用，对教育功能的认识和定位历经经济、科技、文化和社会视野的全面提升，从党的十二大报告中把教育作为"经济发展的战略重点"、党的十五大报告中把教育作为"文化建设的基础工程"、党的十六大报告指出"教育是发展科学技术和培养人才的基础"，到把教育纳入以民生为重点的社会建设范畴，党的十七大报告指出"办好人民满意的教育"、党的十八大报告指出"努力办好人民满意的教育"、党的十九大报告指出"办好人民满意的教育"。习近平总书记在全国教育大会上的讲话中强调，教育是功在当代、利在千秋的德政工程，明确教育以凝聚人心、完善人格、开发人力、培育人才、造福人民为工作目标，更加凸显了发展教育在党执政兴国大局中的重要性。

全心全意为人民服务是中国共产党的最高宗旨，为人民谋幸福是中国共产党人的初心。习近平总书记多次强调，我们要时刻不忘初心，永远把人民对美好生活的向往作为奋斗目标。人民对美好生活的需要非常广泛，教育是其中的重要方面。并且，教育是促进人的全面发展的主要途径，是创造美好生活的根本途径。以习近平同志为核心的党中央，坚持以人民为中心发展教育，把优先发展教育事业摆在民生保障和社会建设的首位，在幼有所育、学有所教方面不断取得新进展，办好人民满意的教育，使人民的获得感、幸福感、安全感更加充分、更有保障、更可持续。办好教育是最大的民生工程，民生连着民心，民心牵系国运。

治国者德政，必重器教育。传统的儒家文化强调，治理国家重要的是道德的引导，而不在于刑罚的严酷。而现代国家治理是法治与德治的有机统一，依法治国和以德治国相结合，才能实现国家的长治久安。正如习近平总书记 2016 年 12 月在十八届中共中央政治局第三十七次集体学习时所指出的，国家治理需要法律和道德协同发力。教育引导作为基础性工作，在提高全体人民道德素质，提高全社会文明程度，培育人们的法律信仰、法治观念、规则意识，营造全社会讲法治、守法治的文化环境中发挥着重要作用。同时，我国是人民当家做主的社会主义国家，人民是国家的主人，是国家的管理者，提高公民更好地参与和管理国家的素质与能力，必须通过法治教育和德治教育来实现。发展教育是促进依法治国和以德治国相结合目标实现的必要途径，事关社会和谐稳定，事关党和国家长治久安。

发展是第一要务，人才是第一资源，创新是第一动力。习近平总书记在党的十九大报告中指出，"实现'两个一百年'奋斗目标、实现中华民族伟大复兴的中国梦，不断提高人民生活水平，必须坚定不移把发展作为党执政兴国的第一要务"。发展是解决我国一切问题的基础和关键。当前，中国特色社会主义进入新时代，经济发展处在转变发展方式、优化经济结构、转换增长动力的攻关期，而实现高质量发展已经不可能像以往那样主要依

靠要素投入的增加，必须转到更多依靠科技进步、劳动者素质提高和管理创新上来。作为一个大国，自主创新才能撑起民族的脊梁，才能真正掌握竞争和发展的主动权。创新驱动实质上是人才驱动，而人才的培养，根本靠教育。深化教育改革创新，加快形成一支规模宏大、富有创新精神、敢于承担风险的创新型人才队伍，将在承担和实现中华民族伟大复兴的历史使命中发挥决定性作用。

3. 教育肩负着培养社会主义建设者和接班人的根本任务，确保党的事业发展后继有人

办好中国的事情，关键在党，关键在人，关键在人才。我们党历来重视培养人的问题，教育不仅关系到中华民族和国家的未来，也关系到党的事业发展后继有人。

习近平总书记在讲话中把"培养什么人"作为教育的首要问题，指出："我国是中国共产党领导的社会主义国家，这就决定了我们的教育必须把培养社会主义建设者和接班人作为根本任务，培养一代又一代拥护中国共产党领导和我国社会主义制度、立志为中国特色社会主义奋斗终生的有用人才。这是教育工作的根本任务。"立德树人，为党育人、为国育才，是中国特色社会主义教育的根本任务。

三、国家教育事业发展"十三五"规划

"十三五"时期是全面建成小康社会决胜阶段。为加快推进教育现代化，依据《中华人民共和国国民经济和社会发展第十三个五年规划纲要》和《国家中长期教育改革和发展规划纲要（2010—2020年）》（以下简称《教育规划纲要》），制定本规划。

1. 以新理念引领教育现代化

（1）发展环境。

"十二五"时期特别是党的十八大以来，按照党中央、国务院决策部署，我国教育改革发展取得了显著成就，社会主义核心价值观教育深入推进，立德树人根本任务有效落实，学生思想道德素质持续向好，教育现代化取得新进展，为促进经济发展、社会和谐、文化繁荣做出重要贡献。

教育总体发展水平进入世界中上行列。九年义务教育全面普及，进入均衡发展新阶段，学前三年毛入园率提前实现《教育规划纲要》2020年目标，高中阶段教育基本普及，基本公共教育服务体系和现代职业教育体系基本确立，高等教育大众化水平显著提升，继续教育持续发展，全民终身学习的态势初步形成。教育质量稳步提升，我国学生在经济合作与发展组织开展的国际学生评估项目中表现良好，我国成为国际工程联盟本科教育互认协议成员，一批高校和学科世界排名显著提升。

教育公平取得重要进展。城乡和区域教育发展差距进一步缩小，大中城市义务教育阶段"择校热"有所缓解，国家助学制度更加完善，农村义务教育学生营养改善计划深入实施，贫困地区学生的体质健康得到改善，进城务工人员随迁子女、农村留守儿童、残疾学生受教育权利得到更好保障，中西部地区特别是农村学生接受优质高等教育的机会明显增加。

服务经济社会发展能力显著增强。职业学校每年输送近 1000 万名技术技能人才，开展培训上亿人次。普通本科高校累计输送 2000 多万名专业人才。高等学校牵头承担了一大批国家重大科学研究任务和重大工程项目，产出了一大批服务国家战略、具有国际影响力的标志性研究成果，技术转移和成果转化成效明显。

教育发展能力显著提升。教育投入实现历史性突破，2012 年首次实现国家财政性教育经费占国内生产总值 4% 的目标，生均拨款制度逐步建立，各级各类学校特别是农村学校办学条件有较大改善，教师队伍素质进一步提高，教育信息化全面推进。教育对外开放水平显著提升，国际影响力稳步增强。教育体制改革取得重要进展，人才培养体制、办学体制、管理体制、评价体制、保障体制改革全面深化，一些重点领域和环节取得突破性进展。考试招生制度改革全面启动，现代教育督导体系进一步完善。

总体来看，《教育规划纲要》确定的阶段性目标如期实现，教育事业发展"十二五"规划圆满收官，我国教育进入提高质量、优化结构、促进公平的新阶段。

"十三五"时期，我国发展仍处于可以大有作为的重要战略机遇期，也面临诸多矛盾叠加、风险隐患增多的严峻挑战。有效应对各种风险和挑战，不断开拓发展新境界，对实现教育现代化提出了前所未有的新任务、新要求。

从国际看，世界多极化、经济全球化、文化多样化、社会信息化深入发展，国际金融危机深层次影响在相当长时期依然存在，新一轮科技革命和产业变革蓄势待发，互联网、云计算、大数据、智能机器人、三维（3D）打印等现代技术深刻改变着人类的思维、生产、生活和学习方式，国际竞争日趋激烈，人才培养与争夺成为焦点。优先发展教育，构建现代教育体系，建设学习型社会，培养大批创新人才，已成为人类共同面临的重大课题和应对诸多复杂挑战、实现可持续发展的关键。

从国内看，统筹推动"五位一体"总体布局和协调推进"四个全面"战略布局，贯彻落实创新、协调、绿色、开放、共享的新发展理念，实现 2020 年全面建成小康社会目标，深化供给侧结构性改革，保持经济中高速增长，深入实施创新驱动发展战略，推进大众创业万众创新，实施"中国制造 2025"和"一带一路"建设等战略，迫切需要教育优化人才培养结构，加快培养各类紧缺人才。保障基本民生，实现全体人民共同迈入全面小康社会，迫切要求完善基本公共教育服务体系。新型城镇化加快推进，人民群众生活水平和质量普遍提高，生育政策调整，学龄人口、劳动年龄人口规模结构改变，人口老龄化速度加快，教育需求发生结构性变化，对高质量、多样化的教育需求日益增长，教育体系、结构和布局面临深刻挑战。无论从当前推进经济转型升级，还是从长远促进经济和社会协调发展看，都需要抓住教育这一最基础环节，推进优先发展，提高国家发展水平。

从教育领域看，当今世界教育正在发生革命性变化。确保包容、公平和有质量的教育，促进全民享有终身学习机会，成为世界教育发展新目标。教育与经济社会发展的结合更加紧密，以学习者为中心，注重能力培养，促进人的全面发展，全民学习、终身学习、个性化学习的理念日益深入人心。教育模式、形态、内容和学习方式正在发生深刻变革，教育治理呈现出多方合作、广泛参与的特点。要清醒地看到，我国教育改革发展虽然取得了显著成就，但尚不能完全适应人的全面发展和经济社会发展需要，仍存在一些突出问题，主要表现为：科学的教育理念尚未牢固确立，促进学生全面发展的育人模式与环境有待完善，产教融合、科教融合的协同培养机制尚未形成，学生创新创业能力的培养有待加强；教育发展还存在不平衡、不协调的问题，城乡、区域之间教育差距仍较大，优质教育资源总量不足，布局不合理，学前教育、职业教育、继续教育仍是教育体系中的突出短板，人才培养的类型、层次和学科专业结构与社会需求不够契合；教师队伍素质和结构不能适应提升质量与促进公平的新要求；学校办学活力不强，促进和规范社会力量参与举办教育的法律制度和政策体系亟待完善，多方参与教育治理和评价的体制机制还不健全；教育对外开放的水平不够高；教育优先发展地位需进一步巩固。

人才成就未来，教育成就梦想。人才和人力是国家最大的资源，今天培养的人才将是实现第二个百年奋斗目标的主力军，教育必须承担起实现中华民族伟大复兴中国梦赋予的历史使命，毫不动摇地坚持中国特色社会主义教育发展道路，不断深化对中国特色社会主义教育发展规律的认识，树立科学的教育发展观、质量观、人才观，以更加奋发有为的精神状态和踏石留印、抓铁有痕的工作作风，勇于实践，善于创新，不断实现改革新突破，迈上发展新台阶。

（2）指导思想。

全面贯彻党的十八大和十八届三中、四中、五中、六中全会精神，以马克思列宁主义、毛泽东思想、邓小平理论、"三个代表"重要思想、科学发展观为指导，深入贯彻习近平总书记系列重要讲话精神，认真落实党中央、国务院决策部署，紧紧围绕"五位一体"总体布局和"四个全面"战略布局，树立道路自信、理论自信、制度自信、文化自信，以创新、协调、绿色、开放、共享的发展理念统领教育改革发展，坚持党的领导，坚持社会主义办学方向，全面贯彻党的教育方针，全面深化教育改革，着力提高教育质量，着力优化教育结构，着力促进教育公平，加快推进教育现代化，推动创新型国家和人才强国建设，为全面建成小康社会和实现中华民族伟大复兴的中国梦做出更大贡献。

（3）基本原则。

推进教育改革发展，实现更高质量、更加公平、更有效率、更可持续的发展，完成国家赋予的历史使命和战略任务，必须遵循以下基本原则：

坚持优先发展。人是国家发展的核心要素。要坚持把教育摆在优先发展的战略地位，充分发挥教育的基础性、先导性、全局性作用，更加注重教育和人力资源开发，加大投资于人的力度，面向现代化，面向世界，面向未来，超前规划，优先发展，加速人力资本积累，为国家和民族的未来奠基。

坚持立德树人。把立德树人作为教育的根本任务，培养德智体美全面发展的社会主义建设者和接班人。要遵循教书育人规律、遵循学生成长规律，以学生为主体，以教师为主导，创新育人模式，培育和践行社会主义核心价值观，不断提高学生思想水平、政治觉悟、道德品质、文化素养，让学生成为德才兼备、全面发展的人才。

坚持服务导向。服务国家发展和人民群众是对教育改革发展的基本要求。教育发展要适应中国特色社会主义现代化建设需要，服务全面建成小康社会和中华民族伟大复兴目标，主动适应和引领经济发展新常态，为国家现代化建设厚植人才优势，培育创新动力。要不断满足广大人民群众对更高质量、更为多样教育的需求，优先解决人民群众关心的重点、热点、难点和焦点问题。

坚持促进公平。教育的公平性是社会主义的本质要求，要发展社会主义，逐步实现人民共同富裕，教育公平是基础。注重有教无类，让全体人民、每个家庭的孩子都有机会接受比较好的教育，让教育改革发展成果更好地惠及最广大人民群众。突出精准扶贫，面向中西部地区特别是边远、贫困地区，加大对家庭经济困难学生帮扶力度。

坚持改革创新。改革创新是发展的根本动力。要不断深化教育综合改革，将顶层设计和实践探索有机结合，充分调动基层特别是广大学校、师生的积极性、主动性和创造性；创新体制机制和人才培养模式；要统筹利用国内国际教育资源，广泛借鉴吸收国际先进经验，进一步提升教育对外开放水平，通过改革创新和对外开放解决难题、激发活力、推动发展。

坚持依法治教。法治是实现教育现代化的可靠保障。要坚持依法行政、依法办学、依法执教，更加注重运用法治思维和法治方式推动教育改革发展，更加注重教育法律法规体系和执法体制机制建设，更加注重保障广大人民群众受教育权利和广大师生权益，更加注重保障人民群众对教育改革发展的知情权、参与权和监督权，依法推进教育治理能力现代化，为教育发展创造良好的法治环境。

坚持党的领导。办好中国特色社会主义教育事业关键在党，必须牢牢掌握党对教育工作的领导权，坚持正确的政治方向，掌握教育领域意识形态工作的主导权，着力加强教育系统党的思想建设、组织建设、作风建设、反腐倡廉建设、制度建设，增强政治意识、大局意识、核心意识、看齐意识，强化基层党组织的创造力、凝聚力、战斗力，为教育改革发展提供坚强的政治保障和组织保障。

（4）主要目标。

"十三五"时期教育改革发展的总目标是：教育现代化取得重要进展，教育总体实力和国际影响力显著增强，推动我国迈入人力资源强国和人才强国行列，为实现中国教育现代化2030远景目标奠定坚实基础。

全民终身学习机会进一步扩大。形成更加适应全民学习、终身学习的现代教育体系，现代职业教育体系更加完善。学前教育机会显著增加，义务教育普及成果进一步巩固提升，普及高中阶段教育，高等教育发展进入普及化阶段，继续教育参与率明显提升，学习型社会建设迈上新台阶。

教育质量全面提升。教师素质进一步提高，学校办学条件明显改善，教育信息化实现新突破，形成信息技术与教育融合创新发展的新局面，学习的便捷性和灵活性明显增强。

教育教学改革取得重要进展，学生的思想道德素质、科学文化素质、身心健康素质明显提高，社会责任感、法治意识、创新精神和实践能力显著增强，学业水平和自主学习、终身学习能力全面提升。

教育发展成果更公平地惠及全民。完成教育脱贫攻坚任务，精准扶贫、精准脱贫的效果充分显现。实现家庭经济困难学生资助全覆盖，困难群体、妇女儿童平等受教育权利得到更好保障。义务教育实现基本均衡的县（市、区）比例达到95%，城乡、区域、学校之间差距进一步缩小，建成覆盖城乡、更加均衡的基本公共教育服务体系。人民群众高质量、个性化、多样化的学习需求得到更好的满足。

人才供给和高校创新能力明显提升。创新型、复合型、应用型和技术技能型人才培养比例显著提高，人才培养结构更趋合理。各类人才服务国家和区域经济社会发展、参与国际竞争的能力显著增强。提高高等教育发展水平，若干所大学和一批学科进入世界一流行列，若干学科进入世界一流学科前列，在高校建成一批服务国家战略的创新基地和新型智库，创新服务能力全面提升，涌现一批重大创新成果，促进培育新动能，推动文化繁荣和社会进步，增强国家核心竞争力。

教育体系制度更加成熟定型。教育法律法规体系和执法体制机制更加健全，教育标准、监管、评价、督导、投入保障、教师队伍建设等基础性制度体系更加完善，社会力量举办教育、参与教育改革发展的制度更加完备有效。基本实现管办评分离，形成政府依法管理、学校依法自主办学、社会各界依法参与和监督的格局，教育治理体系和治理能力现代化水平明显提升。

（5）主题主线。

贯彻落实新发展理念，全面实现"十三五"时期教育改革发展目标，必须紧紧围绕全面提高教育质量这个主题，把立德树人作为根本任务，全面实施素质教育，积极培育和践行社会主义核心价值观，更新育人理念，创新育人方式，改善育人生态，提高教师素质，建立健全各级各类教育质量保障体系，全面提升育人水平。

必须把教育的结构性改革作为主线，主动适应经济社会发展和人民群众的需求。统筹利用好、布局好各类教育资源，突出保基本、补短板、促公平，公共教育资源配置向薄弱地区、薄弱学校、薄弱环节和困难人群倾斜，推动区域、城乡协调发展，着力扩大和提高基本公共教育服务的覆盖面和质量水平；优化人才供给结构，加快高中阶段教育普及进程，推动高等教育分类发展，大力发展现代职业教育和继续教育，加快培养经济社会发展急需人才；创新教育供给方式，大力发展民办教育，拓展教育新形态，以教育信息化推动教育现代化，积极促进信息技术与教育的融合创新发展，努力构建网络化、数字化、个性化、终身化的教育体系，形成人人皆学、处处能学、时时可学的学习环境；改革教育治理体系，深化简政放权、放管结合、优化服务改革，落实学校办学自主权，加快现代学校制度建设；扩大社会参与，提高教育开放水平，整体提升教育服务经济社会发展的能力。

2. 全面落实立德树人根本任务

（1）提升学生思想道德水平。

① 把思想政治工作贯穿教育教学全过程。

② 着力加强爱国主义教育。

③ 努力增强学生社会责任感。

④ 积极开展法治教育。

（2）培养学生创新创业精神与能力。

从中小学做起，注重激发学生学习兴趣、科学兴趣和创新意识，加强科学方法的训练，逐步培养学生逻辑思维与辩证思维的能力。

（3）强化学生实践动手能力。

践行知行合一，将实践教学作为深化教学改革的关键环节，丰富实践育人有效载体，广泛开展社会调查、生产劳动、志愿服务、公益活动、科技发明和勤工助学等社会实践活动，深化学生对书本知识的认识。

（4）塑造学生强健体魄。

加强和改进学校体育卫生工作。

（5）提高学生文化修养。

坚持以美育人、以文化人。

（6）增强学生生态文明素养。

强化生态文明教育，将生态文明理念融入教育全过程，鼓励学校开发生态文明相关课程，加强资源环境方面的国情与世情教育，普及生态文明法律法规和科学知识。广泛开展可持续发展教育，深化节水、节电、节粮教育，引导学生厉行节约、反对浪费，树立尊重自然、顺应自然和保护自然的生态文明意识，形成可持续发展理念、知识和能力，践行勤俭节约、绿色低碳、文明健康的生活方式，引领社会绿色风尚。

（7）提高学生综合国防素质。

将国防教育纳入国民教育体系，充分发挥国防教育的综合育人功能，丰富学校国家安全教育和国防教育内容，创新教育形式，探索开展中小学国防教育综合社会实践和示范校创建活动试点，继续推动国防教育特色学校建设，充分发挥军营开放日、军事夏令营等平台的作用，提高国防教育效果。加强高等学校军事理论教学，加强高等学校和高中阶段学校学生军事技能训练，拓展学生军训综合育人功能，提升青少年国防意识和军事素养。

3. 改革创新驱动教育发展

（1）着力推进教育教学改革。

① 推进基础教育课程与教学改革。

② 推行产教融合的职业教育模式。

③ 深化本科教育教学改革。

④ 推动研究生培养机制改革。

（2）深化考试招生制度改革。

① 加大高校考试招生制度改革实施力度。

② 推进高职院校分类考试，突出"文化素质＋职业技能"评价方式。

③ 完善中小学入学制度。

（3）激发学校办学活力。

① 加快现代大学制度和各类学校管理制度建设。

② 落实学校办学自主权。

（4）统筹推进世界一流大学和一流学科建设。

以中国特色、世界一流为核心，以支撑创新驱动发展战略、服务经济社会发展为导向，坚持建设与改革并重，以学科为基础、以绩效为杠杆，统筹高校整体建设和学科建设，鼓励和支持不同类型的高水平大学和学科差别化发展，支持拥有多个国内领先、国际前沿高水平学科的大学，全面建设进入世界一流大学行列或前列；支持拥有若干国内前列、在国际同类院校中居于优势地位的高水平学科的大学，通过学科建设带动学校进入世界同类大学前列；支持拥有某一高水平学科的大学，通过建设进入该学科的世界一流行列或前列。支持省级政府根据国家建设布局，结合经济社会发展需求和基础条件，自主推动区域内高等学校建设高水平大学和优势学科，积极探索不同类型、不同层次高等学校的一流建设之路。

创新建设机制，鼓励公平竞争，强化目标管理，增强建设实效。

（5）强化高校创新体系建设。

① 全面提升高校科技创新能力。

② 深化高校科研体制改革。

③ 深化全方位协同创新。

④ 完善高校哲学社会科学体系。

⑤ 促进高校科技成果转化。

（6）促进和规范民办教育发展。

① 推进民办学校分类管理。

② 鼓励社会力量进入教育领域。

（7）积极发展"互联网＋教育"。

① 加快完善制度环境。

② 进一步改善基础条件。加快推进"宽带网络校校通"，完善学校教育信息化基础设施，加强"无线校园"建设，基本实现各级各类学校宽带网络全覆盖和网络教学环境的普及，具备条件的城镇学校实现无线网络全覆盖，鼓励具备条件的学校配置师生用教学终端。

③ 全力推动信息技术与教育教学深度融合。

④ 推进优质教育资源共建共享。

4. 协调推进教育结构调整

（1）推进区域教育协调发展。

① 优化教育资源区域布局。

② 支持国家重大区域发展战略实施。

（2）优化城乡基础教育布局。

① 统筹规划城乡教育发展。

② 加强农村学校布局规划。

（3）加快发展现代职业教育。

① 完善职业学校布局结构。

② 提升职业学校基础能力。

③ 强化大国工匠后备人才培养。

（4）调整高等教育结构。

① 推进高等教育分类发展、合理布局。

② 推动具备条件的普通本科高校向应用型转变。

③ 提高应用型、技术技能型和复合型人才培养比重。

（5）大力发展继续教育。

① 加快构建终身教育制度。

② 加强继续教育平台建设。

③ 统筹扩大继续教育服务。

（6）加快培养现代产业急需人才。

① 加快学科专业结构调整。

② 大力培养现代农业人才。

③ 加快培养战略性新兴产业急需人才。

④ 加强现代服务业和社会管理服务人才培养。

5. 协同营造良好育人生态

（1）优化校园育人环境。

① 加强校园文化建设。

② 创建平安校园。开展教育系统稳定风险评估和监测。

（2）改善社会育人环境。

① 建立政府、学校、社会、家庭全面参与的协同育人工作机制。

② 优化语言文字环境。

（3）构建教育诚信环境。

着力加强诚信教育，把诚信教育纳入人才培养各环节，引导学生养成诚实守信的道德品质。

（4）建立科学评价体系。

① 充分发挥教育评价对科学育人的导向作用，把促进人的全面发展、适应经济社会发展作为评价教育质量的根本标准。

② 推进基础教育质量综合评价改革。

③ 构建科学的职业教育评价制度。

④ 改进高校人才培养质量评价。

（5）建设绿色校园。

① 加强节约型校园建设。

② 建设美丽校园。

6. 统筹推动教育开放

（1）优化教育对外开放布局。

① 实施共建"一带一路"教育行动。

② 分类推进教育国际合作交流。

③ 打造区域教育对外开放特色。

（2）提升教育开放层次和水平。

① 提高留学教育质量。

② 深化中外学校间交流与合作。

③ 提升中外合作办学质量。

（3）积极参与全球教育治理。

① 深化多边教育合作。

② 深度参与国际教育规则制定。

③ 开展教育国际援助。

（4）统筹推进中外人文交流。

① 完善中外人文交流机制。

② 办好孔子学院。

（5）深化内地和港澳、大陆和台湾地区教育合作交流。

① 完善内地和港澳教育合作与交流机制。

② 打造大陆和台湾地区教育合作交流平台。

7. 全面提升教育发展共享水平

（1）打赢教育脱贫攻坚战。

① 全面推进教育精准扶贫、精准脱贫。

② 加大职业教育脱贫力度。

③ 强化教育对口支援。

（2）促进义务教育均衡优质发展。

① 推动县域内均衡发展。

② 缩小区域差距。

③ 巩固提高普及水平。

（3）加快发展学前教育。

① 继续扩大普惠性学前教育资源，基本解决"入园难"问题。

② 提高幼儿园保育教育质量。

（4）普及高中阶段教育。

① 巩固提高中等职业教育发展水平。

② 促进普通高中多样化发展。

（5）加快发展民族教育。

① 加快提高民族地区教育发展水平。

② 科学稳妥推行双语教育。

③ 办好内地民族班。

（6）保障困难群体受教育权利。

① 办好特殊教育。

② 实现家庭经济困难学生资助全覆盖。

③ 做好随迁子女教育工作。

④ 加强对留守儿童的关爱保护。

（7）大力促进高校毕业生就业创业。

实施高校毕业生就业创业促进计划。

8. 着力加强教师队伍建设

（1）加强师德师风建设。

① 落实大中小学师德师风建设长效机制。

② 加强教师思想政治工作。

③ 完善师德师风考评监督机制。

（2）提升教师能力素质。

① 推进教师教育综合改革。

② 完善教师校长培训体系。

③ 培养造就教学名师。

（3）吸引一流人才从教。

① 吸引优秀毕业生从教。

② 大力引进行业企业一流人才。

③ 建设高校一流人才队伍。

④培养造就一支高素质学校领导人员队伍。

（4）优化教师资源配置。

①加强乡村教师队伍建设。

②加快补充紧缺教师。

（5）完善教师管理制度。

①严格教师职业准入。

②完善教师职称制度。

③改进教师考核评价制度。

9. 加快推进教育治理现代化

（1）推进政府职能转变。

①深化教育行政审批制度改革。

②优化政府服务。

③健全民主决策机制。

（2）构建有效监管体系。

①加强教育标准工作。

②完善教育质量监测制度。

③进一步完善教育督导制度。

④强化社会监督评价。

⑤健全教育管理监测体系。

（3）全面推进依法治教。

①完善教育法律法规体系。

②全面推进依法行政。

③大力推进依法治校。

（4）完善教育投入机制。

①优先保障教育投入。

②完善教育经费投入机制。

③完善非义务教育阶段成本分担机制。

④加强经费使用管理和国有资产管理。

10. 加强和改进教育系统党的建设

（1）落实全面从严治党主体责任。

（2）加强教育系统思想政治建设。

（3）加强基层党组织和党员队伍建设。

（4）加强教育系统党风廉政建设。

落实党风廉政建设主体责任和监督责任。

11. 组织实施

（1）落实责任分工：建立规划实施责任制。对改革和发展的重点任务，制定时间表、路线图、任务书。强化与年度计划和各级教育规划的有效衔接，科学制定政策和配置公共资源，精心组织实施重大工程项目，将规划提出的目标、任务、政策、举措落到实处。

（2）协同实施规划：加强相关部门间的协调配合，建立各有关部门共同研究解决教育发展问题的机制。

（3）鼓励探索创新：推动基层创新实施规划。

（4）加强督促检查

① 加强督查监测。

② 加强社会监督。

第六节　教育法律

《中华人民共和国教育法》是中国教育工作的根本大法，是依法治教的根本大法。

《中华人民共和国教育法》的颁布是关系中国教育改革与发展和社会主义现代化建设全局的一件大事，对落实教育优先发展的战略地位，促进教育的改革与发展，建立具有中国特色的社会主义现代化教育制度，维护教育关系主体的合法权益，加速教育法制建设，提供了根本的法律保障。

《中华人民共和国教育法》的颁布，标志着中国教育工作进入全面依法治教的新阶段，对我国教育事业的改革与发展，以及社会主义物质文明和精神文明建设将产生重大而深远的影响。

一、颁布修正

1995 年 3 月 18 日，第八届全国人民代表大会第三次会议通过。

2009 年 8 月 27 日，根据第十一届全国人民代表大会常务委员会第十次会议《关于修改部分法律的决定》第一次修正。

2015 年 12 月 27 日，根据第十二届全国人民代表大会常务委员会第十八次会议《关于修改〈中华人民共和国教育法〉的决定》第二次修正。

二、法律全文

第一章　总则

第一条　为了发展教育事业，提高全民族的素质，促进社会主义物质文明和精神文明建设，根据宪法，制定本法。

第二条　在中华人民共和国境内的各级各类教育，适用本法。

第三条　国家坚持以马克思列宁主义、毛泽东思想和建设有中国特色社会主义理论为指导，遵循宪法确定的基本原则，发展社会主义的教育事业。

第四条　教育是社会主义现代化建设的基础，国家保障教育事业优先发展。

全社会应当关心和支持教育事业的发展。

全社会应当尊重教师。

第五条　教育必须为社会主义现代化建设服务、为人民服务，必须与生产劳动和社会实践相结合，培养德、智、体、美等全面发展的社会主义建设者和接班人。

第六条　教育应当坚持立德树人，对受教育者加强社会主义核心价值观教育，增强受教育者的社会责任感、创新精神和实践能力。

国家在受教育者中进行爱国主义、集体主义、中国特色社会主义的教育，进行理想、道德、纪律、法治、国防和民族团结的教育。

第七条　教育应当继承和弘扬中华民族优秀的历史文化传统，吸收人类文明发展的一切优秀成果。

第八条　教育活动必须符合国家和社会公共利益。

国家实行教育与宗教相分离。任何组织和个人不得利用宗教进行妨碍国家教育制度的活动。

第九条　中华人民共和国公民有受教育的权利和义务。

公民不分民族、种族、性别、职业、财产状况、宗教信仰等，依法享有平等的受教育机会。

第十条　国家根据各少数民族的特点和需要，帮助各少数民族地区发展教育事业。

国家扶持边远贫困地区发展教育事业。

国家扶持和发展残疾人教育事业。

第十一条　国家适应社会主义市场经济发展和社会进步的需要，推进教育改革，推动各级各类教育协调发展、衔接融通，完善现代国民教育体系，健全终身教育体系，提高教育现代化水平。

国家采取措施促进教育公平，推动教育均衡发展。

国家支持、鼓励和组织教育科学研究，推广教育科学研究成果，促进教育质量提高。

第十二条　国家通用语言文字为学校及其他教育机构的基本教育教学语言文字，学校及其他教育机构应当使用国家通用语言文字进行教育教学。

民族自治地方以少数民族学生为主的学校及其他教育机构，从实际出发，使用国家通用语言文字和本民族或者当地民族通用的语言文字实施双语教育。

国家采取措施，为少数民族学生为主的学校及其他教育机构实施双语教育提供条件和支持。

第十三条　国家对发展教育事业做出突出贡献的组织和个人，给予奖励。

第十四条 国务院和地方各级人民政府根据分级管理、分工负责的原则，领导和管理教育工作。

中等及中等以下教育在国务院领导下，由地方人民政府管理。

高等教育由国务院和省、自治区、直辖市人民政府管理。

第十五条 国务院教育行政部门主管全国教育工作，统筹规划、协调管理全国的教育事业。

县级以上地方各级人民政府教育行政部门主管本行政区域内的教育工作。

县级以上各级人民政府其他有关部门在各自的职责范围内，负责有关的教育工作。

第十六条 国务院和县级以上地方各级人民政府应当向本级人民代表大会或者其常务委员会报告教育工作和教育经费预算、决算情况，接受监督。

第二章 教育基本制度

第十七条 国家实行学前教育、初等教育、中等教育、高等教育的学校教育制度。

国家建立科学的学制系统。学制系统内的学校和其他教育机构的设置、教育形式、修业年限、招生对象、培养目标等，由国务院或者由国务院授权教育行政部门规定。

第十八条 国家制定学前教育标准，加快普及学前教育，构建覆盖城乡，特别是农村的学前教育公共服务体系。

各级人民政府应当采取措施，为适龄儿童接受学前教育提供条件和支持。

第十九条 国家实行九年制义务教育制度。

各级人民政府采取各种措施保障适龄儿童、少年就学。

适龄儿童、少年的父母或者其他监护人以及有关社会组织和个人有义务使适龄儿童、少年接受并完成规定年限的义务教育。

第二十条 国家实行职业教育制度和继续教育制度。

各级人民政府、有关行政部门和行业组织以及企业事业组织应当采取措施，发展并保障公民接受职业学校教育或者各种形式的职业培训。

国家鼓励发展多种形式的继续教育，使公民接受适当形式的政治、经济、文化、科学、技术、业务等方面的教育，促进不同类型学习成果的互认和衔接，推动全民终身学习。

第二十一条 国家实行国家教育考试制度。

国家教育考试由国务院教育行政部门确定种类，并由国家批准的实施教育考试的机构承办。

第二十二条 国家实行学业证书制度。

经国家批准设立或者认可的学校及其他教育机构按照国家有关规定，颁发学历证书或者其他学业证书。

第二十三条 国家实行学位制度。

学位授予单位依法对达到一定学术水平或者专业技术水平的人员授予相应的学位，颁发学位证书。

第二十四条　各级人民政府、基层群众性自治组织和企业事业组织应当采取各种措施，开展扫除文盲的教育工作。

按照国家规定具有接受扫除文盲教育能力的公民，应当接受扫除文盲的教育。

第二十五条　国家实行教育督导制度和学校及其他教育机构教育评估制度。

第三章　学校及其他教育机构

第二十六条　国家制定教育发展规划，并举办学校及其他教育机构。

国家鼓励企业事业组织、社会团体、其他社会组织及公民个人依法举办学校及其他教育机构。

国家举办学校及其他教育机构，应当坚持勤俭节约的原则。

以财政性经费、捐赠资产举办或者参与举办的学校及其他教育机构不得设立为营利性组织。

第二十七条　设立学校及其他教育机构，必须具备下列基本条件：

（一）有组织机构和章程；

（二）有合格的教师；

（三）有符合规定标准的教学场所及设施、设备等；

（四）有必备的办学资金和稳定的经费来源。

第二十八条　学校及其他教育机构的设立、变更和终止，应当按照国家有关规定办理审核、批准、注册或者备案手续。

第二十九条　学校及其他教育机构行使下列权利：

（一）按照章程自主管理；

（二）组织实施教育教学活动；

（三）招收学生或者其他受教育者；

（四）对受教育者进行学籍管理，实施奖励或者处分；

（五）对受教育者颁发相应的学业证书；

（六）聘任教师及其他职工，实施奖励或者处分；

（七）管理、使用本单位的设施和经费；

（八）拒绝任何组织和个人对教育教学活动的非法干涉；

（九）法律、法规规定的其他权利。

国家保护学校及其他教育机构的合法权益不受侵犯。

第三十条　学校及其他教育机构应当履行下列义务：

（一）遵守法律、法规；

（二）贯彻国家的教育方针，执行国家教育教学标准，保证教育教学质量；

（三）维护受教育者、教师及其他职工的合法权益；

（四）以适当方式为受教育者及其监护人了解受教育者的学业成绩及其他有关情况提供便利；

（五）遵照国家有关规定收取费用并公开收费项目；

（六）依法接受监督。

第三十一条　学校及其他教育机构的举办者按照国家有关规定，确定其所举办的学校或者其他教育机构的管理体制。

学校及其他教育机构的校长或者主要行政负责人必须由具有中华人民共和国国籍、在中国境内定居、并具备国家规定任职条件的公民担任，其任免按照国家有关规定办理。学校的教学及其他行政管理，由校长负责。

学校及其他教育机构应当按照国家有关规定，通过以教师为主体的教职工代表大会等组织形式，保障教职工参与民主管理和监督。

第三十二条　学校及其他教育机构具备法人条件的，自批准设立或者登记注册之日起取得法人资格。

学校及其他教育机构在民事活动中依法享有民事权利，承担民事责任。

学校及其他教育机构中的国有资产属于国家所有。

学校及其他教育机构兴办的校办产业独立承担民事责任。

第四章　教师和其他教育工作者

第三十三条　教师享有法律规定的权利，履行法律规定的义务，忠诚于人民的教育事业。

第三十四条　国家保护教师的合法权益，改善教师的工作条件和生活条件，提高教师的社会地位。

教师的工资报酬、福利待遇，依照法律、法规的规定办理。

第三十五条　国家实行教师资格、职务、聘任制度，通过考核、奖励、培养和培训，提高教师素质，加强教师队伍建设。

第三十六条　学校及其他教育机构中的管理人员，实行教育职员制度。

学校及其他教育机构中的教学辅助人员和其他专业技术人员，实行专业技术职务聘任制度。

第五章　受教育者

第三十七条　受教育者在入学、升学、就业等方面依法享有平等权利。

学校和有关行政部门应当按照国家有关规定，保障女子在入学、升学、就业、授予学位、派出留学等方面享有同男子平等的权利。

第三十八条　国家、社会对符合入学条件、家庭经济困难的儿童、少年、青年，提供各种形式的资助。

第三十九条　国家、社会、学校及其他教育机构应当根据残疾人身心特性和需要实施教育，并为其提供帮助和便利。

第四十条　国家、社会、家庭、学校及其他教育机构应当为有违法犯罪行为的未成年人接受教育创造条件。

第四十一条　从业人员有依法接受职业培训和继续教育的权利和义务。

国家机关、企业事业组织和其他社会组织，应当为本单位职工的学习和培训提供条件和便利。

第四十二条　国家鼓励学校及其他教育机构、社会组织采取措施，为公民接受终身教育创造条件。

第四十三条　受教育者享有下列权利：

（一）参加教育教学计划安排的各种活动，使用教育教学设施、设备、图书资料；

（二）按照国家有关规定获得奖学金、贷学金、助学金；

（三）在学业成绩和品行上获得公正评价，完成规定的学业后获得相应的学业证书、学位证书；

（四）对学校给予的处分不服向有关部门提出申诉，对学校、教师侵犯其人身权、财产权等合法权益，提出申诉或者依法提起诉讼；

（五）法律、法规规定的其他权利。

第四十四条　受教育者应当履行下列义务：

（一）遵守法律、法规；

（二）遵守学生行为规范，尊敬师长，养成良好的思想品德和行为习惯；

（三）努力学习，完成规定的学习任务；

（四）遵守所在学校或者其他教育机构的管理制度。

第四十五条　教育、体育、卫生行政部门和学校及其他教育机构应当完善体育、卫生保健设施，保护学生的身心健康。

第六章　教育与社会

第四十六条　国家机关、军队、企业事业组织、社会团体及其他社会组织和个人，应当依法为儿童、少年、青年学生的身心健康成长创造良好的社会环境。

第四十七条　国家鼓励企业事业组织、社会团体及其他社会组织同高等学校、中等职业学校在教学、科研、技术开发和推广等方面进行多种形式的合作。

企业事业组织、社会团体及其他社会组织和个人，可以通过适当形式，支持学校的建设，参与学校管理。

第四十八条　国家机关、军队、企业事业组织及其他社会组织应当为学校组织的学生实习、社会实践活动提供帮助和便利。

第四十九条　学校及其他教育机构在不影响正常教育教学活动的前提下，应当积极参加当地的社会公益活动。

第五十条　未成年人的父母或者其他监护人应当为其未成年子女或者其他被监护人受教育提供必要条件。

未成年人的父母或者其他监护人应当配合学校及其他教育机构，对其未成年子女或者其他被监护人进行教育。

学校、教师可以对学生家长提供家庭教育指导。

第五十一条　图书馆、博物馆、科技馆、文化馆、美术馆、体育馆（场）等社会公共文化体育设施，以及历史文化古迹和革命纪念馆（地），应当对教师、学生实行优待，为受教育者接受教育提供便利。

广播、电视台（站）应当开设教育节目，促进受教育者思想品德、文化和科学技术素质的提高。

第五十二条　国家、社会建立和发展对未成年人进行校外教育的设施。

学校及其他教育机构应当同基层群众性自治组织、企业事业组织、社会团体相互配合，加强对未成年人的校外教育工作。

第五十三条　国家鼓励社会团体、社会文化机构及其他社会组织和个人开展有益于受教育者身心健康的社会文化教育活动。

第七章　教育投入与条件保障

第五十四条　国家建立以财政拨款为主、其他多种渠道筹措教育经费为辅的体制，逐步增加对教育的投入，保证国家举办的学校教育经费的稳定来源。

企业事业组织、社会团体及其他社会组织和个人依法举办的学校及其他教育机构，办学经费由举办者负责筹措，各级人民政府可以给予适当支持。

第五十五条　国家财政性教育经费支出占国民生产总值的比例应当随着国民经济的发展和财政收入的增长逐步提高。具体比例和实施步骤由国务院规定。

全国各级财政支出总额中教育经费所占比例应当随着国民经济的发展逐步提高。

第五十六条　各级人民政府的教育经费支出，按照事权和财权相统一的原则，在财政预算中单独列项。

各级人民政府教育财政拨款的增长应当高于财政经常性收入的增长，并使在校学生人数平均的教育费用逐步增长，保证教师工资和学生人均公用经费逐步增长。

第五十七条　国务院及县级以上地方各级人民政府应当设立教育专项资金，重点扶持边远贫困地区、少数民族地区实施义务教育。

第五十八条　税务机关依法足额征收教育费附加，由教育行政部门统筹管理，主要用于实施义务教育。

省、自治区、直辖市人民政府根据国务院的有关规定，可以决定开征用于教育的地方附加费，专款专用。

第五十九条　国家采取优惠措施，鼓励和扶持学校在不影响正常教育教学的前提下开展勤工俭学和社会服务，兴办校办产业。

第六十条　国家鼓励境内、境外社会组织和个人捐资助学。

第六十一条　国家财政性教育经费、社会组织和个人对教育的捐赠，必须用于教育，不得挪用、克扣。

第六十二条　国家鼓励运用金融、信贷手段，支持教育事业的发展。

第六十三条　各级人民政府及其教育行政部门应当加强对学校及其他教育机构教育经费的监督管理，提高教育投资效益。

第六十四条　地方各级人民政府及其有关行政部门必须把学校的基本建设纳入城乡建设规划，统筹安排学校的基本建设用地及所需物资，按照国家有关规定实行优先、优惠政策。

第六十五条　各级人民政府对教科书及教学用图书资料的出版发行，对教学仪器、设备的生产和供应，对用于学校教育教学和科学研究的图书资料、教学仪器、设备的进口，按照国家有关规定实行优先、优惠政策。

第六十六条　国家推进教育信息化，加快教育信息基础设施建设，利用信息技术促进优质教育资源普及共享，提高教育教学水平和教育管理水平。

县级以上人民政府及其有关部门应当发展教育信息技术和其他现代化教学方式，有关行政部门应当优先安排，给予扶持。

国家鼓励学校及其他教育机构推广运用现代化教学方式。

第八章　教育对外交流与合作

第六十七条　国家鼓励开展教育对外交流与合作，支持学校及其他教育机构引进优质教育资源，依法开展中外合作办学，发展国际教育服务，培养国际化人才。

教育对外交流与合作坚持独立自主、平等互利、相互尊重的原则，不得违反中国法律，不得损害国家主权、安全和社会公共利益。

第六十八条　中国境内公民出国留学、研究、进行学术交流或者任教，依照国家有关规定办理。

第六十九条　中国境外个人符合国家规定的条件并办理有关手续后，可以进入中国境内学校及其他教育机构学习、研究、进行学术交流或者任教，其合法权益受国家保护。

第七十条　中国对境外教育机构颁发的学位证书、学历证书及其他学业证书的承认，依照中华人民共和国缔结或者加入的国际条约办理，或者按照国家有关规定办理。

第九章　法律责任

第七十一条　违反国家有关规定，不按照预算核拨教育经费的，由同级人民政府限期核拨；情节严重的，对直接负责的主管人员和其他直接责任人员依法给予处分。

违反国家财政制度、财务制度，挪用、克扣教育经费的，由上级机关责令限期归还被挪用、克扣的经费，并对直接负责的主管人员和其他直接责任人员，依法给予处分；构成犯罪的，依法追究刑事责任。

第七十二条 结伙斗殴、寻衅滋事，扰乱学校及其他教育机构教育教学秩序或者破坏校舍、场地及其他财产的，由公安机关给予治安管理处罚；构成犯罪的，依法追究刑事责任。

侵占学校及其他教育机构的校舍、场地及其他财产的，依法承担民事责任。

第七十三条 明知校舍或者教育教学设施有危险，而不采取措施，造成人员伤亡或者重大财产损失的，对直接负责的主管人员和其他直接责任人员，依法追究刑事责任。

第七十四条 违反国家有关规定，向学校或者其他教育机构收取费用的，由政府责令退还所收费用；对直接负责的主管人员和其他直接责任人员，依法给予处分。

第七十五条 违反国家有关规定，举办学校或者其他教育机构的，由教育行政部门或者其他有关行政部门予以撤销；有违法所得的，没收违法所得；对直接负责的主管人员和其他直接责任人员，依法给予处分。

第七十六条 学校或者其他教育机构违反国家有关规定招收学生的，由教育行政部门或者其他有关行政部门责令退回招收的学生，退还所收费用；对学校、其他教育机构给予警告，可以处违法所得五倍以下罚款；情节严重的，责令停止相关招生资格一年以上三年以下，直至撤销招生资格、吊销办学许可证；对直接负责的主管人员和其他直接责任人员，依法给予处分；构成犯罪的，依法追究刑事责任。

第七十七条 在招收学生工作中徇私舞弊的，由教育行政部门或者其他有关行政部门责令退回招收的人员；对直接负责的主管人员和其他直接责任人员，依法给予处分；构成犯罪的，依法追究刑事责任。

第七十八条 学校及其他教育机构违反国家有关规定向受教育者收取费用的，由教育行政部门或者其他有关行政部门责令退还所收费用；对直接负责的主管人员和其他直接责任人员，依法给予处分。

第七十九条 考生在国家教育考试中有下列行为之一的，由组织考试的教育考试机构工作人员在考试现场采取必要措施予以制止并终止其继续参加考试；组织考试的教育考试机构可以取消其相关考试资格或者考试成绩；情节严重的，由教育行政部门责令停止参加相关国家教育考试一年以上三年以下；构成违反治安管理行为的，由公安机关依法给予治安管理处罚；构成犯罪的，依法追究刑事责任：

（一）非法获取考试试题或者答案的；

（二）携带或者使用考试作弊器材、资料的；

（三）抄袭他人答案的；

（四）让他人代替自己参加考试的；

（五）其他以不正当手段获得考试成绩的作弊行为。

第八十条 任何组织或者个人在国家教育考试中有下列行为之一，有违法所得的，由公安机关没收违法所得，并处违法所得一倍以上五倍以下罚款；情节严重的，处五日以上十五日以下拘留；构成犯罪的，依法追究刑事责任；属于国家机关工作人员的，还应当依法给予处分：

（一）组织作弊的；

（二）通过提供考试作弊器材等方式为作弊提供帮助或者便利的；

（三）代替他人参加考试的；

（四）在考试结束前泄露、传播考试试题或者答案的；

（五）其他扰乱考试秩序的行为。

第八十一条　举办国家教育考试，教育行政部门、教育考试机构疏于管理，造成考场秩序混乱、作弊情况严重的，对直接负责的主管人员和其他直接责任人员，依法给予处分；构成犯罪的，依法追究刑事责任。

第八十二条　学校或者其他教育机构违反本法规定，颁发学位证书、学历证书或者其他学业证书的，由教育行政部门或者其他有关行政部门宣布证书无效，责令收回或者予以没收；有违法所得的，没收违法所得；情节严重的，责令停止相关招生资格一年以上三年以下，直至撤销招生资格、颁发证书资格；对直接负责的主管人员和其他直接责任人员，依法给予处分。

前款规定以外的任何组织或者个人制造、销售、颁发假冒学位证书、学历证书或者其他学业证书，构成违反治安管理行为的，由公安机关依法给予治安管理处罚；构成犯罪的，依法追究刑事责任。

以作弊、剽窃、抄袭等欺诈行为或者其他不正当手段获得学位证书、学历证书或者其他学业证书的，由颁发机构撤销相关证书。购买、使用假冒学位证书、学历证书或者其他学业证书，构成违反治安管理行为的，由公安机关依法给予治安管理处罚。

第八十三条　违反本法规定，侵犯教师、受教育者、学校或者其他教育机构的合法权益，造成损失、损害的，应当依法承担民事责任。

第十章　附则

第八十四条　军事学校教育由中央军事委员会根据本法的原则规定。

宗教学校教育由国务院另行规定。

第八十五条　境外的组织和个人在中国境内办学和合作办学的办法，由国务院规定。

第八十六条　本法自 1995 年 9 月 1 日起施行。

第七节　教育政策

一、教育政策

教育政策是一个政党和国家为实现一定历史时期的教育发展目标和任务，依据党和国家在一定历史时期的基本任务、基本方针而制定的关于教育的行动准则。

1. 法规内容

教育法、教师法、义务教育法、高等教育法、职业教育法、语言文字法、未成年人保护法，还有好多条例，不过我们考的主要是教育法、义务教育法、教师法和未成年人保护法。

2. 现存问题

教育政策的不均衡现象主要是由于政策"缺席"和政策"无能"而造成的。

（1）教育政策"缺席"。

教育政策"缺席"是指，在特定时空下需要教育政策来进行管理的事务或活动没有相应的政策来规范和引导。我们的教育政策往往都是应付式的，常常是等教育问题发展到一定程度以后才考虑政策制定。一方面，问题从潜隐到显现、从轻微到严重需要经历一个过程；另一方面，即使政策制定后，从颁布到实行、从实行到起效也存在时滞问题。这个从无到有、从存在到有效的过程中，政策都是"缺席"的。

需要指出的是，教育政策的不均衡现象不仅仅表现为教育政策的供给不足。有的时候，政策过多、过剩也是一个问题，同样会扰乱或限制教育实践的良性发展。

（2）教育政策"无能"。

教育政策"无能"是指，当前的教育政策不能获得预想的效果，对实践起不到规范和管理的作用。教育政策"无能"主要包括两层含义：一是指由于问题的特殊性、政府能力、政策方案、政策工具、目标群体的接受程度等原因，教育政策有其自身的能力限度；二是指教育政策制定和实施过程中存在着主观犯错的倾向，这种犯错倾向往往是因为人们或过于信奉理性，或过于感情用事，或急于办成某事，或追求某种特殊利益而不能从现实出发来考虑问题。

二、2018 年十大教育政策

1. 中共中央、国务院印发

《关于全面深化新时代教师队伍建设改革的意见》。

2018 年 1 月，中共中央、国务院印发关于全面深化新时代教师队伍建设改革的意见，对新时代教师队伍建设做出顶层设计。这是新中国成立以来第一次以党中央名义专门印发加强教师队伍建设的文件，具有里程碑意义和战略意义。全面深化新时代教师队伍建设改革的目标是培养造就党和人民满意的高素质专业化创新型教师队伍。意见明确了新时代教师队伍建设的目标任务：经过5年左右的努力，教师培养培训体系基本健全，职业发展通道比较畅通，事权人权财权相统一的教师管理体制普遍建立，待遇提升保障机制更加完善，教师职业吸引力明显增强。教师队伍规模、结构、素质能力基本满足各级各类教育发展需要。

2. 中共中央、国务院发布

《关于学前教育深化改革规范发展的若干意见》。

2018年11月，中共中央、国务院发布《关于学前教育深化改革规范发展的若干意见》。意见提出：学前教育是终身学习的开端，是国民教育体系的重要组成部分，是重要的社会公益事业。办好学前教育、实现幼有所育，是党的十九大做出的重大决策部署，是党和政府为老百姓办实事的重大民生工程，关系亿万儿童健康成长，关系社会和谐稳定，关系党和国家事业未来。意见明确，到2020年，全国学前三年毛入园率达到85%，普惠性幼儿园覆盖率（公办园和普惠性民办园在园幼儿占比）达到80%；到2035年，全面普及学前三年教育，建成覆盖城乡、布局合理的学前教育公共服务体系。

3. 教育部等五部门印发

《教师教育振兴行动计划（2018—2022年）》。

2018年3月，教育部、国家发展改革委、财政部、人力资源和社会保障部和中央编办联合印发的《教师教育振兴行动计划（2018—2022年）》发布，从师德教育、培养规格层次、教师资源供给、教师教育模式、师范院校作用5个方面，明确了十大行动，以建强做优教师教育。争取用5年左右的时间，努力办好一批高水平、有特色的教师教育院校和师范类专业，基本健全教师培养培训体系，为我国教师教育的长期可持续发展奠定坚实基础。

4. 教育部等六部门制定

《职业学校校企合作促进办法》。

2018年4月，为深入贯彻落实党的十九大精神，落实《国务院关于加快发展现代职业教育的决定》要求，完善职业教育和培训体系，深化产教融合、校企合作，教育部会同国家发展改革委、工业和信息化部、财政部、人力资源社会保障部、国家税务总局制定了《职业学校校企合作促进办法》。明确了职业学校和企业可以结合实际在人才培养、技术创新、就业创业、社会服务、文化传承等方面，开展7种形式的合作。办法明确提出，鼓励有条件的企业举办或者参与举办职业学校，设置学生实习、学徒培养、教师实践岗位。

5. 国务院办公厅转发

《教育部直属师范大学师范生公费教育实施办法》。

2018年8月，国务院办公厅转发教育部等部门《教育部直属师范大学师范生公费教育实施办法》（以下简称《办法》）。《办法》指出，建立健全师范生公费教育制度，是《中共中央国务院关于全面深化新时代教师队伍建设改革的意见》部署的改革举措，目标是培养大批有理想信念、有道德情操、有扎实学识、有仁爱之心的"四有"好老师，强化教师承担的国家使命和公共教育服务的职责，吸引优秀人才从教，进一步形成尊师重教的浓厚氛围，让教师成为令人羡慕的职业。一是确立师范生公费教育制度。二是调整履约任教年限要求。《办法》将公费师范生履约服务期调整为 6 年。三是细化履约管理政策。四是加大落实政策保障力度。

6. 教育部发布

《普通高等学校本科专业类教学质量国家标准》。

2018 年 1 月，教育部发布《普通高等学校本科专业类教学质量国家标准》（以下简称《国标》），是向全国、全世界发布的第一个高等教育教学质量国家标准。《国标》把握三大原则：第一，突出学生中心；第二，突出产出导向；第三，突出持续改进。《国标》有三大特点：一是既有"规矩"又有"空间"；二是既有"底线"又有"目标"；三是既有"定性"又有"定量"。《国标》明确了各专业类的内涵、学科基础、人才培养方向等。对适用专业范围、培养目标、培养规格、师资队伍、教学条件、质量保障体系建设都做了明确要求。教育部将推动《国标》的应用，让标准发挥以标促改、以标促建、以标促强的作用。

7. 教育部印发

《关于加快建设高水平本科教育全面提高人才培养能力的意见》。

2018 年 10 月，教育部印发《关于加快建设高水平本科教育全面提高人才培养能力的意见》等文件，决定实施"六卓越一拔尖"计划 2.0。"新时代高教 40 条"指出，办好我国高校，办出世界一流大学，人才培养是本，本科教育是根。建设高等教育强国必须坚持"以本为本"，全面推进"四个回归"。加快建设高水平本科教育，培养大批有理想、有本领、有担当的高素质专门人才，为全面建成小康社会、基本实现社会主义现代化、建成社会主义现代化强国提供强大的人才支撑和智力支持。

8. 教育部印发

《新时代教师职业行为十项准则》（以下简称《准则》）。

2018 年 11 月教育部印发《新时代高校教师职业行为十项准则》《新时代中小学教师职业行为十项准则》《新时代幼儿园教师职业行为十项准则》，明确新时代教师职业规范，划定基本底线，深化师德师风建设。《准则》包括坚定政治方向、自觉爱国守法、传播优秀文化、爱岗敬业、关爱学生、诚实守信、廉洁自律等方面，每一条既提出正面倡导，又划定师德底线。

9. 《关于做好 2018 年普通中小学招生入学工作的通知》

2018 年 2 月，教育部办公厅印发《关于做好 2018 年普通中小学招生入学工作的通知》（以下简称《通知》）。《通知》指出，要逐步压缩特长生招生规模，直至 2020 年前取消各类特长生招生；继续清理和规范中考加分项目，尚未全面取消体育、艺术等加分项目的地方，要从 2018 年初中起始年级开始执行。

10. 教育部办公厅等四部门印发

《关于切实减轻中小学生课外负担开展校外培训机构专项治理行动的通知》。

2018 年 2 月，为迅速遏制校外培训机构发展所带来的突出问题，教育部、民政部、人力资源社会保障部、国家工商行政管理总局决定联合开展专项治理行动，依法维护学生权益，坚决治理违背教育教学规律和青少年成长规律的行为，推动解决中小学生过重课外负担问题，确保中小学生健康成长。对于存在重大安全隐患、无证无照或有照无证等学科类校外培训机构违规办学行为作为重点治理对象。教育部办公厅 12 月 12 日公布全国校外培训机构专项治理行动整改工作进展情况的通报。截至 2018 年 11 月 30 日，全国共摸排校外培训机构 401050 所，存在问题机构 272842 所，现已完成整改 211225 所，完成整改率 77.42%。

第八节　教育经费与教育财政

一、教育经费

1. 教育经费

教育经费，是指中央和地方财政部门的财政预算中实际用于教育的费用。教育经费包括教育事业费（即各级各类的学校的人员经费和公用经费）和教育基本建设投资（建筑校舍和购置大型教学设备的费用）等。

教育经费是以货币的形式支付的教育费用，是办学必不可少的财力条件。在中国，教育经费主要是指国家用于发展各级教育事业的费用。2016 年，我国教育经费总投入为 38866 亿元，比上年增长 7.57%；其中国家财政性教育经费为 31373 亿元，增长 7.36%。

2. 教育经费政策

教育经费政策要解决的是如何筹措教育经费，如何分配教育经费，以及如何使用教育经费的问题。就如何筹措教育经费而言，教育经费政策所要处理的问题是，如何处理好政府主渠道与其他渠道之间的关系。简单来说，教师政策就是要对教师的职称、工资、奖惩和其他福利等作出规定。

政府主渠道中，如何处理好中央政府出钱办教育和地方政府出钱办教育之间的关系。就如何分配教育经费而言，在教育经费的平面结构上，就是要处理好教育事业费与教育基本建设投资之间的关系。在教育经费分配的对象结构上，要处理好各级各类教育经费分配之间的关系。

教师政策所要解决的问题是如何建设一支数量充足、质量高的教师队伍，为此，要处理好对教师的严格要求与对教师优厚待遇之间的关系。就对教师的严格要求来说，教师政策就是要对教师的"进"（包括编制、资格、进修、考核），"出"（包括退离休、转任等）作出规定。就对教师的优厚待遇中国的教育经费占国民生产总值的比例长期严重偏低。20世纪90年代以前，中国的教育经费的投入一直排在世界末尾。中国政府在1993年制定了《中国教育改革与发展纲要》提出，到2000年前，中国国家财政性教育经费支出应该占国民生产总值的4%。对比世界平均水平的4.9%，发达国家的5.1%，欠发达国家的4.1%，这个目标很低。然而，就是这个很低的目标至今仍不能实现。2002年是3.32%；2003年下降为3.28%；2004年继续下降到2.79%；2005年2.82%；2006年2.27%；2007年2.86%。基础教育学生人均投入仅仅是世界水平的二十五分之一。人均公共教育经费，瑞典为2000美元以上，美、日、德、法等为1000～1500美元，中国仅为9.4美元。中国政府预算中的教育经费只占教育总经费的53%，余下的47%要靠学生交费和其他来源解决。投入较少，在配置上又极不合理。重高校，轻基础，重城市，轻农村。占总人口60%以上的农村只获得其中的23%。上海的小学生人均教育经费是590多元，而偏远地区，小学生的人均教育经费甚至不足10元，两者相差60倍。现今民办学校和公办学校的经费是不一样的。

3. 立法目标

上开法案基本架构，包括明定政府应于国家财政能力范围内，充实、保障并致力推动教育经费之稳定成长；成立教育经费基准委员会，计算教育经费基本需求及编列教育经费；透过教育经费分配审议委员会的机制，期望能将中国各级学校、教育机构教育经费的收支运作加以规范，重新建立一套教育财政运作系统，以顺应现代社会及教育发展趋势，增进教育绩效，达成教育经费保障合理化，教育经费编列制度化，教育经费分配公开化，教育经费运用透明化的目标。该法条文共计十八条，主要四项目标如下：

（1）教育经费保障合理化。

政府应于国家财政能力范围内，充实保障全国教育经费之稳定成长。规定各级政府教育经费预算合计应不低于预算筹编时之前三年度决算岁入净额平均值的21.5%，以保障教育经费适当成长。直辖市及县（市）政府以其岁入总预算扣除上级政府补助为自有财源，并应依教育基本需求，衡量财政状况，优先支应教育经费，除自有财源减少外，其自行负担之教育经费应逐年成长。中央政府应视国家财政状况，衡酌地方政府教育经费基本需求及财政能力，给予教育经费补助，以保障并均衡地方教育发展。

（2）教育经费编列制度化。

行政院应设置"教育经费基准委员会"研订教育经费计算基准及各级政府基本需求与分担数额，并依据各地方政府财政能力及基本需求编列补助。强调国民教育、偏远及特殊地区教育经费应予优先编列，并保障原住民、身心障碍者及其他弱势族群之教育经费。补助与奖助私立学校，以鼓励私人兴学，并促进公、私立教育事业之公平竞争与发展。

（3）教育经费分配公开化。

教育部成立"教育经费分配审议委员会"，规范教育经费补助方式及标准，使教育经费补助更为公开化。直辖市及县（市）政府所属各级公立学校、其他教育机构应订定中长程教育发展计划，报请该主管教育行政机关审查通过后，提送县市政府教育审议委员会审议。该委员会审议通过后再依"行政院教育经费基准委员会"核定之基本需求及分担数额，提出预算数额建议案，作为该管主管教育行政机关编列年度教育预算之依据。

（4）教育经费运用透明化。

中央及地方应进行财务监督，定期公告公私立学校经费收支情形，以增进经费使用绩效。推动教育评鉴工作，作为评量教育经费使用绩效及政府教育经费补助之依据。

4. 经费现状

（1）教育经费投入总量呈现快速增长。

自 20 世纪 80 年代以来中国政府十分重视教育投入，大幅度地增加了教育经费投入。1980 年全社会教育投资总量仅为 114.15 亿元，到 2000 年则增加到了 3849 亿元。"九五"期间，全国教育经费总投入累计达到 14941 亿元，比"八五"时期全国教育经费总额增长了 1.48 倍，平均每年增长 15.4%；全国教育总经费和国家财政性教育经费占国内生产总值的比例保持了连续 5 年增长的态势，全国教育总经费占 GDP 比例从 1995 年的 3.22% 提高到 2000 年的 4.30%，国家财政性教育经费占 GDP 的比例从 1995 年 2.41% 提高到 2000 年的 2.87%；人均教育经费增长高于人均 GDP 增幅 50 个百分点。

（2）教育经费投入方式逐步多元化。

20 世纪 90 年代以来，中国明确提出了与国情和教育事业改革发展基本适应的教育指标，即国家财政性教育经费支出占国民生产总值的比例达到 4% 的目标，从而一定程度上保证了教育经费投入的国家财政投入的主渠道。与此同时，为了进一步缓解中国教育经费仅由国家财政投入所带来的不足问题，中国逐步实现了由过去单纯的政府投资，向由国家、社会、外商、学校、集体与个人多元投资方向的转变，从而使得国家财政性教育经费支出占教育经费总支出中的比例逐年下降，而非财政性教育经费占教育经费总投入的比例有了明显提高。

（3）教育经费的管理制度逐步建立和完善。

为了充分了解各级教育经费的供需状况、监督各级政府对教育的投入、规范并加强学校收费管理、合理使用有限的学校资源并提高教育经费的使用效益。我国政府及其各级教育主管部门先后制定了一系列管理办法及法规。并积极探索高等学校拨款机制，加强教育专项经费项目管理和学校的财务管理，均收到了积极的效果。

5. 存在问题

（1）教育经费投资总量不足。

尽管中国加大了对教育经费投入的力度，教育经费总规模呈现出了较大幅度的增长，但从相对数和平均数来看，中国教育投入却呈现逐年下降趋势。

① 从相对数来看。按照衡量教育投资规模的国际指标——教育投资占 GNP 的比重和教育投资占财政总支出的比重来看教育投资规模：我国教育投入占 GNP 的比重由"六五"期间的 2.77% 下降至"八五"期间的 1.95%，而与此相对照，这一比例的世界平均水平为 5.2%、低收入国家为 3.6%、中低收入国家为 4.6%、中等收入国家为 5.2%、高收入国家为 5.5%。

② 从平均数来看。近些年来，虽然国家大幅度增加了教育经费的支出，但由于各类在校学生和教职员工却以更大幅度的比例增加，从而导致生均预算内教育经费占人均 GNP 的比重仅为 11.28%，远低于发展中国家 1992 年的平均水平，更不用说发达国家超过 20% 的平均水平，由此可见，我国生均教育经费投入不足问题的严重性。

（2）教育经费支出结构失衡。

世界多数国家教育经费支出一般呈现出宝塔型结构，即在分配教育经费时，优先满足初、中等教育发展的资金需求，在此基础上增加对高等教育的投资。但中国目前在初、中等教育尚未普及的情况下，将本来有限的教育经费大量投资在高等教育领域，使得中国高教投资比重偏高，不仅高于发展中国家，而且高于发达国家，造成教育经费错置、基础教育薄弱，从而一定程度上影响了国民素质的全面提升；同时这种失衡的教育经费支出结构也与各类教育事业发展规模和目标极不适应，严重阻碍了中国教育事业的发展。

（3）教育经费使用效益偏低。

我国不仅教育经费总量不足，而且存在着十分严重的浪费现象，主要表现在以下几个方面。

① 学校办社会现象普遍，挤占了学校本已十分有限的教育经费开支。中国各级各类学校都普遍存在着学校办社会现象，尤其是高等学校，一般都拥有自己的附属医院、幼儿园、小学、初中甚至高中，这种学校办社会现象，造成中国学校后勤职工占教职工的比例过大，后勤支出占了国家教育经费的很大一部分，使原本就不宽裕的教育经费更加捉襟见肘。据统计，1998 年中国高校后勤职工占教职工的比例为 60% 左右；而日本的这一比例仅为 22%。

② 教育设施大量闲置，利用率低。前几年，在国家大力发展基础教育的号召下，各级地方政府掀起了一阵改建、扩建中小学校舍的高潮，但随着适龄入学儿童数量的减少，许多刚建好的新校舍就成了摆设，结果是浪费了本已十分有限的农村教育经费资源；高等学校也同样存在着的浪费问题，如各高校除了拥有学校图书馆外，各院系都设有自己的资料室，这种分系分层次设馆，造成大量图书重复购置，使用率很低。

（4）筹措教育经费的政策法规难以落实。

虽然国家颁布了一系列的关于增加教育投入的法律法规，但在实际操作中却困难重重。如《教育法》中明确规定了国家财政性教育经费占国民生产总值的比例，到20世纪末达到4%的目标，但时至今日的2003年，实际教育投入与4%的目标还相距甚远，只有不到3%。又如《教育法》提出的教育经费"三个增长"要求，可是有的省份由于经济因素、主观因素和管理因素等方面的原因，连续好几年都达不到要求。这种有法不依、执法不严的现象严重影响了中国教育经费的筹集和使用。

6. 解决对策

（1）多管齐下增加教育经费总量。

在不断提高国家财政投入的前提下，采取各种措施鼓励社会力量积极参与对教育经费的投入，从而提高教育经费投入总量。

国家财政应按照《教育法》的要求逐步提高教育经费投入比例。当今世界各国都把教育放在十分重要的地位，20世纪90年代以来，各国的公共教育经费的增长速度都高于GNP的增长速度，占GNP的比例逐步提高。1993年与1990年相比，世界公共教育经费占GNP的比例由4.9%上升到5.1%。中国中央财政应建立以财政拨款为主，其他渠道筹措教育经费为辅的体制，逐步增加对教育的投入，保证国家办的学校教育经费的稳定来源。确保《教育法》中规定的"三个增长"，即"各级人民政府教育财政拨款的增长应当高于财政经常性收入的增长，并使按在校学生人数平均的教育费用逐步增长，保证教师工资和学生人均公用经费逐步增长"。

（2）积极拓展其他筹资渠道。

积极拓展其他筹资渠道。在现今中国财力相对有限的条件下，要想大幅度增加对教育投入，仅仅依靠国家的财力显然是不够的，还必须积极开拓其他筹资渠道，包括个人、集体企业单位对各级各类教育机构予以资金或实物的捐赠与赠予等。

① 鼓励学校创收。应鼓励学校在完成国家指令性教育、科研任务的前提下，可以充分利用学校现有办学优势，大力开办各类自主收费的成人教育和职业培训，增加学校教育收入。

② 广泛吸收社会资金，走校企联合办学的道路。国家可以采取一系列优惠政策，如对办学投资所收收益免征企业所得税和个人所得税措施，来鼓励和支持企业事业单位、科研机构以及个人与高等院校联合办学，创办私立大学和民办高校、职校，从而一定程度上解决中国教育经费相对短缺的问题。

③ 强化对城乡教育费附加税的征收。城乡教育费附加是发展基础教育、扩大地方教育经费的一种税收。为了确保城乡教育费附加足额到位，其征收必须实行直收直缴，严格实行收支两条线，征、管、用一条龙，避免漏征、漏交和挪作他用现象，对不按期完成征收任务的应从财政中扣除，直接划入预算外资金专户。

④ 发行教育彩票。考虑到当前国家教育投入财力不足而财政压力又很大的背景，再加上彩票市场在中国所具备的巨大潜力。中国可以借鉴国外发达国家通过教育彩票筹集教育经费的经验，发行专门的教育彩票来筹集建立专项教育投资基金。

（3）调整教育负担结构，合理分担公共教育经费。

中国各地经济发展不平衡，经济不发达地区，尤其是老、少、边、贫地区义务教育的发展受到当地经济和财政水平的严重制约，造成教育经费不足，为了解决这一问题，国家应加大实施对经济落后地区为主要对象的教育经费转移支付的力度，平衡地方教育财政开支，缩小各级教育投入水平的明显差距，保证义务教育制度的真正落实。

（4）科学合理地调整教育经费分配结构。

① 优先发展初、中等教育。基础教育是教育的基础，根据国外发展教育的历史经验，加强基础教育对于国民经济的发展具有非常重要的意义。一般来说，教育经费的分配是与该国经济、教育发展水平相适应的。经济、教育发展水平较低的国家，应以发展义务教育（一般指初等教育和中等教育的初中阶段）为中心，随着经济发展，逐步转向发展中等和高等教育。现今，由于我国经济发展处于起步阶段，对教育的投入必将十分有限，国家应该将这有限的教育经费重点向义务教育倾斜，提高义务教育在总教育经费中的比例和生均教育经费水平，从而达到普及基础教育和义务教育的目的，巩固义务教育成果，进而为发展后期中等教育和高等教育提供前提。

② 合理安排高等教育中各学科的结构比例。学科结构反映了一个国家的经济社会发展、劳动力分工、产业结构等，集中地体现了社会对人才的种类、规格、知识、能力、素质等各个方面的要求。随着我国加入世贸组织后，产业结构调整步伐的加快，对高校的学科专业建设也提出了新的要求，因此，各高等院校应根据自己的实际情况和社会经济发展的需要，将有限的教育经费投入优先发展的学科和专业，使培养的学生更能适应社会的需要，提高办学效益。

（5）提高有限教育经费的使用效率。

① 尽快推进学校后勤社会化的改革。由于在推进学校后勤社会化时，必然考虑到社会承受力。所以为了顺利推进这项工作，国家可以通过先拨付一定数量的扶持基金专门用于启动高校后勤产业化工作，等条件成熟的时候通过采取一系列诸如减免所得税、部分营业税等税收优惠措施，推进高校后勤逐步走向社会化，最终实现高校后勤的彻底分离。

② 合理配置教育资源，减少本已十分有限教育资源的浪费。一是合理规划和布局各级各类教育学校的结构和规模，减少因结构和规模不当而造成的教学资源浪费；二是对学校内部教学设施进行统一规划，统筹配置，改变按院系、按层次重复设置和购买的状况，提高使用效率；三是合理安排教师工作，适当提高教师的周课时量，减少富余人员，降低师生比。

7. 费用范畴编辑

（1）支付范围。

① 列入培训计划的各种文件技术培训和技术比武赛前训练的日常培训费用。

② 经批准的并列入培训计划的送外培训费。各类学历教育费用要严格控制报销标准。

③ 用于职工教育的教具、模型、固定资产以外的教学设备、课桌椅、教材及图书资料的购置费。

④ 教育科（室）人员讲课津贴及聘请兼职教师酬金和班主任津贴。

⑤ 职工统考中的命题、制卷、监考、阅卷等费用。

⑥ 职工教育理论研究所需的办公费、资料费、印刷费。

⑦ 教学活动中编写教材、教学资料、教学大纲、教学计划、各类报表、台账等所需的办公、印刷、编审、组稿等费用。

⑧ 教学设备维修、课桌椅修配、卧具洗涤等费用。

（2）不支付范围。

① 培训基地的基建和属于固定资产的教学设备购置、更新改造应在单位基建、大修、更新改造项目资金中列支。

② 送外培训人员的交通、住宿、生活补贴等。

③ 个人学习用的教科书、学习资料、学习用具等由个人自理。

④ 职工报考的各类学历教育、招工、招干、职称评定等所用的报名费、评审费应由个人承担。

⑤ 各类非职工教育的会务费、资料费。未经教育部门计划，组织注册登记并批准的培训费。

⑥ 技能训练和技术比武所消耗的材料、燃料、水电等应在生产成本中列支。

⑦ 职工业余文化教育、读书活动。工会干部业务培训等费用应在工会业余教育费中列支。

⑧ 2000 年以后入学的各类高等成人教育学费全部由个人承担。

⑨ 非本单位正试职工（如雇用人员）培训费。

⑩ 单位购买技术规章、文件汇编、年鉴等所需费用均不列入教育经费。

二、教育财政

教育财政是指国家对教育经费及其他相关教育资源的管理，包括国家对教育经费及其他教育资源的筹措、分配及使用的监督等。

国家通过立法、行政、司法等机关行使教育财政的职能。

1. 教育财政的分类

教育财政作为政府公共财政支出的重要内容之一，其分类与财政收支的分类有着密切的联系。但教育财政支出又有其本身的特性，它与政府教育体制和政府财政管理体制以及各国的具体情况、历史背景密不可分。因此，它的分类角度与分类方法是不同的。

（1）按教育体制（或受教育程度）分类。

目前，世界各国一般实行的是学前（幼儿）、初等、中等、高等以及其他形式的教育体制，按这种体制分类，则教育财政可分为：学前（幼儿）教育财政、初等教育财政，中等教育财政、高等教育财政以及其他形式的教育财政。学前（幼儿）教育财政是指学龄前儿童的政府教育经费投入，它包括幼儿教育的场所设施建设支出、幼儿教育的管理与行政支出等。

初等教育财政是指小学阶段的政府教育经费投入，它包括学校的设施建设支出、教师的工资待遇支出以及教学管理与行政支出等，由于这一阶段的教育属于义务教育。其经费来源基本上由政府财政承担。

中等教育财政是指中学阶段（包括中专、职校、技校）的政府教育经费投入。在中国，普通的初中教育仍属于义务教育。其经费主要由教育财政承担中专、技校及部分职校的经费来源除由政府财政堆掘一部分外，其余由办学单位承扣或者通过非政府方式来筹集：高等教育财政是指大学阶段的政府教育经费投入；大学教育包括专科生、本科生、硕士研究生、博士研究生教育（博士后培养属于一种人才工作经历，在中国，这类经费未列入教育财政的口径之中）。就高等教育而言，目前世界上绝大多数国家认为其不属于义务教育范围。它的经费来源不应该全部由政府负担，政府仅承担部分教育财政经费，其余由学校通过收费及社会捐助等手段来解决：其他形式的政府教育经费投入还包括成人教育支出，教师、职员的进修与培训支出，特殊教育支出（如聋哑学校、残疾人教育培训中心的经费支出）等。按照教育体制分类的形式可以使我们清楚地看到教育财政经费在各个教育层面上的使用情况，从而有利于教育产品的公共性质，有利于调整公共教育财政支出结构，并使之趋于合理，以保障公共教育经费的有效运用，促进教育事业的更快发展。

（2）按政府管理体制分类。

各国的政府管理体制最少可分为中央或联邦，省或州、地方二级管理体制。教育财政按这种管理体制分类可分为：中央或联邦教育财政和地方（包括省、地两级）教育财政，这与中央财政与地方财政的关系如出一辙：在中国，中央政府教育财政主要指国家财政预算中所安排的对中央所属部委的教育拨款，对地方政府包括省及省以下地方政府的教育转移支付拨款以及由中央专设的各项教育基金收付及使用等，地方政府教育财政是指由省及省以下包括地（市）、县（市），乡镇基层地方政府的教育财政经费的筹集和使用情况，按这种管理体制分类的好处在于可以由各级财政与教育部门来分别管理各自的教育财政资金，这既便于调动各方的积极性，又能保证各地根据自身情况因地制宜地配置好教育财政资金。

（3）按收入来源分类。

若按照中国现行财政的收入来源分类，教育财政可分为：

① 财政预算内教育经费。

② 各级政府征收用于教育的税费。

③ 企业办学教育经费。

④ 校办产业，勤工俭学和社会服务收入中用于教育的经费。

⑤ 其他属于国家财政性的教育经费；按收入来源分类有利于了解教育财政经费的来源渠道。

可以使一些专项经费做刊；专款专用。同时，还利于将政府公共教育支出与私人筹资（非教育财政性经费）进行比较，并了解整个教育经费筹集的状况对于规范教育财政资金的收支、促进教育事业的稳固发展是极有好处的。

（4）按支出用途分类。

按财政资金的支出用途以将教育财政划分为教育事业费支出和教育基建投资支出，其中教育事业费是目前世界各国教育经费最主要的部分，一般占到政府教育支出的60%以上；教育事业费支出，是指我们日常所说的财政教育经常性费用支出，它又可分为人员经费支出和公用经费支出。人员经费支出是指用于教职工工资，奖金及其他福利性开支，还有学生的奖学金和助学金等；公用经费支出是指教学机构的教学、科研和办公费用，还有教学仪器，设备和图书资料等的购置经费；教育基建投资支出，是指财政用于学校房屋建设及危房改造等方面的费用支出。具体包括教学楼的建设，与教学相关的科研楼。实验楼、图书馆的建设，为教学服务的办公楼、礼堂、教职工宿舍的建设以及学生公寓、食堂的建设等；按支出用途分类的好处在于可以掌握教育财政资金的具体使用方向，在教育经费有限的情况下，可以合理调度资金，做到先维持（先满足教育事业费开支）、后发展（再将剩余资金用于基建投资）。

（5）按支出有无补偿分类。

按这一方式，可将教育财政分为教育财政的购买性支出和转移性支出两类。教育财政的购买性支出是指政府遵循有偿原则，为满足各种教育事业的发展而用于购买与教育相关的商品和劳务的支出。政府只有购买这些商品和劳务，才能生产出公众所需要的公共商品和劳务（包括混合商品），这种支出意味着政府对经济资源的索取和消耗，故购买性支出又称为消耗性支出。

教育财政的转移性支出是指政府单方面地、无偿地支付给其他事业主体或机构所需的教育经费，它包括各种教育补贴、补助等。政府在付出这笔经费时，并没有相应地获得任何回报。这时，政府所扮演的是一个"中间人"的角色，将一部分纳税人的钱无偿地转移给另外一部分人使用：由于这两类支出所遵循的交换原则不同，因此这一方法也称按支出的经济性质分类，它有助于我们分析教育财政支出所产生的不同的经济影响。由于在不同经济发展时期政府的教育政策和教育投入的重点有所不同，相应地，教育财政的这一结构也会有所不同。一般而言，在经济发展水平较低时，教育财政支出中购买支出比重较高，转移支出的比重较低；在经济发展水平较高时，购买支出的比重会有所降低，而转移支出的比重会明显上升。

2. 教育财政的作用

随着高等教育规模的不断扩大，就读人数的大幅增加，对于教育经费的需求也不断增加。为了保障教育机会平等和教育产出的质量，促进高等教育大众化的进一步发展，教育经费必然会随之增加。但同时也应当看到，相对于教育需求，教育资源总是稀缺的，由此就会产生这样一对矛盾，一方面教育经费总是紧缺的；另一方面，教育质量又不容下降。要解决这一问题，必须加强对教育经费的筹措和管理，开源节流，提高其利用效率。而这恰恰是高等教育财政的应有之意。因此，高等教育财政对高等教育事业的发展具有十分重要的意义和作用。

（1）为高等教育事业的发展提供物质保障。

从经济学的角度而言，尽管教育具有非常明显的正外部性，尤其是对经济增长产生巨大的促进作用，但它依然是一项无法完全通过市场机制实现成本有效补偿并获得利润的巨大的消耗性工程。因此，即使是在崇尚市场机制的西方国家，通常也把教育部门看作是公共部门或准公共部门。美国经济学家雷诺兹认为，教育是"准公共物品"，市场在这里是行不通的，"社会可能决定给予津贴甚至免费分配"。市场在教育部门之所以会发生失灵，是因为教育具有很高的外部经济效益，即由于教育所带来的巨大的社会效益远远高于私人收益，私人企业在市场机制的调节下，通常会忽视长远的社会利益，从而给社会造成重大的损失。这样，教育一般只能作为社会或国家所追求的共同需要和公共利益，由代表公共利益的政府通过行政、经济、法律等手段来满足。从当代世界各国教育发展的趋势来看，政府对其所起的作用越来越大。无论是发达国家还是发展中国家，都概莫能外。就我国而言，各级政府通过教育行政对教育的投资，在整个教育发展中起着决定性的保障作用。教育财政是教育行政的重要内容和手段。它的根本任务是依据国家意志，为全国范围内的国民教育事业提供物质保障。为此，要研究教育经费占国民生产总值、国民收入、国家财政收入与支出中的合理比例，为各级政府有关部门提供决策的依据，为教育事业的发展争取到比较充分的教育经费。其次，发挥教育财政筹措教育经费的作用，还要把分散在各地区、各部门、各企业单位及个人手中可用于教育经费的那部分资源，通过立法形式或其他章程、办法筹集起来，形成教育经费，以弥补政府教育投入的不足。

（2）对高等教育资源进行合理配置资源。

合理配置是指社会的人力、物力、财力和它们在价值上反映的资金等资源，得到优化配置和高效利用。资源的有限稀缺性与社会需要的无限性之间的矛盾是无法调和的，因此，合理有效地配置资源，发挥其最大的功能，是财政的基本要求。相对于教育需求，教育资源始终是有限的，这就更加需要对教育资源进行合理配置。简要地说，教育资源的合理配置，就是将有限的教育资源合理地分配到教育系统的各个部门和机构中去，从而实现以最小的教育投资得到最大的教育产品与服务的产出。教育财政对资源的合理配置主要体现在两个方面：一是在各级各类学校之间进行有效的资源分配；二是如何在教育事业发展和教育基本建设之间进行合理的资源配置。为了促进高等教育的协调发展，从而带动地区经济和社会的发展，就必须发挥高等教育财政的宏观调控作用，在分配教育资源时，要从我国的国情出发，从国家教育财政的实际情况出发，考虑教育类别、学校层次、重点与一般，以及照顾地区特点——富裕地区和老、少、边、穷地区情况，按照公平、合理、有效的原则分配教育经费。

（3）科学合理地调节教育经费。

教育财政有助于教育资源的合理配置，但教育资源的科学配置并不是一蹴而就的。在教育发展过程中，由于制约教育发展的因素是复杂多样的，这些因素中存在诸多变量，它们集结在一起，并不断地进行重组，构成了教育发展过程中千变万化的客观现实。正是这种客观存在的、不断变化的现实，要求教育财政从实际情况出发，因地因时因事地做出合理的决策，从而使教育资源的配置更具有针对性，也更富有效率。在我国计划经济体制下，由于计划是调节经济运行乃至整个社会生活的唯一机制，教育也一样围绕国家指令性的教育发展计划运转。计划的统一性不能适应教育发展的差异性，从而导致教育的整体效益长期难以有效提高。随着我国经济体制的改革，整个社会也发生相应的转型。作为经济与社会发展的重要组成部分的高等教育，必然在一定程度上受制于市场经济的规则。然而，教育系统本身固有的特点，使它难以完全由市场机制来进行供需调节。因此，如何立足高等教育的特点，将计划与市场、"看得见的手"与"看不见的手"有机配合，就成为新形势下我国高等教育财政调节作用能否充分发挥的核心问题。而评判的标准就是看其能否有力地促进教育事业的协调发展。总之，要使教育经费的分配更贴近实际，更趋于合理，更趋于协调，使教育总供给与需求之间趋于平衡，就必须最大限度地发挥教育财政的供给调节作用。

（4）对教育资金的运用实施有效的监督。

教育是一项规模宏大的系统工程，必须加强对教育事业的宏观规划，加强对教育的投资，全面地反映并妥善解决教育事业发展中出现的矛盾和问题。这些都依赖国家各级政府及其教育行政部门对教育事业发展进行强有力的监督和管理。因此，加强教育事业的管理和监督，是教育事业发展和教育管理自身的客观要求。只有保持正常的教育运行秩序，建立良好的教育发展环境，教育事业才能步入整体协调发展的轨道。教育财政作为政府的一种经济行为，通过对教育机构的经济行为和资金使用的监督，使教育系统各部门、各机构的经济行为立于法制和政策允许的轨道之上；通过对教育部门、机构和个人违反财政纪律行为的处理和制裁，使教育系统内部形成正确的导向，产生巨大的激励或约束作用，督促教育部门、各机构和个人努力改进工作，从而不断提高教育经费的使用效率。高等教育财政上述四方面的作用，是相互独立又彼此依存的综合体，任何一方面不能有效发挥，都将影响其他方面的作用，从而对整个教育系统的运行产生不良的影响。因此，在制定教育财政决策时，要充分考虑国家和地方的财政实情，运用好教育预算、教育决算、教育审计等教育财政手段以保证教育事业的均衡协调发展。

3. 教育财政的功能

一般来讲，教育财政主要有三大基本功能：

（1）筹措教育经费及其他教育资源，以保证国家教育发展的需要。

筹措的手段主要有：一是制定有关法律法规，确定教育经费的筹集渠道及相应的比例，保障教育经费筹集的合法性和有效性；二是在各级政府公共财政支出中保证教育支出的逐步增长；三是通过各种行政或经济手段吸纳各种民间资金或资源投资教育事业。

（2）分配教育经费，配置教育资源。

分配教育经费，配置教育资源的基本依据是国家有关教育法律法规与政策、社会对各级各类教育的需求以及各级各类教育自身的经费需求。教育事业的发展，一方面取决于教育经费及其他教育资源的多寡，另一方面取决于教育经费的分配是否合理，教育资源的配置是否科学。

（3）监控教育经费的合法使用及其他教育资源的有效利用。

在这方面，教育财政的作用是：对各级各类教育机构的财务活动进行合法的监控，防止违法违纪使用教育经费，杜绝铺张浪费，保障教育经费用得其所，教育资源发挥应有的效益。

4. 教育财政的基本制度

教育财政制度健全与否，权威性和有效性如何，不仅对教育经费及有关资源的筹集、分配与使用有着重大影响，而且将影响到教育事业的顺利健康发展。

（1）教育预算制度。

教育预算是指各级政府及有关职能部门制定的教育财政年度收支计划，包括教育预算收入和教育预算支出两大部分。

教育预算制度就是制定教育预算所必须遵循的各项原则、程序、规章和要求，也就是编制教育预算的准则与规范。

教育预算制度有以下特点：

① 规范性，指编制教育预算的体制、程序和要求都有明文规定，预算草案的编制、审查和审议批准都有严格的工作程序。

② 严肃性，指编制教育预算过程的各个环节都有明确的责任。

③ 权威性，指教育预算计划一经批准就具有法律效力，必须依法得到执行。

我国的教育预算采用的是中央政府和地方政府分工负责的体制。

（2）教育决算制度。

教育决算，亦称教育财政决算，指各级政府针对教育预算执行情况依法编制的会计年度结算报告。

教育决算主要包括会计年度教育经费收支情况和决算分析两部分。教育经费收支情况应与预算项目相对应，决算分析是根据一定指标对教育经费使用情况做出说明。

教育决算制度是指编制教育决算的准则与规范，包括有关的原则、规章、程序及要求等。其作用在于：一是保证教育决算工作的如期顺利完成；二是规范各种教育决算活动，使其有章可循；三是预防教育决算过程中的各种违规行为，提高教育决算的可信度。

我国的教育决算采用分级教育财政决算的体制，除中央教育财政总决算外，地方各级政府也进行相应的各级教育财政总决算。

（3）教育审计制度。

教育审计是指各级政府审计部门和教育部门审计机构对教育部门或教育机构的教育财政收支及其他相关经济活动进行的考核、评价与监督。其主要内容有：教育预算审计、教育财经法纪审计、教育经济审计和教育财务簿据审计。

教育审计制度是指保障教育审计活动得以进行的各种准则与规范。教育审计制度不仅对审计机构、审计人员、审计职能、权限范围、工作要求等都有明确的规定，而且对审计工作的原则、依据、体制、程序、方法以及对审计结果的处理等都有明确具体的规定。

我国实行双重教育审计制度。首先，各级政府审计部门根据国家有关法律法规，对各级政府的教育财政收支和教育机构的财务收支进行审计监督。其次，教育系统内部的审计机构有依法行使教育审计监督的权力。

（4）教育税收制度。

教育税收是指国家从国民收入中征收的用于发展教育事业的税赋，是一种国家专项税种。教育费附加不是国家税法所明确规定的、严格意义上的教育税收，但实际上已经具有了教育税收的性质。教育费附加的征收为国家开征教育税奠定了基础。

教育税收制度是指关于征收教育税的各种准则和规范。在一些直接征收教育税的国家，教育税收制度一般比较完善。而目前，我国尚未建立起教育税收制度。

第九节　教育领导与决策

一、教育领导

1. 教育领导方式及教育领导风格概述

（1）教育领导方式。

① 教育领导方式的内涵。在《新华字典》和《现代汉语词典》中对"方式"一词的解释是一致的，都是"说话办事的方式和方式"。按这个概念推理出来的领导方式的概念应该是领导者在领导过程中所采取的领导方法和领导形式。但是在教育领导学范畴中并没有那么简单，领导方式并不属于领导方式的范畴。领导方法是指实施领导的具体操作行为

和程序。而领导方式也不是简单的领导形式，而是指在领导过程中围绕着如何使用权力、如何让看待下属等问题，领导者的态度和行为倾向与特点，领导方式总体上来讲是领导者在领导过程中表现出来的态度与行为特点。由此，我们可以把教育领导方式简单地定义为教育领导方式是教育领导者实施指导时，在对待下属和使用权力等方面变现出来的态度和行为特征。

② 教育领导方式的类型。从领导对下属的态度角度，可以分为和蔼型领导和严肃型领导；从领导者的处事风格和行为表现角度，可以分为英雄式领导和平民式领导；从领导者管事多少与处理事情的方式的角度，可以分为繁杂式领导和简约式领导；从领导者的主要领导手段和风格角度，可以分为刚性领导和柔性领导；从领导者对待下属和百姓的态度的角度，可以分为官老爷式领导和服务式领导；从领导者对待现状的态度与行动方式的角度，可以分为保守型领导、稳健型领导和开拓型领导；除以上分类外，还有交易式领导与变革式领导、魅力型领导、榜样型领导与教练型领导之分。

（2）教育领导风格。

① 教育领导风格的类型。

教育领导风格的分类可以从不同教育学家的角度出发进行分类。最有代表性的是卢因的领导风格分类，可以分为三类：一是专断性领导，特点是领导者专断独裁，把权力集中在自己手上，支配着群体的决策过程；二是民主型领导，特点是领导者注意让下属参与进来，进行公开的沟通，遇到问题同下属磋商，如果得不到下属的一致同意就不采取行动；三是自由放任型领导，特点是领导者给下属独立自主的权力，对他们放任自流，既不加以约束，也不加以指导。

这三种领导风格与组织绩效的关系，他们研究的结论是民主型领导更有效，会产生很多团体意识和友谊，即使领导者不在场，拥有民主领导的团体也能有较好的业绩。

② 不同领导风格的借鉴。

最好的教育领导风格就是最适合时代要求的、最适合于教育组织的特点、最适合于自己的特性与才能、最能够激励下属工作、与工作和任务的性质最符合、最能够促进自己与团体的发展、并能够最大限度地实现目标的领导风格。

每一名教育领导者都需要依据自己的特征和面临的具体情况来选择和形成自己的教育领导风格；教育组织的特点是教育领导者的特殊性所在；自己的性格和人生态度与行为习惯是教育领导者的领导风格的底色。能否激励下属努力工作是评价良好领导风格的重要指标之一，下属的特征是制约领导风格的关键因素。

达成组织目标是领导的任务，任何教育领导方式都需要完成目标，不能完成目标的领导方式无论如何都不能称为优秀的领导方式。

每一种领导风格都有其自身的特点、条件和作用，领导者在了解的基础上要善于运用各种领导风格的优势。

2. 教育领导者选择领导方式的主要因素

（1）时代与社会发展的特点。

在发展缓慢、比较封闭、皇权一统天下的传统社会，各种教育组织也都笼罩在皇权的淫威下。教育领导者关心的是如何完成这种任务，很少提及对人的关心。在倡导理性和自由、主张人性解放和潜能发现的当代社会，以科学管理为主要特点的现代领导与管理方式在学校得到广泛的运用。随着后现代思潮的产生，在教育组织中越来越强调多元化、越来越重视情感的力量，对个人感受与体验的关心上升到了前所未有的高度。

即使在同一个时代，不同国家的社会文化不同，相应的教育领导方式也不同。

即使在一个国家，不同历史时期的特点也会反映到教育组织之中。特别在我国，时代和社会的发展需要会直接转化为政府和上级领导的要求，促使教育领导者选择符合要求的领导方式。

（2）教育组织的特点。

① 教育组织的公益性与稳定性。

教育组织都是以育人而不是以营利为目的的组织。这一公益性特点决定了教育组织不能过于强调经济目的和手段。"关心人"应该高于"关心任务""人员取向的领导方式"应该重于"任务取向的领导方式"。

学校组织的这种长寿性与稳定性决定着领导学校需要从长远发展出发，不宜急功近利，不宜频繁地进行组织变革。在正常状态下，从整体上讲，稳健型领导方式应该是教育领导的常态。

② 教育组织的独立性与思想性。

教育在为经济和政治服务的意识下，同样需要确立研究教育发展自身运行规律的新意识，使我们的教育越来越能按自己的本来规律运行，也就是按教育规律办教育。教育领导人需要有独立的人格，需要掌握教育发展的规律，要成为教育教学的行家里手。不能像办企业那样办教育，也不能像领导政治团体那样来领导学校。

之所以说教育组织有思想性是因为教育是一种价值追求占主导地位的事业，教育组织，特别是学校是一个有教育思想的组织，拥有正确的教育思想是成为优秀教育领导者的必要条件，教育领导者如果缺乏了教育思想上的魅力就难以成为卓越的教育领导人。

（3）自己的个性与才能。

教育领导者选择教育方式与风格的与自身的个性与才能紧密相连，主要可以分为品德修养、个性特征、才智结构以及个性与才能四个方面。

首先，一个具有责任感和使命感的教育领导会努力提高自身的素质，增加自身的教育领导魅力。其次，个性特征以专制型为例，专制型的领导方式是以过于自尊、极端自信的人格特征为基础的，而软弱、自卑、懒惰和不负责任的习惯容易形成放任型的领导方式。再次，一个不懂业务的教育领导者刚开始时，只能采取以人员取向为主的领导方式，而一位业务能力很强的教育领导者则容易采取以任务取向为主的领导方式。最后，一位智慧的教育领导者一方面要从自己的性格特点和才能出发来选择适合于自己的教育领导方式，但更重要的是要全面提高自己的职业素养，能够根据工作的需要选择各种教育领导方式并熟练运用的能力，以提高领导能力。

3. 教育领导方式及教育风格创新应用的建议

（1）用宽广胸怀包容人。一个学校的发展需要各方面的人才，教育领导者要识才之明、用人之胆，更要有容人之量，要有海纳百川的宽广胸襟，要容纳不同意见，包容不同性格的人才。要尊重教师的不同观点、各种想法。要尊重教师的思想，提倡在目标一致的情况下，允许教师发挥个人的特长，用不同的方式实现目标，创造"八仙过海，各显其能"的良好局面。营造有序而又自由、紧张而又宽松的环境，给教师发展个性、展示特长的机会。结合学校的工作实际，走入教师群体，深入了解教师，发现每一位教师的闪光点，要充分相信教师，每一位教师的潜能都是无限的。领导者要独具慧眼，发现教师身上的潜能，鼓励他、帮助他，使他的潜能浮出水面。人的性格不同外显的能力也不同，特别是一些能力较强的人往往个性突出。"金无足赤，人无完人"。每个人都是缺点与优点并存的，而优点和缺点又有"共向性"，二者往往相伴而行，峰高谷深，峰谷并存。比如：勇于开创往往"自尊自负"，好学深思往往"孤僻离群"。宋代文学家苏轼的"横看成岭侧成峰，远近高低各不同"的千古佳句，形象地描写出庐山从不同角度的观察下所体现出来的千百种形态。观山如此，看人也如此。领导者要客观地看人、全面地看人、发展地看人、从大节上看人、从长处看人。学校里的人也是各有不同，正所谓千人千面，千人千心，不可能人人都和自己秉性、作风相投。得到和自己心意相投之人，当然是件值得欣慰的事；如遇见和自己观念、作风格截然不同的人也无须苦恼，适度地接纳不同的观点，求同存异，可能会帮助管理者更深入、全面地思考，使工作更顺利地进行。

（2）用真情打动人。一句话真实地反映了情感管理的真谛："当老师得到满满的爱时，他才会把满满的爱给学生。"学校是一个发现爱、培养爱、传播爱的地方。苏州大学博士生导师、苏州市副市长朱永新说过："爱的教言，是教育力量的源泉，是教育成功的基础。"夏丏尊先生也说："教育没有情感，没有爱，如同池塘没有水。没有水就不能称其为池塘。没有情感，没有爱，也就没有教育。"这里面更多地是指教师对学生的爱。但是，教师作为传播爱的使者，同样需要得到来自学校的关爱。要求教育领导者对教师有更大的情感投入，用情打动教师，用爱感染教师。具体体现在教育领导者要从内心深处关爱每一位教师，关心他的个人发展目标、思想动态、业务进展，真心倾听教师的心声，关注教师的喜怒哀乐与教师成为相互信任的朋友。这种融洽的关系有利于减少领导者与教师间的壁垒，彼此坦诚相待；这种和谐大家庭的氛围使教师的工作积极性、创造性提高，工作效率增长。

任何一种领导方式都不是万能的，它需要管理者根据学校的特殊性适当取舍，做到"因材施教"，形成自己独特的管理风格。领导方式没有最好的，只有最适合的。领导风格的选择没有金科玉律，众多领导风格中能达到最佳效果的风格就是最适合的。但有一条是共性的，那就是：学校的决策不是管理者的独断专行，而应是建立在教师共同意志的基础上。这样的决策才是有效的，管理的效力才能发挥到最大限度。

（3）用创新精神感染人。教育领导者要有强烈的创新意识，这包括改革意识、实践意识、建设意识、风险意识和研究意识。其中，创新意识是促使个体进行创新的重要心理，没有创新意识的领导者在实践中进行创新的概率极低。作为教育领导者要能在学校管理中不断创新，他还必须具备综合的素质基础、能力基础和较深的教育教学理论功底；要具备顽强的个性，尤其是坚定的自信心，要坚定不移、当机立断、敢作敢为；要有充沛的精力，独立的思考和判断能力。在创新的过程中，还要注意不被琐碎的小事蒙蔽双眼产生困扰，要抓住事物的本质，看准了就坚持到底。

二、教育决策

教育决策是指为实现预定的教育目标，采用科学的理论和方法，从多种预选方案中选择一个最佳行动方案或就一种方案所作出的决定。好的教育决策是取得良好成效的先导。

1. 决策正确

（1）遵循科学决策的一般步骤和方法。包括掌握情况，确定目标；群众参与，民主讨论；多种方案，对比优选；深思熟虑，果断决策；试验实证，普遍实施等。

（2）建立决策参谋咨询机构。包括选拔人才，建立机构，明确任务，讲究方法。

（3）提高教育管理者的决策修养。要求决策者具有创新精神、科学素养、民主作风、决断魄力等。按性质分，有教育战略决策和教育战术决策；按时间分，有长期、中期和短期教育决策。由于任何决策都要变革现实，必然涉及各种人的利害关系，开始往往不被理解，甚至遭反对，教育管理者要善于宣传解释，进行教育引导，使决策顺利实施。

2. 科学决策、民主决策是教育政策过程的基本诉求

中国正在进入教育政策时代。教育关乎国家的长远发展，教育涉及千家万户的切身利益。近几年来，我国的教育改革的步伐一步紧似一步，各项具体政策一个接着一个出台，用"乱花渐欲迷人眼"形容并不过分。针对很多教育政策难孚众望、教育改革零碎敲打的情况，急需制定教育改革与发展的长期战略规划，通过发扬民主，集中民智，加强调查研究，提出一个符合国情的促进社会经济发展和满足人们教育愿望的教育蓝图。

社会各界人士对科学的教育政策怀着殷切期望，在此时期，党和政府在研制《国家中长期教育改革和发展规划纲要》过程中的所作所为就充分体现了我国政府推进教育政策决策科学化、民主化的信心和决心。但是，由于我国的国情以及复杂的地区差异等原因，要在教育实践领域中实现科学决策、民主决策和依法决策，还有很长的路要走。

"民主决策""科学决策"一直是党和国家所倡导的决策思路和目标。在党的十五大上提出"依法治国"的基本方略之后，"依法决策""规范决策"新增为决策的一个重要原则。但是，近几年人们对教育有很大意见，不是要不要教育政策规制的问题，而是如何

伦理地规制问题。国民素质的提高、国家的繁荣昌盛都离不开科学的教育政策所规制下的教育事业的发展。我国的历史发展以及国外的教育实践都表明，教育政策决策的重大失误绝对会导致各阶层的利益失衡，从而扰乱了社会正常发展的秩序，造成不可估量的智力损失，于国于民都是得不偿失的。正如有学者指出，教育决策的民主化和科学化，不仅是一个意义深远的理论问题，而且也是一个至关重大的实践问题；不仅是一个技术性的问题，而且也是一个深刻的道德问题；不仅只是关乎教育发展的问题，更是关乎政治稳定、社会进步和民族团结的大问题。此可谓一语中的。所以，不管是在制定宏观的长远规划与微观的针对性措施方面，如何提高教育政策宏观调控的科学性、有效性，教育政策如何最大化地保证受益人群真正得益，而对不利人群进行合理补偿或者提出保障措施，考验着教育政策决策者们的决策智慧。

第三章　教学管理

第一节　教学管理概述

教学管理是运用管理科学和教学论的原理与方法，充分发挥计划、组织、协调、控制等管理职能，对教学过程各要素加以统筹，使之有序运行，提高效能的过程。教育行政部门和学校共同承担教学管理工作。教学管理涉及教学计划管理、教学组织管理、教学质量管理等基本环节。

一、任务

（1）制订学校教学工作计划，明确教学工作目标，保证学校教学工作有计划、有步骤、有条不紊地运转。

（2）建立和健全学校教学管理系统，明确职责范围，发挥管理机构及人员的作用。

（3）加强教师的教学质量和学生的学习质量管理。

（4）组织开展教学研究活动，促进教学工作改革。

（5）深入教学第一线，加强检查指导，及时总结经验，提高教学质量。

（6）加强教务行政管理工作。

二、主要内容

1. 过程管理

教学过程是根据一定的社会要求与教学目的和学生身心发展的特点，由教师的教和学生的学所组成的双边活动过程。这个过程是由教师、学生、教学内容和手段等要素构成的。教师是教学过程的主导因素，学生是教学过程的主体因素，教学内容和手段是教学过程的客观因素。教师教学的过程是由备课、上课、课外辅导、作业批改、成绩考评五个基本环节所构成。学生学的过程是由课前预习、听课、复习巩固、考查、掌握和运用五个基本环节所构成。教学过程的管理，也就是如何按照教学过程的规律来决定教学工作的顺序，建立相应的方法，通过计划、招待、检查和总结等措施来实现教学目标的活动过程。

2. 业务管理

教学业务管理是对学校教学业务工作所进行的有计划、有组织的管理活动。教学业务管理是学校教学管理的重要组成部分，它决定着学校教学管理的水平。

3. 质量管理

教学质量管理是按照培养目标的要求安排教学活动，并对教学过程的各个阶段和环节进行质量控制的过程。学校教学管理的中心任务在于提高教学质量。

4. 监控管理

教学监控分为教学质量监控（可归科组管理）和教学过程监控（可归年级管理）。所谓教学质量监控，就是根据课程对教学的要求，对教学的过程和情况进行了解和监测，找出反映教学质量的资料和数据，发现教学中存在的问题，分析产生问题的原因，提出纠正存在问题的建议，促进教学质量的提高，促进学生学习水平的提高和教师的专业发展，从而保证课程实施的质量，保证素质教育方针的落实。监控是过程，评价是结果，目的是促进。

三、现代化

1. 多媒体

根据教学目标和教学对象的特点，通过教学设计，合理选择和运用现代教学媒体，并与传统教学手段有机组合，共同参与教学全过程，以多种媒体信息作用于学生，形成合理的教学过程结构，达到最优化的教学效果。常见类型为通过多媒体教室进行现代化的教学管理。

2. 优化制度

反思现行的学校教学管理制度，我们不难发现其存在的弊端：以"分"为本。现行教学管理，盛行分数主义。分数是评定学生学业成绩的重要手段，也是考查教师教学质量的重要指标；是促进教师工作和学生学习的一种强有力手段，控制教师工作和学生学习的一根极可怕的"魔杖"，分数管理严重歪曲了教学改革的价值取向。校章校制是学校办学经验的结晶和反映，但有些学校过分细化规章，把教师和学生当成管理的对象，把领导变成监工，这种管理严重扭曲了教学的本性。因此，构建人性化的学校教学管理制度势在必行。

重建以"校"为本的教学研究制度。学校进行教学研究必须以校为本，即要从学校教学实践中的问题出发，通过全体教师共同研究，达到解决问题、提高质量的目的，在学校中，通过学校，为了学校。教学研究要在学校取得"合法"地位，并真正成为学校教学改革发展的永恒动力，必须进行制度的建设。同时通过制度化的建设，在学校形成一种崇尚学术、崇尚研究的氛围，这是保证教学改革和教学专业化发展最有力的内在机制。

重建"民主科学"的教学管理机制。教师参与学校民主管理的状况，直接影响着民主化教学意识的养成。为此，学校必须改变以往"家长式"的管理方式，建立民主、科学的教学管理机制，建立健全由教师、学生、学生家长、教育专家或社会知名人士组成的教职工代表大会制度，加强民主管理和民主监督，使广大教师可以通过一种法定的形式和正常的渠道参与学校管理工作。

重建"促进教师成长"的考评制度。首先在制订考评内容和标准上，要体现新课程的精神，反映教师创造性劳动的性质和角色转换的要求以及教学改革的方向。要把教师的教学研究、教改实验、创造性教学和校本课程开发以及师生关系引入考评的内容。其次在考评的组织实施上，要努力使考评过程成为引导教师学会反思、学会自我总结的过程，从而进一步提高认识，更新观念。最后，考评结果要防止片面化和绝对化，杜绝分数主义，要从教师专业成长的过程来看待每次考评的结果，为教师建立档案，帮助教师全面了解自己，明确自己所处的成长阶段和进一步努力的方向。

3. 新课改

从课程社会学的角度而言，课程实施的过程同时也是学校教育价值观和学校文化重建的过程。有人认为，新课程改革持续发展有三大推动力：第一，热情和责任；第二，校本研究制度的建设；第三，学校文化重建。我们以为新课程持续发展核心的动力应该是新的学校文化。在新课程推进中，学校文化建设必须引起我们足够的关注。教学工作是学校的核心工作，学校通过各种有效的教学将教育目的、课程蓝图变为现实。我们的切入点和着力点应该放在"教学管理制度的重建"上。

简单地说，教学管理制度就是保障教学系统有效运行的组织形式和行为规范。用外延方式来下定义，教学管理制度是教学管理体系（组织结构）和教师教学的行为准则（教学常规）的总和，它包括教学思想管理、课程计划管理、教学过程管理、评价与考试管理、教研科研管理和教学行政管理等。

事实上，无论是理论界还是实践领域，都未把教学管理上升到"制度"的层面。大多数的《教育学》《教育原理》《教学论》书上讲"教育制度""教学组织形式""教学管理"，而不提教学制度，甚至在《学校管理学》著作里也很少有专章论及"教学管理制度"。实践上以"教学常规"论之。但教学管理制度确实存在，它具体表现为一种教学组织结构，比如班级授课制；一套关于教学程序与教学行为的规范体系，比如教学常规；同时它还是一套分类系统与激励机制，如教师的职称晋升等。教学管理制度是教学系统高效运行的基本保障。教学系统是由有形的教学人员、教学设施设备和教学时空等物质和无形的课程理念、教学思想等意识组成。正是通过教学管理制度，如同计算机程序一样，把教学系统的各种因素连接成一个整体，保证教学活动有序、规范、高效地运行。一方面，课程理念、教学思想总是借助一定的制度才能转化为人们自觉的行动，变成现实；另一方面，人员设施等又总要不得借助制度才得以合理地开发与利用。

4. 新理念

新课程改革是一场课程教材改革为表征的，反映时代精神的教育革命，是对产生于计划经济时代、与经济社会发展相脱节的学校教育全面的整体变革，它绝不是用一种教材去更换另一种教材，用一种教学技术去更换另一种教学技术，而是包括教育目标、课程体系、教学思想以及教学管理制度在内的全方位的变革。而一旦教学组织机构、规范体系、内在激励机制发生了根本的变化，课程改革才不会流于形式，半途而废，才会持续深入。可见，教学制度重建既是新课程改革的外在保障，又是新课程改革的重要组成部分。我们面对着一个个非常实际的亟须调整的管理问题，如何组织集体备课，如何写教案，如何组织观摩研讨、评课、议课，教师工作量如何计算，教师考核评价怎么进行，学生期末综合评价如何进行等。我们认识到，原来的一套常规管理制度已有很多不适应教学改革的要求，重建符合新课程理念的教学管理制度已刻不容缓。

第二节　教学设计

教学设计是根据课程标准的要求和教学对象的特点，将教学诸要素有序安排，确定合适的教学方案的设想和计划。一般包括教学目标、教学重难点、教学方法、教学步骤与时间分配等环节。

一、定义

加涅曾在（教学设计原理）中界定为："教学设计是一个系统化规划教学系统的过程。教学系统本身是对资源和程序做出有利于学习的安排。任何组织机构，如果其目的旨在开发人的才能均可以被包括在教学系统中。"

帕顿在《什么是教学设计》一文中指出："教学设计是设计科学大家庭的一员，设计科学各成员的共同特征是用科学原理及应用来满足人的需要。因此，教学设计是对学业业绩问题的解决措施进行策划的过程。"

赖格卢特对教学设计的定义基本上同对教学科学的定义是一致的。因为在他看来，教学设计也可以被称为教学科学。他在《教学设计是什么及为什么如是说》一文中指出："教学设计是一门涉及理解与改进教学过程的学科。任何设计活动的宗旨都是提出达到预期目的最优途径，因此，教学设计主要是关于提出最优教学方法的处方的一门学科，这些最优的教学方法能使学生的知识和技能发生预期的变化。"

梅里尔等人在新近发表的《教学设计新宣言》一文中对教学设计所作的新界定值得引起人们的重视。他认为："教学是一门科学，而教学设计是建立在这一科学基础上的技术，因而教学设计也可以被认为是科学型的技术。"

美国学者肯普给教学设计下的定义是："教学设计是运用系统方法分析研究教学过程中相互联系的各部分的问题和需求。在连续模式中确立解决它们的方法步骤，然后评价教学成果的系统计划过程。"

学习教练肖刚定义教学设计："教学设计是一个系统设计并实现学习目标的过程，它遵循学习效果最优的原则，是课件开发质量高低的关键所在。"

二、方法特征

1. 特征

教学设计具有以下特征。

（1）教学设计是把教学原理转化为教学材料和教学活动的计划。教学设计要遵循教学过程的基本规律，选择教学目标，以解决教什么的问题。

（2）教学设计是实现教学目标的计划性和决策性活动。教学设计以计划和布局安排的形式，对怎样才能达到教学目标进行创造性的决策，以解决怎样教的问题。

（3）教学设计是以系统方法为指导。教学设计把教学各要素看成一个系统，分析教学问题和需求，确立解决的程序纲要，使教学效果最优化。

（4）教学设计是提高学习者获得知识、技能的效率和兴趣的技术过程。教学设计是教育技术的组成部分，它的功能在于运用系统方法设计教学过程，使之成为一种具有操作性的程序。

2. 方法

（1）教学设计要从"为什么学"入手，确定学生的学习需要和学习目标。

（2）根据学习目标，进一步确定通过哪些具体的教学内容提升学习者的知识与技能、过程与方法、情感态度与价值观，从而满足学生的学习需要，即确定"学什么"。

（3）要实现具体的学习目标，使学生掌握需要的教学内容，应采用什么策略，即"如何学"。

（4）要对教学的效果进行全面的评价，根据评价的结果对以上各环节进行修改，以确保促进学生的学习，获得成功的教学。

3. 目的

教学设计是为了提高教学效率和教学质量，使学生在单位时间内能够学到更多的知识，更大幅度地提高学生各方面的能力，从而使学生获得良好的发展。

三、教案设计的原则

1. 系统性原则

教学设计是一项系统工程，它是由教学目标和教学对象的分析、教学内容和方法的选择以及教学评估等子系统所组成，各子系统既相对独立，又相互依存、相互制约，组成一个有机的整体。在诸子系统中，各系统的功能并不等价，其中教学目标起指导其他子系统的作用。同时，教学设计应立足于整体，每个子系统应协调于整个教学系统中，做到整体与部分辩证地统一，系统的分析与系统的综合有机地结合，最终达到教学系统的整体优化。

2. 程序性原则

教学设计是一项系统工程，诸子系统的排列组合具有程序性特点，即诸子系统有序地成等级结构排列，且前一子系统制约、影响着后一子系统，而后一子系统依存并制约着前一子系统。根据教学设计的程序性特点，教学设计中应体现出其程序的规定性及联系性，确保教学设计的科学性。

3. 可行性原则

教学设计要成为现实，必须具备两个可行性条件：一是符合主客观条件。主观条件应考虑学生的年龄特点、已有知识基础和师资水平；客观条件应考虑教学设备、地区差异等因素；二是具有操作性。教学设计应能指导具体的实践。

4. 反馈性原则

教学成效考评只能以教学过程前后的变化以及对学生作业的科学测量为依据。测评教学效果的目的是获取反馈信息，以修正、完善原有的教学设计。

四、教学设计的基本要素

"模式"是对理论的一种简洁的再现。不论哪一种教学设计模式，都包含有下列五个基本要素：教学任务及对象；教学目标；教学策略；教学过程；教学评价。对象、目标、策略、过程和评价五个基本要素相互联系、相互制约，构成了教学设计的总体框架。

1. 教学任务

新课程理念下，课堂教学不再仅仅是传授知识，教学的一切活动都是着眼于学生的发展。在教学过程中如何促进学生的发展，培养学生的能力，是现代教学思路的一个基本着眼点。因此，教学由教教材向用教材转变。以往教师关注的主要是"如何教"问题，那么现今教师应关注的首先是"教什么"问题。也就是需要明确教学的任务，进而提出教学目标，选择教学内容和制定教学策略。

2. 教学目标

教学设计中对于目标阐述，能够体现教师对课程目标和教学任务的理解，也是教师完成教学任务的归宿。

新课程标准从关注学生的学习出发，强调学生是学习的主体，教学目标是教学活动中师生共同追求的，而不是由教师所操纵的。因此，目标的主体显然应该是教师与学生。

教学目标确立了知识与技能、过程与方法、情感态度与价值观"三位一体"的课程教学目标，它与传统课堂教学只关注知识的接受和技能的训练是截然不同的。体现在课堂教学目标上，就是注重追求知识与技能，过程与方法，情感、态度与价值观三个方面的有机整合，突出了过程与方法的地位，因此在教学目标的描述中，要把知识技能、能力、情感态度等方面都考虑到。

3. 教学策略制定

所谓教学策略，就是为了实现教学目标，完成教学任务所采用的方法、步骤、媒体和组织形式等教学措施构成的综合性方案。它是实施教学活动的基本依据，是教学设计的中心环节。其主要作用就是根据特定的教学条件和需要，制定出向学生提供教学信息、引导其活动的最佳方式、方法和步骤。

①教学组织形式；②教学方法；③学法指导；④教学媒体。

特别要指出的是，板书作为传统的、常规的媒体在我们的教学中还应该有一席之地，而且还占有相当大的比重，所以在设计媒体时千万别忽视了对板书的设计。

4. 教学过程

众所周知，现代教学系统由教师、学生、教学内容和教学媒体等四个要素组成，教学系统的运动变化表现为教学活动进程（简称"教学过程"）。教学过程是课堂教学设计的核心，教学目标、教学任务、教学对象的分析，教学媒体的选择，课堂教学结构类型的选择与组合等，都将在教学过程中得到体现。那么怎么样在新课程理念下，把诸因素很好地组合，是教学设计的一大难题。

5. 教学设计自我评价

新课程理念下，教学设计的功能与传统教案的不同之处在于它不仅仅只是上课的依据。教学设计，首先能够促使教师去理性地思考教学，同时在教学元认知能力上有所提高，只有这样，才能够真正体现教师与学生双发展的教育目的。

五、教学设计书写

1. 书写内容及步骤

①教学设计说明：写出本教学设计意图和整体思路（突出新课程特点）；②教学分析：包括教学内容的分析和学情的分析；③教学目标：知识与技能，过程与方法，情感态度与价值观；④教学策略（或学法指导）：选用的教学方法，教学手段，媒体及板书设计；⑤教学过程；⑥教学反思、评价。

2. 书写说明

（1）书写的形式。书写可以是文本的，也可以是表格的，也可以将文本和表格二者结合。

一般文本形式可以比较充分地表达思想和具体的内容，信息量大，但不宜直观地反映教学结构中各要素之间的关系。而表格形式能够比较简洁、综合体现教学环节教、学诸因素的整合。因此，我们认为，或者以表格书写，或者将文本和表格书写形式合二为一，后一种方式是比较理想的呈现，采用文本形式书写前端分析，教学过程则一般以表格形式书写，从而组织成为一篇教学设计方案。

（2）教学设计书写形式不是一成不变的，可以根据具体的内容要求灵活展现，所以不拘一格，写出个性，写出创意，写出风采。

（3）教学反思评价作为教学设计来说也是一个必不可少的环节。

最后还需要说明的是，教学设计内容和形式应该根据需要而定，如果为了同行间探讨、交流而进行设计外，则应选择较为详细和较强的理论展现为主要内容和相应的形式，如果是教师本人为了作为上课前对课的理解和策划，则可以相对淡化理论色彩并简化分析要素，更多地关注过程方法策略以及教学流程和板书的设计。总之，课堂教学设计方案的多元化和创新是我们所追求的目标。

六、教学设计与教案的区别

我们用表格形式将教案与教学设计进行比较可以看出，从关注"具体的教材教法的研究"转变为关注"以促进学生学习的有效的教学策略研究"是从传统教案走向现代教学设计的根本转折点，只有弄清了二者的区别，才能够真正理解并掌握现代教学设计的理念和技术，在进行教学设计时不会将二者混淆。

（1）脉络要"准"——是教学设计的"出发点"。

（2）目标要"明"——是教学设计的"方向"。

（3）立意要"新"——是教学设计的"灵魂"。

（4）构思要"巧"——是教学设计的"翅膀"。

（5）方法要"活"——是教学设计的"表现形式"。

（6）练习要"精"——是教学设计的"综结点"。

第三节　教学方法

教学方法论由教学方法指导思想、基本方法、具体方法、教学方式四个层面组成。教学方法包括教师教的方法（教授法）和学生学的方法（学习方法）两大方面，是教授方法与学习方法的统一。教授法必须依据学习法，否则便会因缺乏针对性和可行性而不能达到预期的目的。但由于教师在教学过程中处于主导地位，所以在教法与学法中，教法处于主导地位。

一、内涵与分类

1. 内涵特点

（1）中外对教学方法的不同界定。

　　由于时代的不同，社会背景、文化氛围的不同，研究者研究问题的角度和侧面的差异，中外不同时期的教学理论研究者对"教学方法"概念的界说自然不尽相同。

　　（2）教学方法不同界定之间的共性。

　　① 教学方法要服务于教学目的和教学任务的要求。

　　② 教学方法是师生双方共同完成教学活动内容的手段。

　　③ 教学方法是教学活动中师生双方行为的体系。

　　（3）教学方法的内涵重点。

　　教学方法，是教学过程中教师与学生为实现教学目的和教学任务要求，在教学活动中所采取的行为方式的总称。

　　教学方法的内在本质特点：

　　① 教学方法体现了特定的教育和教学的价值观念，它指向实现特定的教学目标要求。

　　② 教学方法受到特定的教学内容的制约。

　　③ 教学方法要受到具体的教学组织形式的影响和制约。

　　2. 分类模式

　　（1）国外教学。

　　① 巴班斯基的教学方法分类。

　　依据是对人的活动的认识，认为教学活动包括这样的三种成分，即知识信息活动的组织、个人活动的调整、活动过程的随机检查。把教学划分为三大类：

　　第一大类："组织和自我组织学习认识活动的方法"。

　　第二大类："激发学习和形成学习动机的方法"。

　　第三大类："检查和自我检查教学效果的方法"。

　　② 拉斯卡的教学方法分类。

　　分类的依据是新行为主义的学习理论，即刺激——反应联结理论。

　　（教学方法——学习刺激——预期的学习结果）

　　依据在实现预期学习结果中的作用，学习刺激可分为 A、B、C、D 四种，据此相应地归类为四种基本的或普通的教学方法。

　　第一种方法：呈现方法。

　　第二种方法：实践方法。

　　第三种方法：发现方法。

　　第四种方法：强化方法。

　　③ 威斯顿和格兰顿的教学方法分类。

　　依据教师与学生交流的媒介和手段，把教学方法分为四大类：

　　教师中心的方法，主要包括讲授、提问、论证等方法。

　　相互作用的方法，包括全班讨论、小组讨论、同伴教学、小组设计等方法。

个体化的方法，如程序教学、单元教学、独立设计、计算机教学等。

实践的方法，包括现场和临床教学、实验室学习、角色扮演、模拟和游戏、练习等方法。

（2）中国教学。

① 李秉德教授主编学论中的教学方法分类。

按照教学方法的外部形态，以及相对应的这种形态下学生认识活动的特点，把中国的中小学教学活动中常用的教学方法分为五类。

第一类方法："以语言传递信息为主的方法"，包括讲授法、谈话法、讨论法、读书指导法等。

第二类方法："以直接感知为主的方法"，包括演示法、参观法等。

第三类方法："以实际训练为主的方法"，包括练习法、实验法、实习作业法。

第四类方法："以欣赏活动为主的教学方法"，例如陶冶法等。

第五类方法："以引导探究为主的方法"，如发现法、探究法等。

② 黄甫全教授提出的层次构成分类模式。

黄甫全教授认为，从具体到抽象，教学方法是由三个层次构成的，这三个层次是：

第一层次：原理性教学方法。解决教学规律、教学思想、新教学理论观念与学校教学实践直接的联系问题，是教学意识在教学实践中方法化的结果。如：启发式、发现式、设计教学法、注入式方法等。

第二层次：技术性教学方法。向上可以接收原理性教学方法的指导，向下可以与不同学科的教学内容相结合构成操作性教学方法，在教学方法体系中发挥着中介性作用。例如：讲授法、谈话法、演示法、参观法、实验法、练习法、讨论法、读书指导法、实习作业法等。

第三层次：操作性教学方法。指学校不同学科教学中具有特殊性的具体的方法。如语文课的分散识字法、外语课的听说法、美术课是写生法、音乐课的视唱法、劳动技术课的工序法等。

二、常用方法

1. 讲授法

讲授法是教师通过简明、生动的口头语言向学生传授知识、发展学生智力的方法。它是通过叙述、描绘、解释、推论来传递信息、传授知识、阐明概念、论证定律和公式，引导学生分析和认识问题。运用讲授法的基本要求是：

（1）讲授既要重视内容的科学性和思想性，同时又要应尽可能地与学生的认知基础发生联系。

（2）讲授应注意培养学生的学科思维。

（3）讲授应具有启发性。

（4）讲授要讲究语言艺术。语言要生动形象、富有感染力，清晰、准确、简练，条理清楚、通俗易懂，尽可能音量、语速要适度，语调要抑扬顿挫，适应学生的心理节奏。

讲授法的优点是教师容易控制教学进程，能够使学生在较短时间内获得大量系统的科学知识。但如果运用不好，学生学习的主动性、积极性不易发挥，就会出现教师满堂灌、学生被动听的局面。

2. 讨论法

讨论法是在教师的指导下，学生以全班或小组为单位，围绕教材的中心问题，各抒己见，通过讨论或辩论活动，获得知识或巩固知识的一种教学方法。优点在于，由于全体学生都参加活动，可以培养合作精神，激发学生的学习兴趣，提高学生学习的独立性。一般在高年级学生或成人教学中采用。运用讨论法的基本要求是：

（1）讨论的问题要具有吸引力。讨论前教师应提出讨论题和讨论的具体要求，指导学生收集阅读有关资料或进行调查研究，认真写好发言提纲。

（2）讨论时，要善于启发引导学生自由发表意见。讨论要围绕中心，联系实际，让每个学生都有发言机会。

（3）讨论结束时，教师应进行小结，概括讨论的情况，使学生获得正确的观点和系统的知识。

3. 直观演示法

直观演示法是教师在课堂上通过展示各种实物、直观教具或进行示范性实验，让学生通过观察获得感性认识的教学方法。直观演示法是一种辅助性教学方法，要和讲授法、谈话法等教学方法结合使用。运用直观演示法的基本要求是：

（1）目的要明确。

（2）现象要明显且容易观察。

（3）尽量排除次要因素或减小次要因素的影响。

4. 练习法

练习法是学生在教师的指导下巩固知识、运用知识、形成技能技巧的方法。在教学中，练习法被各科教学广泛采用。练习一般可分为以下几种：

（1）语言的练习。包括口头语言和书面语言的练习，旨在培养学生的表达能力。

（2）解答问题的练习。包括口头和书面解答问题的练习，旨在培养学生运用知识解决问题的能力。

（3）实际操作的练习。旨在形成操作技能，在技术性学科中占重要地位。

5. 读书指导法

读书指导法是教师指导学生通过阅读教科书或参考书，以获得知识、巩固知识、培养学生自学能力的一种方法。

6. 任务驱动法

教师给学生布置探究性的学习任务，学生查阅资料，对知识体系进行整理，再选出代表进行讲解，最后由教师进行总结。任务驱动教学法可以以小组为单位进行，也可以以个人为单位组织进行，它要求教师布置任务要具体，其他学生要积极提问，以达到共同学习的目的。任务驱动教学法可以让学生在完成"任务"的过程中，培养分析问题、解决问题的能力，培养学生独立探索及合作精神。

7. 参观教学法

组织或指导学习到育种试验地进行实地观察、调查、研究和学习，从而获得新知识或巩固已学知识的教学方法。参观教学法一般由校外实训教师指导和讲解，要求学生围绕参观内容收集有关资料，质疑问难，做好记录，参观结束后，整理参观笔记，写出书面参观报告，将感性认识升华为理性知识。参观教学法可使学生巩固已学的理论知识，掌握最新的前沿知识。参观教学法主要应用于各种植物品种改良技术的工作程序、后代选择方法和最新研究进展等方面内容的教学。参观教学法可以分为："准备性参观、并行性参观、总结性参观"。

8. 现场教学法

现场教学法是以现场为中心，以现场实物为对象，以学生活动为主体的教学方法。本课程现场教学在校内外实训基地进行，主要应用于育种试验布局规划、试验设计、作物性状的观察记载方法等项目的教学。

9. 自主学习法

为了充分拓展学生的视野，培养学生的学习习惯和自主学习能力，锻炼学生的综合素质，通常给学生留思考题或对遇到一些生产问题，让学生利用网络资源自主学习的方式寻找答案，提出解决问题的措施，然后提出讨论评价。

自主学习法主要应用于课程拓展内容的教学，如项目教学未涉及的小作物具体的育种方法和特点，组织学生自主学习，按照论文的形式并撰写学习小论文，交由老师评价。锻炼学生提出问题、解决问题和科技写作能力。

三、选择运用

科学、合理地选择和有效地运用教学方法，要求教师能够在现代教学理论的指导下，熟练地把握各类教学方法的特性，能够综合地考虑各种教学方法的各种要素，合理地选择适宜的教学方法并能进行优化组合。

1. 选择教学方法的基本依据

（1）依据教学目标选择教学方法。

不同领域或不同层次的教学目标的有效达成，要借助相应的教学方法和技术。教师可依据具体的可操作性目标来选择和确定具体的教学方法。

（2）依据教学内容特点选择教学方法。

不同学科的知识内容与学习要求不同；不同阶段、不同单元、不同课时的内容与要求也不一致，这些都要求教学方法的选择具有多样性和灵活性。

（3）根据学生实际特点选择教学方法。

学生的实际特点直接制约着教师对教学方法的选择，这就要求教师能够科学而准确地研究分析学生的上述特点，有针对性地选择和运用相应的教学方法。

（4）依据教师的自身素质选择教学方法。

任何一种教学方法，只有适应了教师的素养条件，并能为教师充分理解和把握，才有可能在实际教学活动中有效地发挥其功能和作用。因此，教师在选择教学方法时，还应当根据自己的实际优势，扬长避短，选择与自己最相适应的教学方法。

（5）依据教学环境条件选择教学方法。

教师在选择教学方法时，要在时间条件允许的情况下最大限度地运用和发挥教学环境条件的功能与作用。

2. 教学方法的运用

教师选择教学方法的目的，是要在实际教学活动中有效地运用。

首先，教师应当根据具体教学的实际，对所选择的教学方法进行优化组合和综合运用。

其次，无论选择或采用哪种教学方法，要以启发式教学思想作为运用各种教学方法的指导思想。

最后，教师在运用各种教学方法的过程中，还必须充分关注学生的参与性。

四、几种新的教学方法和模式

1. 过程启发式教学法

过程启发式教学法是针对传统的启发式教学提出来的，在对传统的启发式教学的研究中发现，这种教学在很大程度上是一种以结果为中心的启发。这种启发法的特点是，在教学过程中，针对具体的问题，教师头脑中先有了一个结果（答案），然后通过所谓的启发式提问，提出一个个问题，一步步引导学生向预设好的结果逼近，直到把这个结果问出来。这样做的直接后果就是使学生形成对教师提问的依赖，即教师向他提问他就会回答，离开教师的提问他就不会思考。

那么应该用什么方法去引导呢？这里认为，应该运用过程启发式的教学法。启发式教学的目标不应该是问出一个标准答案，而应该教学生学会思考，提问要指向思考过程和思考方法。

过程启发式教学的基本实施步骤是：根据学生学习知识、技能所需要的高效思维方法，按思维流程设计相应的启发式问题，根据所设计的问题启发学生思考，并逐步过渡到让学生自己向自己提出问题、自我启发。这一方法的实施从根本上解决了如何使学生学会学习、学会思考的问题。

2. 元认知教学法

元认知是对自己的思想观念的一种认识。比如你现在解一道题，你用什么方法思考呢？是简便方法还是笨拙方法？这种针对自己的思考、自己的思维过程的认识，就是元认知。因为元认知是针对自己的思维活动，元认知很大的功能就是能帮助人们调控自己的思维过程，改进自己的思维活动，使自己的思维能更加科学、和谐，因此，要培养学生的思维能力，就必须培养学生的元认知能力，使学生能更好地调控自己的思维过程。

进行元认知教学主要从以下三个方面入手。

（1）教给学生元认知的知识。主要是关于怎样科学思维的方法和技巧。

（2）积累学生的元认知体验。元认知体验，是指学生在解决一个问题时，要让他体验到，用原来的方法思考不好、不容易解决问题，而用现在学到的新的思维方法去思考会更好，更容易解决问题。当学生有了这种体验以后，再遇到问题，他们就知道应该用简便方法去思考，不用笨拙方法。

（3）训练学生的元认知监控能力，元认知监控包括两个方面，一个是自我监视，一个是自我控制，就是在思考问题的时候，学生要监视自己，是否要用好方法去思考，因此元认知的第一步，就是要意识到自己正在用什么方法思考问题，这方法好不好，这是监视。之后要实施控制。如果发现这是好方法，就继续下去；当发现自己方法不得当时，就开始控制，换一种方法去思考。元认知监控是一个元认知发挥作用的过程，但是这种监控很难。学生在思考问题时，往往把思维集中在问题上，而不注意自己在运用什么方法思考，因此，要培养元认知监控的能力，就要进行训练。训练的方法是自我提问法，自己给自己提问题，比如说，一个题拿到手后，你首先该干什么呢？你应该分析问题。因此问自己"我仔细分析问题没有？"问题分析之后，接着该干什么呢？第一步、第二步做了，你第三步做了没有？自己问自己，通过自我提问来推动思维的发展。

这种教学方法的运用，是过程启发式教学法的延伸，通过这种方法的教学，学生将由依赖教师的启发提问，逐渐转变为自我提问自我启发。

3. 研究性学习指导法

研究性学习作为一种不同于传统学习的新型学习方式，它的根本目标在于培养学生的创新能力和实践能力。但是，研究性学习究竟怎么搞，人们又普遍感到困惑。因为相对而言，传统的学习可以说是"接受性"的学习。在传统的课堂上，讲解式的教，接受式的学占主导地位，学生不直接接触客观实际，缺少直接经验。这种方式下所获得的知识缺乏活力，特别是它不利于学生创新能力的培养。而在研究性学习中，教师教的方式和学生学的方式发生了巨大的变化，没有现成的知识可灌输。在这个过程中，教师的作用怎样发挥呢？这里认为，教师发挥指导作用主要有以下三种基本方法：

（1）教给学生关于如何研究的基本知识。

（2）教给学生做研究的具体方法，如关于如何提问、如何查资料、如何做实验、如何解决问题、如何与人合作、如何写论文等。

（3）运用样例启发、修正思路、及时点拨、指导学生。样例启发是指用样例来说明问题、启发学生思考的一种方法。修正思路的指导方法是指在学生有了初步研究意向时，教师结合实际情况，给他们以具体的修正思路或明确界定问题的指导。及时点拨是指教师在学生的探索过程中给以具体点拨与指导。

4. 治学型学习指导法

治学型学习主要用于业余学习，是指学习者带着对某一领域的浓厚兴趣，主动地在该领域查寻、搜集资料（包括通过自己的实验和调查所积累的资料），并通过对资料的加工、处理，尝试建构新理论，从而掌握该领域的丰富知识和专门技能的学习过程。治学型学习既不像自学那样以教材的学习为主，也不像研究性学习那样通过问题解决或跨学科的综合性学习去体验和掌握科学的一般过程、方法和原理，它更强调专门领域知识和技能的积累，更注意对某个领域的特殊兴趣的培养。通过治学型学习来培养大批的专门人才是社会发展的需要。那么，怎么进行治学型学习指导呢？这里提出以下几点意见：

（1）培养学生发现问题和研究问题的兴趣，帮助学生开展课外兴趣小组活动。

（2）培养学生搜集资料的能力、快速阅读的能力和科学处理资料的能力。

（3）培养理论构建思维能力和论文写作能力。

（4）培养献身科学、严谨求实、合作共事、独立钻研的治学精神。百余所中小学近五年的教学实践证明，以上四种新的教学方法和教学模式（特别是过程启发式教学法和元认知教学法）是可行的、有效的，而且也是符合社会发展需要和教育改革发展方向的。当然，这几种教学方法和模式还需要在教学实践过程中进一步发展和完善。

第四节　教学目标与计划

一、教学目标

教学目标是关于教学将使学生发生何种变化的明确表述，是指在教学活动中所期待得到的学生的学习结果。在教学过程中，教学目标起着十分重要的作用。教学活动以教学目标为导向，且始终围绕实现教学目标而进行。

教学目标可以分为三个层次：一是课程目标；二是课堂教学目标；三是教育成才目标。这也是教学的最终目标。

1. 课程目标

教学科目（学科）是教学内容的基本门类。

课程是指各个教学科目与课外活动的综合。

所谓课程目标，实际上就是在教育部各个学科的《课程标准》里，要求每个参与基础教育教学工作者在教学的过程中，要认真关注的内容。

如：信息技术学科的普通高中《信息技术课程标准》中，对课程目标的描述为："普通高中信息技术课程的总目标是提升学生的信息素养。学生的信息素养表现在：对信息的获取、加工、管理、表达与交流的能力；对信息及信息活动的过程、方法、结果进行评价的能力；发表观点、交流思想、开展合作并解决学习和生活中实际问题的能力；遵守相关的伦理道德与法律法规，形成与信息社会相适应的价值观和责任感。"

普通高中 14 个学科的课程目标大都是知识与技能、过程与方法以及情感态度与价值观三个方面。

2. 课堂教学目标

课堂教学目标是指教学活动预期达到的结果，是教育目的、教学目标和课程目标的具体化，也是教师完成教学任务所要达到的要求和标准。

课堂教学目标比课程目标更具体，是课程目标在具体的教学过程中的体现。在某一学科的课堂教学中，教师需要根据课程目标和具体的教学内容来确定详细的教学目标以便选择教学内容和确定教学效果。

（1）目标内涵。

每门具体的学科目标都应包括三个方面的内容：

① 知识与技能：即每门学科的基本知识和基本技能。

② 过程与方法：即让学生了解学科知识形成的过程、"亲历"探究知识的过程；学会发现问题、思考问题、解决问题的方法，学会学习，形成创新精神和实践能力等。

③ 情感、态度和价值观：即让学生形成积极的学习态度、健康向上的人生态度，具有科学精神和正确的世界观、人生观、价值观，成为有社会责任感和使命感的社会公民等。具体而言，情感：不仅指学习兴趣、学习热情、学习动机，更是指内心体验和心灵世界的丰富。态度：不仅指学习态度、学习责任，更是指乐观的生活态度、求实的科学态度和宽容的人生态度。价值观：不仅强调个人价值，更强调个人价值与社会价值的统一；不仅强调科学价值，更强调科学价值与人文价值的统一；不仅强调人类价值，更强调人类价值与自然价值的统一，从而使学生从内心确立起对真善美的价值追求以及人与自然和谐、可持续发展的理念。

可以说，知识与技能维度的目标立足于让学生学会；过程与方法维度的目标立足于让学生会学；情感、态度与价值观难度的目标立足于让学生乐学。

任何割裂知识与技能、过程与方法、情感态度与价值观三维目标的教学都不能促进学生的健全发展。

（2）目标关系。

知识与技能、过程与方法、情感态度与价值观是新课程目标的三个维度，而不是三块、三种类型。不是要在原来知识、技能的基础上再加上过程与方法、情感态度与价值观。三者本身是一个有机的整体，是同一事物的三个方面（侧面）。就像一个立方体都有长、宽、高三个维度一样，课程目标也有三个维度：学生学习任何知识和技能都要运用一定的方法，不管是好方法还是不好的方法；都要经历一个过程，不管是主动探究还是消极接受；在这个学习过程中，学生总会伴随一定的情感和态度，不管是积极的情感还是消极的情感，不管是敷衍的态度还是认真的态度；总会有一定的价值取向，不管是正确的还是不正确的。

所以说，三维的课程目标是一个问题的三个方面，而不是独立的三个目标。在课堂教学中，不能完成了一维目标再落实另一维目标，它们是联系在一起的，就像拿一个立方体，不可能只拿起"高"而不拿起"长和宽"一样。在研究层面，我们可以把它拆开，但在实践层面必须是三位一体，因为实践层面是面对完整的人的，绝对不能把它人为地分开。不是一节课分成三大环节，分别完成三个目标。

（3）实现方法。

① 在学习的过程中实现三维目标。

当今的课堂教学应当成为学生自主、合作、探究学习的天地。"自主学习"是指学生在学习的过程中有较强的主体作用，能够自我定向，自我选题，自我激励，自我监控和自我评价。"合作学习"是指学生在学习的过程中，借助小组和团队的力量，共同完成学习任务，更加有效地进行学习。"探究学习"是指学生在学习的过程中采用探究的方式，是一种在设定情境下的探究，学生通过自主、独立地选题、调查、收集资料，处理信息，交流材料，表达与交流等探索活动，获得知识技能，发展情感与态度，培养探索精神和创新能力的学习方法和学习过程。自主、合作、探究三者相辅相成，水乳交融，有机结合。自主、合作、探究的学习方式都是以学生为中心，使学生成为学习和发展的主体。学生采取这样的学习方式，在学习的过程中有情感的投入，能获得有效的情感体验，有利于学生良好价值观的形成。同时也发展了学生的能力，使知识、文化得到积累。

② 在指导的过程中实现三维目标。

新课程标准都是以学生的学为基础提出来的，淡化了教师的主导地位。但是，在课堂教学的过程中，教师的指导仍然起着至关重要的作用，这种作用是通过学生的主体地位的确立和学生自主、合作、探究学习的效果体现出来的。布鲁纳认为："学生是一个积极的探究者。教师的作用是创设一种能够使学生独立探索的情境，而不是提供现成的知识，学生不是被动的、消极的知识接受者，而是主动、积极的探索者。"课堂教学虽然应当成为学生自主、合作、探究学习的天地，但教师绝不是袖手的旁观者。教师应当积极地指导学生的学习过程，采取适当的学习方法。并且教师应当成为学生学习的合作者，主动积极地参与学生的学习过程，在参与的基础上指导。教师第一要利用有利于学生学习的因素，激发学生学习的内动力，让每个学生都能体会到学习的乐趣。第二要千方百计拓展学生自主、合作、探究学习的空间。第三，适当组织专题性探究活动。

教师要注意在学生的能力和知识的基础上，指导学生选择适合自身发展需要的学习方法，在指导的过程中和指导的基础上，激发学生的情感体验，丰富学生的知识，发展学生的能力。

③在实践的过程中实现三维目标。

课堂教学过程，不仅是学生学习的过程和教师生组织教学的过程，而且是学生实践的过程。因此，教师要注意学生实践能力的培养，并且在培养学生实践能力的过程中，使三维目标得以实现。学生的实践过程包括识字写字、阅读、写作、口语交际、收集和处理信息、绘图、计算、测量、制作等实践活动。教师要注意重视学生的实践活动，在实践活动中培养实践能力。由于学生的实践活动都是自主、合作学习的过程，是掌握知识，培养能力的有效途径，并且在实践活动中学生的情感得到体验和升华。

④利用课程资源实现三维目标。

课程资源包括课堂教学资源和非课堂教学资源。课堂教学资源都是按照新课程标准、按照三维目标的要求设置的学习目标和学习任务。非课堂教学资源包括图书、报纸、刊物、电视、电影、网络环境、校园文化、社区风俗、文物古迹、自然景观、人文精神、国际国内大事、学生的家庭生活和日常生活都是可供利用的课外学习资源。教师在引导学生开发和利用这些资源的时候，要指导学生采取适当的学习方式，注意个人的情感体验，获取知识和能力的发展。

⑤在教学的过程中实现三维目标。

A.主体参与的有效化。在教学的过程中，教师要尊重学生的人格，尊重学生的个性差异。要学会赞赏学生，帮助学生树立学习的兴趣。培养学生选择的能力和履行职责的能力，使学生有能力选择学习的内容和学习方法，能够胜任独立学习以及合作学习中自己的任务。教学要与学生的生活世界相联系，激活学生的生活经验，拨动学生的心弦，使学生的学习主体有效地参与学习的过程。

B.情感态度的个性化。学生是千差万别的学习主体，在具体的学习内容、学习过程、学习场景、学习范畴中，在个人的情感体验上，也会是各不相同。教师要充分尊重学生的这种差异，并注意保护和开发学生独特的个人情感体验，让个性化的情感体验在学生的学习过程中，在教师的指导过程中得到丰富和发展。让学生能够对学习内容的思想感情倾向，能够联系文化背景做出自己的评价。对学习内容中感人的情境和人物形象，能够说出自己的体验。

C.目标任务的多样化。对每个学生来讲，他们各自的知识结构、人生经历、生活阅历、情感倾向、个性特色、学习习惯和学习方法等都存在差异，这些差异都直接或间接影响到学生学习的效果。所以，教师要能够使课堂教学中要求学生所达到的目标任务多样化。让个人基础不同的学生达到适合自己发展需要的目标要求。这样，学生在达到自己的目标任务的前提下，也都能够享受到学习成功的快乐，才会对学习充满信心，才能更顺利地进行更高层次的学习。

三维目标是相互联系，相互渗透的整体，是一个完整的人在学习活动中实现素质建构的三个侧面。因此，课堂教学应该全面关注三维目标，并将它整合于统一的教学活动过程之中。

二、教学计划

教学计划（课程计划）是课程设置的整体规划，它规定不同课程类型相互结构的方式，也规定了不同课程在管理学习方式的要求及其所占比例，同时，对学校的教学、生产劳动、课外活动等做出全面安排，具体规定了学校应设置的学科、课程开设的顺序及课时分配，并对学期、学年、假期进行划分。

1. 内容

根据一定的教育目的和培养目标制定的教学和教育工作的指导文件。它决定着教学内容总的方向和总的结构，并对有关学校的教学、教育活动，生产劳动和课外活动校外活动等各方面做出全面安排，具体规定一定学校的学科设置、各门学科的教学顺序、教学时数以及各种活动等。教学计划、教学大纲和教科书互相联系，共同反映教学内容。

2. 现状

近代以来，特别是在实行学科课程的条件下，教学计划主要是学科的计划，或只是学科表。随着社会经济和科学技术的新发展，教育结构不断发生变革，现代教育和教学理论主张对教学计划的结构实行改革。除了教学以外，生产劳动、科技活动、发展体力和增进健康的活动、艺术活动和社会活动等也应列入教学计划。在工具课和一般科学知识课、自然学科和社会学科、普通教育课和职业教育课之间应相互渗透。在新知识不断涌现的形势下，只有必修课而无选修课的单一结构不能适应学生个性才能的发展和知识多样性的要求，适当增设选修课，已成为发展的趋势。一些选修课在一定条件下，可能成为必修课。为了防止学生负担过重，须控制教材的分量和难度，控制教学时数。根据学生的年龄特点与不同学科和活动的特点，也可适当改变每节课均为40分钟（或45、50分钟）的固定课时制，试验活动课时制。

第四章　学校管理

第一节　学校管理概述

学校管理是学校对本校的教育、教学、科研、后勤和师生员工等各项工作进行计划、组织、协调和控制的活动。管理的主体和客体都是学校自身，即学校对自身的管理，区别于教育行政部门对学校进行的教育行政管理。学校通过管理，把各项工作及其组成要素结合起来，发挥整体功能，以实现其对学生的培养目标和各项工作目标。

一、特点与表现

1. 特点

以"学校发展、育人"为目的，制度化、人性化，与物质生产领域不同的特殊管理活动。

2. 关系

联系：主要指他们都是组织中的活动，其目的是一致的，是共同的组织活动中，领导作为一种特殊的管理管理活动而存在，是总体管理活动的一个组成部分。

3. 区别

实际上把管理分为广义和狭义，领导和狭义的管理相比较，在活动层次上，对象、范围、任务和手段等方面都有不同，此时的管理仅能在战术层次上，对具体对象所进行的职能性实务活动，即实际掌管，治理和安排某种事务，做出技术性处理，在学校管理中，从总体上讲，管理宜取广义理解，以概括学科领域范围内的全部内容，当分析具体问题时，似应取狭义理解，同领导作概念并用。

4. 表现

一是国家和政府所属的各级各类教育机构对学校的管理，二是学校自身的内部管理。

二、研究内容与方法

1. 研究内容

目标、原则、内容、过程、方法、制度、管理者。

（1）目标。

办教育，管学校是一种有目的的活动。学校一切工作，最终无非是为了有效地实现某种预定的目的。

（2）原则。

有效地开展学校管理活动，必须按照客观规律办事，否则，有了正确的目标，也是可望而不可即的。

（3）内容。

在学校中，管理工作的门类很多，根据学校的特点，以育人为核心的以及学校管理的基本要素，人财物以及与此相伴随的各种特殊要素。

（4）过程。

对学校各项工作的管理都是动态的。管理活动的程序性和周期性运转，是学校各项工作趋向目标的进程。

（5）方法。

学校管理工作要讲方法，没有科学的方法，目标很难实现，所以要具体地研究管理方法问题。

（6）制度。

学校是有目的有组织有领导的人群集合体，要维系人群，协调各种活动，必须建立适合自身特点的组织制度。

（7）管理者。

学校工作目标由管理人遵循合乎规律的管理原则，运用科学的管理方法，对各方面工作开展有效管理活动才能完满实现。

2. 管理方法

（1）尊重人。

作为学校管理工作的领导者，要尊重教师，善于调动他们的积极性。尊重教师，首先要用平等的态度对待教师，用朋友的身份与教师交往。领导者如果居高临下，冷若冰霜，就会在校长与教师之间树起心理的障碍，形成心理的隔阂。其次要尊重教师的个性。每个教师都有自己独特的个性。在他们做好本职工作的前提下，校长不要过分地追求管理要求上的整齐划一，不要用死板的条条框框去限制教师充满创造性的教学活动。

（2）理解人。

教师的工作是复杂的，隐形的，不可单纯以时间来衡量，这就需要校长对教师的工作性质、工作量给以理解。作为学校管理者应做这方面的有心人，融洽与教职工的情感，这样，教职工也会视领导为知己，他们就容易在国家、集体、个人之间的关系上找到最佳结合点。作为校长，应注意主动和教师交流，增进沟通和理解，拉近管理者与教师的距离。用爱心、关心、真心、诚心打造既严谨有序、宽松和谐的教职工群体，使管理者和教师成为彼此信赖，相互尊重的知心朋友。

（3）关心人。

教师承担着教书育人的重任，承受的心理压力也比较大。作为学校管理者，必须设身处地地替他们着想，多方关怀，减轻或转移他们的压力，让他们以较好的心理状态进行教育教学工作。

教师们是一个个活生生的人，他们有思想，有感情，有独立的人格，有各种需要，渴望自身价值的实现。要关注教师的这些需求，帮助他们实现发展价值。

3. 卫生制度

（1）爱清洁讲卫生。

是中华民族的传统美德，是精神文明的具体表现。全体师生员工必须养成良好的卫生习惯，做到：不随地吐痰、不乱丢纸屑果皮、不乱倒垃圾，不随地大小便、不乱涂乱画。

（2）卫生工作。

实行包干负责，落实到班到人。包干区坚持一天两扫制度，保持经常性的干净、整洁。

（3）办公室卫生工作。

坚持值日生制度，保持五洁二齐，即：地面洁、墙壁四周洁、门窗洁、黑板洁、课桌椅洁；书本教具放整齐，清洁工具放整齐。定期进行大扫除。

（4）食堂卫生。

做到灶具、碗筷、桌面、地面、墙壁清洁干净无污迹。食堂工作人员必须持卫生健康证上岗，生熟食品分开，把好食物进口关。在校用餐学生不准乱倒剩菜和残渣。每天对餐具进行消毒，对食品进行48小时留样，并做好记录。每日清洁餐桌。

（5）校内厕所。

每天打扫冲洗，做到地面、门窗、墙壁、灯具、洗手盆池清洁，无臭、无蝇、便池无尿碱。

（6）全体师生员工。

要讲究个人卫生，必须做到七勤：勤洗脸、勤洗手、勤剪指甲、勤刷牙、勤洗涤、勤换衣、勤理发。不喝生水，不吃不洁食物，杜绝带零食进学校。

（7）学校卫生。

工作有专人负责，对个人卫生和公共卫生定期进行检查，督促，交值周中队每天定时检查，每周进行评比，对好人好事要及时表扬，对差的现象要及时批评并立即纠正。

（8）教学计划内。

专课专用，定期对教学情况进行检查。

三、学校管理中的三个关键因素

"一个好校长就是一所好学校"，这种说法曾经风行一时。但从现代教育管理的角度看，这只是学校发展的初级阶段。我们常常看到，一所好学校随着一个好校长的离去而一落千丈、一蹶不振。学校的可持续发展除了一个有能力的校长外，还需要一套完善的管理制度和一个良好的校园文化，才能使学校管理真正从人治走向法治。

1. 依靠好校长，只是学校发展的最初阶段

校长、制度与文化是学校发展的三个关键因素。就发展依靠什么而言，我们可以粗略地把学校发展分为三个阶段：

（1）在第一个阶段，学校的管理主要依靠校长的观念、人格与能力。从这种意义上，一个好校长就是一所好学校。

校长科学的教育观念为学校发展确定了正确的方向；校长的人格魅力凝聚了全校师生员工；校长高超的管理能力极大地提升了学校运作的效率。校长的奉献精神无时不在感动着学校的师生员工，校长的价值追求处处在引领着学校的师生员工。

一个好校长就是一面高扬的旗帜，在促进学校发展中起着重要作用。于是人们在期盼着好校长，寻觅着好校长，并且尝试着运用各种方法试图培养好校长。但从现代教育管理的角度上看，仅仅依靠校长的奉献精神、人格魅力和管理能力很难保证学校的长远发展。

（2）在第二个阶段，学校的管理主要依靠一套完善的管理制度和机制。

校长不在，这个学校依然能够保证正常运行。这就是从人治走向法治，可以说，这是比第一个阶段更高的一个层次。它比仅仅依靠校长个人的人格魅力和管理经验要强，它为学校可持续发展奠定了坚实的基础，它的存在有其特殊意义。正是看到了这一问题的重要性，我国不少中小学对学校管理制度与机制的建设给予了高度的重视。当然，这是历史的进步。

（3）在第三个阶段，学校的管理主要依靠校园文化，其中最重要的是校园精神，即学校教职员工的价值追求。

用文化来影响和引领教职员工的行为，这样比单纯的制度建设、人格魅力又上了一层楼。用哲学的语言来说，这就是从必然走向自由。

2. 能够用学校的目标凝聚全体教职员工是学校成功的关键

任何群体都是由个体组成的。群体的每一成员都有自己的价值追求与人生目标。然而，学校能否在充分尊重并努力提升个体需要的基础上，用学校的目标凝聚学校的全体教职员工是学校能否取得成功的关键。让每所学校都能成为教职员工人生价值实现的场所，使学校在教职员工人生价值得到充分实现的同时得到更快更好的发展，这就是学校文化引领的魅力所在。

（1）第一阶段说到底是没有规范的管理，它依靠的是个人的力量。

从我国中小学管理实践来看，改革开放以来全国各地都出现过一批好校长，他们在推动我国基础教育的发展中发挥过重要作用。然而，随着他们退出校长的岗位，这些学校大多下了一个台阶，这不能不说是这种管理模式的悲哀。

（2）第二阶段是建立规范的管理，它依靠的是体制、机制与制度的力量。

它克服了仅仅依靠个别人人格、良心、智慧与能力的缺陷，也可以较好地防止由于个人良知丧失或能力低下而产生的各种问题，在优秀校长退出其岗位时，它也能在较大程度上保证学校的相对稳定与持续发展。

（3）第三阶段的管理是超越规范的管理，它依靠的是道德与精神的追求。

规范规定的是人应做什么与不应做什么，关心的是个人与他人、个人与集体的关系。没有规范的管理往往是随意的，基于规范的管理通常是稳定的，超越规范的管理才有可能是"自由"的。超越规范不同于没有规范，而是人们在对规范充分认同的基础上，将规范融入自己的血液里，自觉地贯彻在日常的行为中，并以更高的道德与精神的追求来要求自己。

在这一境界，偶尔做了不应做的事，尽管有时这种行为是在无意中发生的，他们也会在相当时间里经历着自我谴责；做了应该做的事，这被当作天经地义的，他们总是在高于规范的层次上坚定着自己的道德操守。

学校管理发展的这三个不同阶段是递进的。我们强调学校制度的完善与文化的建设，并不意味着校长就不再重要。一个好的校长在完善学校的制度与机制，以及推动学校文化建设方面都有重要作用。努力造就一大批优秀的中小学校长，并积极发挥他们的作用，在学校发展的任何阶段都有重要意义。

当然，在现代意义上，一个好校长的"好"就不能停留在奉献精神、人格魅力和管理能力等方面，而更要看他在学校制度完善与文化建设方面的意识与作用。

3. 认识上的误区

（1）校长无关紧要。

在一次讨论中，有人提出：在现代法制社会中，法规、制度决定一切。只要有了好的制度，校长无关紧要。其实，文化包括作为其中重要组成部分的制度总是由人来制定并由人来执行的。在学校制度完善与文化建设过程中，校长无疑起着重要作用。并且在以后学校制度与文化发展过程中，校长言行对学校教职员工起着很大的示范作用。因而，可以说，校长是重要的，但仅仅依靠校长是不行的。

（2）制度就是束缚。

很多人不喜欢制度，认为制度就意味着束缚，是对自己手脚的捆绑。事实上，没有对他人的束缚就没有对行为的宽松。当然，没有对你的束缚也就没有群体的和谐。完善的学校制度是教育质量的保障，是各方利益的平衡，是校内健康人际关系的基础。

（3）文化虚无缥缈。

在我国中小学，很多人认为：校园文化是虚无缥缈的，在学校的发展中，所谓"文化"的作用十分有限，充其量不过是校长手中随意打扮的小女孩。其实不然，校园文化是学校教职员工创造的，然而，它一旦被创造出来，就会被历史地继承下去。

在实践中，校园文化对包括学校校长在内的教职员工起着重要的引导、规范和激励作用。最近，美国哈佛大学校长就面临下台的危险，这就是哈佛文化的力量。文化如果已经融入人们的血液中，它就是无坚不摧的力量。

第二节　新课改的学校管理理念

一、管理目标：以人为本

新课改中学校管理的目标是建立"以人为本"的管理理念，人本化管理在学校管理中表现为：尊重人、关心人、解放人、激励人和发展人作为学校管理的指导思想，将人作为管理之中的主体，使学校的人力资源得到充分的发挥，在学校管理过程之中实现学校之中每个成员的目标和学校的整体目标。人本化管理的特征是将"人"作为管理核心，使用信息、财、物等管理要素，配合"人"进行管理，改变传统学校管理的服务对象，将学生、教师和家长纳入服务对象之中，教师使用敏锐的观察力，观察学生行为的含义，认识到学生的感知方式，在管理过程之中使用情感移入的方式。

贯彻以人为本的教师管理，需要加强对教师的信任，使教师的专业化程度不断提高。教师在学校管理之中是被管理者同时又是管理者，因此，在学校管理之中占有重要的地位。传统的学校管理理念没有重视教师作为管理者的作用，缺乏自身主动性的发挥，无法参与到学校各项政策的建设之中，处于决策的最底层，只是作为传达学校各项政策的媒介，没有将主人翁的作用充分发挥。学校应该满足教师自我实现和尊重的需要，充分发挥教师在管理之中的主体性作用，了解教师的所思、所想，满足他们的情感需要和物质需求，激发教师在教学中的积极性和创造性。不断促进教师专业化水平的提高，教师在工作过程中应该不断吸收新的知识，促进自身的发展，学校应该对教师的创新进行鼓励，使教师在工作之中形成独特的工作作风和教学风格，使用适用于学生的教学方式，充分发挥他们的主观能动性，将学校管理组织建设成为学习型的组织，与不断发展的学习型社会相适应。加强对教师的在职培训，促进教师的不断发展，学校为教师提供财力等方面的支持，引入竞争机制，针对学生的特点，使教师向智能型不断转变。树立以学生为本的发展理念，强调在学校管理中学生的重要作用，充分发挥学生的自身价值，挖掘学生的潜能，促进学生的全面发展，尊重学生的尊严和价值，在对学生身心发展规律进行研究的基础上，根据素质教育的原则，按照其自身的发展规律进行教学，并根据客观条件的变化对课程的设置等问题进行调整，针对学生的状况，选择合适的教学方式和教学方法，激发学生在学习过程之中的积极性和创造性。求同存异，促进学生个性化的发展，通过学生参加各种社会实践活动，培养学生的各项潜能，同时学校也可以通过这种实践性质的教学形成独特的教学特点和教学理念。学校管理的目的不是简单地向学生灌输知识，而是促进学生综合能力的提高，改变学生的人生观、世界观和价值观，使得学生的发展与社会的发展相适应，建立完善的教学评价系统，新课程明确指出了教学评价系统不仅要对学生的成绩做出评价，同时要不断挖掘和发现学生的各项潜能，使学生能够认识自身，建立足够的自信，更好地面对挫折和挑战，同时改变学校的课程结构，满足学生发展的需求，提高学生参与学校管理的积极性、主动性和适应性，最终促进学生学习方式的转变。建立有家长参与的董事会，贯彻以人为本的家长管理，由家长、教师和学生共同管理和决策学校的事物，减少学校管理权集中的现象。使学校的决策向民主化的方向发展，真正了解学生、教师和家长的需求，调动他们按照学校制度工作的主动性，转变以往金字塔结构的管理层次，增加家长参与学校管理的权利。

二、管理原则：注重绩效

在实施学校管理的过程之中注重管理绩效。从管理学的角度上看，绩效就是对组织期望发生的结构，是组织为了实现目标在不同层次上的输出，绩效包括效益和成绩，是管理活动的成效和结构。在学校管理中管理绩效表现为学校组织者的行为方式和行为结构产生的效益和成绩，是对全体教师和学校各个组织之间职能履行能力的评价，小学领导班子通过对绩效的重视，来对教师和学生的工作能力、工作结果和工作行为进行评估，使教职工能够达到预期的管理目标，最终使教师和学生取得优秀的成绩，促进学生创造、稳定和可持续发展。建设科学的学校领导组织结构，不断提高教师和学生的满意程度，使组织的绩效得到不断的提高，使学校得到发展，同时要建立科学的工作团队，通过团队中每个领导的努力，产生积极的整体性作用，使团队整体的绩效水平大幅度提高。小学领导重视对绩效管理的重视，实行治庸问责的制度，可以使教师对学校的归属感不断增加，通过绩效管理使学校的管理目标和教师自身的发展目标相适应，学校和教师一起完成工作的目标。教师应该清楚地知道学校绩效和自身绩效之间的关系，充分体验到工作的价值，促进教师努力完成自身的工作，最终使学校的目标得以实现。学校的领导对绩效管理进行反思，使用科学的方式对自身进行评价，正确认识学校的全体职工，建立科学、准确的绩效评估标准，为教职员工的培养、使用、分配、调整、晋级和聘任提供科学的依据，使教师的责任和行为不断向规范化的方向发展，促进激励机制和竞争机制的形成，最终使学校得到全面的发展。学校领导应该在绩效管理之中不断反思自身的行为，总结自身的经验教训，建立起一套完善的科学的学校绩效管理体系。学校管理者重视绩效管理有利于促进校长自身的专业化水平，当校长在日常的事务性管理之中，一旦面对难以控制和突发性的问题时，应该不断在实践之中进行反思，加强对问题解决的能力。针对学生的实际情况，学校领导可以建议根据新课程改革的理念，对学生的教材进行改革。针对新课程改革的特点，应该充分开发学校领导班子的集体性作用，促进学校领导责任心的不断加强。学校领导通过参与学校的管理实践，对自身和学校存在的问题不断发掘，针对自身的发展目标和学校的发展目标构建出学校未来的发展计划。同时，加强对学校领导的绩效管理，有助于学校管理效能的提高，具体来说就是要着眼于学校管理工作之中的实效性，使学校的领导能够充分使用学校的人力、物力、财力和其他资源，提高教育教学任务的效率和质量。绩效管理的核心在于对学校资源进行合理的优化配置，在直接实施了学校的管理活动之后，充分调动教职员工的创造性和积极性，提高学校管理的效能，培养具有强势能力的管理者，即校长本身需要拥有优秀的管理素质，善于对学校管理进行控制和智慧，不断完善学校领导个人素质的提高，提高其科学地进行决策的能力，在提高学校管理效率的同时，建设和谐的学校文化，最终促进教育品质的提高和资源的优化配置。在学校管理中实施治庸问责的制度，有利于建设具有和谐文化的校园环境，实现学生和教师之间的和谐相处，以民主和法制作为管理的关键，对学校内部和学校外部的资源进行优化配置，构建平等友爱、互相团结的学校环境。

三、管理制度：科学民主

学校管理要重视管理制度的科学民主性。在管理制度制定的过程之中，要体现民主化的特征，积极听取教职员工广泛的意见，吸收各方面的合理建议。在进行教代会之前，要对每个教师的提案进行考虑，使每个教师都充分参与到会议中来，减少校长"一言堂"的现象。将每个教师都纳入学校管理之中，建立一个由教师、校长和学校中层领导组成的组织，对教师的提案进行记录和分析，及时进行回复，采纳有建设性的意见，并对提出这些意见的教师及时给予表扬，对教师提出的在学校管理中存在的不足之处，要限期进行整改，培养教师自觉参与学校管理的意识。

提高在学校管理过程中的民主性特征，在以往的管理结构之中，管理人员只是简单告知了应该如何执行项目，但是没有考虑到基层教师的看法，新的学校管理制度应该重视学校领导和教师共同参与到学校管理之中。校长应该寻找合适的机会，将学校管理的责任和权力交给基层的教师和职工，使他们能够解决与自身最相关的问题，将管理作为每一个教职员工的责任，通过教职员工的民主参与，对学校的管理实施监督，调动了他们对学校管理的积极性和主动性。要想实现管理制度的全员参与，避免校长"一言堂"的现象，就要转变以往扁平化的管理层次，加强对管理执行能力的建设。适当分解校长的权力，通过对工作过程和工作内容的自主化决定，使学校管理的方式不断完善，增加学校中层管理者的责任心和主动意识。同时还要提高校长自身的管理技能，在集体化的沟通之中不断改进和思考，帮助团队整体管理能力的提高和改善，增加团队协作能力，促进团队人员的共同进步，真正达到管理目标的有效性。

校长要增加与其他管理者之间的合作与交流，因为校长对学校管理的程序会受到很多因素的限制，因此要在管理工作之中听取多方面的意见，充分发挥学校教职员工的集体性智慧，通过团队协作，使自身能力不足的现象得到弥补，使学校管理制度向科学化的方向发展。将更多的教职员工参与到学校管理制度建设的过程之中，才能增加学校管理制度的科学性。同时，校长要充分发挥其在教育之中的重要作用，培养自身的专业素质，使知识结构和业务能力不断增强，使用科学的人生观、教育观和质量观进行学校管理工作，针对学校管理工作的特点，建立起完善科学的管理思路。同时，校长应该加强自身的服务意识，使用科学的方式进行学校管理，在管理过程之中充分发挥榜样示范作用，树立良好的自身形象和学校形象，及时解决问题和发现问题，将为学生和教师服务的意识落实到实处，不断深化教学改革，推进素质教育，校长在管理的过程之中还要坚持"以人为本"的科学思想，彻底落实素质教育的要求，促进学生的终身发展和全面发展。作为学校领导，应该竭尽全力为学生和教师服务，在学校管理的过程之中引入奖惩机制，使用制度和情感对学校管理进行约束，将以人为本的服务意识贯彻到学校管理之中，加强学校的创造力和竞争力，最终提高学校的办学水平和教学质量，以诚实的心态对待师生、以真挚的情感打动师生、以道理说服师生。学校领导在实施科学管理的过程之中要将开展学生的自我管理和教师教育的评价相结合，将"四个整体的负责制"全面实行。最终通过校长的示范作用，培养出一个乐于奉献、科学高效、多元参与的管理团队。

四、管理评价：注重过程

学校管理的过程就是学校进行管理决策活动的过程，学校管理是围绕着实现决策、执行决策和制定决策来进行的。一个学校决策能力的高低会影响其管理效能。

学校管理的决策过程在实践之中向简单化方向发展，甚至会出现学校管理的领导一时冲动的"拍脑袋"现象，但是学校管理的决策应该是一个完整的过程。学校的决策过程会对学校未来的发展状况、发展原则、发展内容和发展目标进行选择，涉及学校管理之中的各个方面。例如，在学校开发课程的过程之中，包括确定课程题目、调研学校情况、组成科研队伍、合理安排科研经费，只有对这些问题进行全面的、合理性的研究之后，才能做出决策。

因此，学校管理的领导在面对服务对象——学生时，更要重视学生学习的过程，避免过分看重结果的现象。切实地参与到教学过程之中，尊重学生的个性和尊严，了解学生的所思、所想、所感，不仅了解学生的学习需求，更要了解学生的生活需求。只有在这种充分沟通的接触之上，才能全面了解学生急需解决的问题。在制订教学计划的时候，一定要避免题海战术，应该要有针对性地让学生养成预习的习惯，在上课之前主动地对新课程进行学习，找出课程的难点和重点，增加在学习过程之中的主动性，培养学生独立写作业的能力，在思考之后才开始写作业，减少因为粗心而造成的错误，减少作业中使用橡皮的现象，不断纠正学生在学习过程中的错误习惯，在学生取得作业之后，应该首先找出错误的地方，进行反思，然后按时完成新的作业，充分利用课堂时间，在教师布置作业之后马上开始，增加学生对于时间的紧迫感，最终通过学校领导对教学的安排，提高了学生的自信，养成良好的学习习惯，在避免学生陷入题海战术的同时，提高了学生的学习成绩和综合能力。

转变在校长领导下的政教处、教务处和办公室的管理方式和管理职能，使它们不断适应新课程改革的发展，杜绝在教学之中体罚学生的现象。体罚学生不仅是教学方式不正当，更是教师失德的体现。在社会主义市场经济不断发展的今天，学校的管理者应该加强对教师的道德建设，在实施管理的过程之中，着眼于师德师风的建设，将道德作为政策实施的落脚点。教师通过不断提高自身的道德水平，用自身的威信和能力影响学生，通过道德伦理加强与学生之间的沟通，教师不断提高自身的创造性、示范性和知识性，在对学生进行教育的过程之中严格遵守相应的行为规范和道德准则，根据时代的发展不断促进自身道德素质的提高。避免社会上不正确的金钱观在教师之间蔓延，为了在市场经济时代保持自己的生命力，必须加强对自身的师德建设。教师应该不断培养自身的业务水平和科研能力，创造出与学生良好的沟通环境，在学校中建设出一种尊重学生、尊重知识的氛围，反对那些不尊重学生的错误思想。同时加强对教师的培养，使教师具有持续发展的能力，使他们的理论修养和道德水平不断提高，促进教师今后的发展。在一些学校，教师体罚学生的现象时有发生，尊师爱生已经成为被教师和学生广泛接受的道德观念，因此我国小学生和教师之间的主流道德观念仍然是健康的，但是师德建设仍能需要一个漫长的发展过程，不断增强教师的专业意识，提高教师在教学过程中的责任感和专业感。在学校中保持领导和教师、学生之间沟通的畅通，对于那些违反师德的现象及时发现、及时制止，同时要对这种不正之风予以严厉的惩罚。

第三节　当前学校管理存在的实际问题

一、学校管理缺乏以人为本的理念

在学校管理中努力实践着以人文本的管理理念，在很多方面都取得了进展，但是依然存在着一些问题，主要表现在以下几个方面。首先，在观念上，学校的领导和教职员工之间存在着对以人文本的理念看法不一致的现象。学校的领导往往重视学校管理制度的有效执行和完善，但是教师更强调在以人为本的学校管理理念实施过程中的合理性和灵活性。再加上，无论是学校领导还是教师都无法对以人为本的观念全面的理解，对这种管理理念的认识十分肤浅，没有在管理之中做到尊重人才和发展人才。其次，在制度上，很多学校都缺乏完善、合理和科学的管理制度，在很多学校中甚至没有制度化的规定明确管理制度的规范，很有制度依然需要依靠管理人员或学校领导的经验进行，在管理制度制定的过程之中缺少技术性。很多学校缺乏对学校管理制度的宣传，因此，很多教师对本校的管理制度并不了解。很多学校领导只重视学生的竞赛成绩和考试成绩，与素质教育的理念相违背，与不符合以人文本的管理理念，还有一些学习领导在考绩制度和考勤制度方面实施不合理的末位淘汰制，严重阻碍了人本管理制度的实施。在学校管理的实践之中，每个学校因为主观因素和客观因素都存在很大的差异。在不同地域的学校，或者学校的不同年级之中，教师无法切实实现以人为本的管理理念，对应试教育的成绩过于重视，人本化管理的实施受到很多阻碍，尤其是在发展学生和尊重学生的方面急需发展。很多学校领导对教书育人的看法存在错误，忽视对学生进行"育人"的工作，在对学生进行教育的过程之中，一味地要求学生的比赛成绩和考试成绩，学校领导的工作围绕着如何提高学生成绩，相应的教师在教学的过程之中不得不一切围绕着成绩，才能保证不被末位淘汰、不被扣奖金，甚至停岗转岗，而对学生进行的综合性教育则被学校的领导忽视，也无法获得学生家长的理解和认同。久而久之就形成了只有让学生提高分数的学校领导才是好的领导的观念，以人文本的思想没有得到真正的体现，对学生"育人"的效果不显著。

以人为本的管理理念同时也是课程管理之中的重要变革，在进行学校管理之中应该重视学生的发展，使学生的主体性得到充分的发挥，充分考虑到学生自身的心理特点和生理特点。但是在具体的教学目标之中，一些教师没有走出一味提高学生成绩的做法，只重视了对学生知识能力的培养，而忽视了对学生综合能力的发展，没有培养学生发现问题和解决问题的习惯。在设置课程中，虽然增强了课程的结构性特征，但是没有注意到课程的开放性，学生在选择课程上缺乏自由性和自主性，无法为学生的个性发展提供有利的条件。学校领导应该建设适合学生多元化发展需求的课程体系，在学校之中推行学分制，同时可以让学生选择学习人文素养类的课程，提高学生的价值取向，培养学生对高尚理想的追求，使学生的思维方式、心理调适、审美发展和情感发展不断完善。同时在教材编写的过程之中，应该改变以往的教材观念，在编写之中树立以人为本的思想，形成融合技能和知识、方法和过程、价值观和情感的人性化的教学教材，通过教材的改革引导教师进行教学方式的改革，使学生的学习方式发生改变，给学生留下充分的拓展空间和发展空间，同时针对不同地域和不同教育背景的学生的特点，总结出教材的编写规律。在课堂教学之中，缺乏对学生精神需要的关注，以人为本教学理念的核心就是要尊重学生，将培养学生健全的人格和丰富的知识作为教师的首要任务，在教学课堂上要重视学生的主体性地位，提高学生在学习过程之中的积极性和创造性。培养学生主动构建知识和不断发展潜能的能力，引导学生的价值观念和情感态度，促进学生的个性发展，使学生能够通过自主性的学习不断反思自己的行为，促进认知的发展，尤其要重视对学生终身发展的建设，建设科学的教学评估体系。

二、学校管理的低效率问题

学校管理的关键是决策，一个学校决策水平会直接影响到其管理效能的强弱，随着在小学校长负责制的实施，学校的事务性和执行性决策的效能得到了很大的提高，但是随着信息和知识的不断发展，学校的管理之中依然存在着低效的现象。学校在决策过程之中存在着集体决策的方式，能使决策的认同程度不断提高，但是需要花费更多的时间使教师、学生和领导的意见达成一致，使学校管理的效率降低，甚至造成了责任不明确的现象。在进行学校管理的过程之中，日常的执行性、行政性和一些事务性的日常工作可以由校长负责，一些关系到学校长远发展、学校改革和学校全局发展和学术性的重要问题应该由集体共同决策，总而言之，学校管理应该将集体决策和个人决策相结合。随着社会的不断发展，学校的规模也不断地扩大，学校领导要在管理机制和管理模式上重新考虑，为制度化的管理打下扎实的基础，因此制度化的管理模式能够提高学校管理的效率，消除学校管理过程之中出现的矛盾，成为调整学校领导和教职员工关系的原则和辨别行为正确与否的标准，学校在进行管理工作的过程之中无论是后勤还是行政、无论是财务还是认识、无论是科研还是教学，都需要建立一套科学、完善、透明、开放的管理制度，使学校内部有一个畅通的沟通渠道，最终形成规范的、系统的依靠制度进行管理的学校管理制度，使管理内部的公平性不断增加。因此，学校只有通过严格的遵守制度化的学校管理，才能转变以往使用人管理人的旧有模式，实行"依靠法律、严格执法、依靠制度"的管理方式，通过制度化、智能化的学校管理方式，使学校的执行力和管理效率不断提高。在学校制度执行的过程之中，要提高决策的执行效率，也就是要提高控制的水平。在学校管理之中，控制不仅要解决做什么的难题，同时要解决具体应该怎么做，使用高效的手段执行决策，使学校管理事半功倍，在控制的过程之中将效益和效能相结合，做出综合性的评价和考察，使学校的执行效率不断提高。学校的资源包括人力资源、物力资源和财力资源，因为学校的资源总量是有限制的，因此需要通过学校领导团队的相互协作，将有限的学校资源不断进行优化配置，使学校管理的效率得到最大化的发展，同时通过资源的优势互补，减少教职员工的后顾之忧，充分发挥其在工作之中的长处，使学校管理的能力得到大幅度的提高，最终促进学校管理效率的提高，使学校的执行能力不断提升。学校管理者之间存在着协调能力不强的现象，在工作之中各自为政，使工作效率降低，在学校管理之中很难进行团队工作，在执行过程中经常出现断层的现象，严重影响了组织的执行能力。一些学校的管理者在执行管理制度的过程之中，互相推卸责任，在缺乏信息沟通的情况下，很容易各自为政，教职员工无法有效地执行学校的各项政策。在学校管理的过程之中，往往缺乏有效的沟通机制，只在每个学期结束的时候召开会议，基层的声音如果想要反映到学校管理者的耳中，需要进行层层的审核，在审核的过程中往往造成教师意见的扭曲，沟通渠道还存在着杂乱无章的状况，没有对多种沟通的渠道进行有效的控制和整合，最终使信息混乱，不仅增加了讨论的时间，而且很难达成共识，阻碍了学校管理的有效运行，最终使学校管理工作的效率十分低下。在这样的状态之下，一旦教职员工遇到困难却无法有效地解决，管理者又没有办法指导，会产生很多误会，使整个学校的士气都受到了影响，增加了学校在管理过程中的危险性因素，使学校执行的效率大大降低。在学校领导和教职员工进行沟通的过程之中很容易因为自身的地位不同，而影响沟通的效果。学校的领导在与教师进行沟通的过程之中，会出现认为对方的能力和地位比不上自己，出现不可一世的心态，没有有效地接受对方的意见和建议，教师在和学校领导沟通的过程之中，会因为对方的职务较高，出现表现失常的情况，引起一些尴尬的局面。上述情况会使上级和下级之间缺乏有效的沟通，无法相互谅解，最终影响学校管理的高效实施。

三、校长负责制

随着小学校长负责制的实施，学校管理的效能得到了很大提高，但是学校管理随着信息和知识的不断发展，产生了很多变化，所以必须对校长负责制重新审视。在校长负责制下，学校的决策存在着"灰色化"的趋势，由于校长的能力限制和其他因素的限制，在进行决策的过程之中会出现缺乏科学性的现象，仅仅依靠以往的经验进行决策，决策者，即校长，根据以往的知识、阅历、洞察力、知觉和智慧做出决策，这就使学校的管理过于依赖校长的个人因素，一旦出现个人的决策失误，会使学校的发展受到重要的影响，教育管理的本质是对人的管理，在处理人际关系的过程之中，很大程度上依靠校长的工作意识和工作经验，对于一些量化的考评机制缺乏必要的科学机制，使决策往往受到非理性因素的影响。校长负责制的实质就是将集体决策和个人决策有机的融合到一起。学校在决策过程之中存在着集体决策的方式，能使决策的认同程度不断提高，但是相应的需要花费更多的时间使教师、学生和领导的意见达成一致，使学校管理的效率降低，甚至造成了责任不明确的现象。

在进行学校管理的过程之中，日常的执行性、行政性和一些事务性的日常工作可以由校长负责，一些关系到学校长远发展、学校改革和学校全局发展和学术性的重要问题应该由集体共同决策，因此，校长负责制的学校管理应该将集体决策和个人决策有机地结合到一起。但是在实际的实施过程之中，往往存在着校长一言堂的现象，对影响学校长久发展的问题也没有引入集体决策的机制，教职员工没有充分参与到学校的决策之中。校长负责制中往往会出现学校管理效率低的现象，随着社会的不断发展，学校的规模也不断扩大，原有的学校管理方式从本质上说是使用人对人进行管理，校长负责制缺乏制度化的规范，学校内部缺乏一个畅通的沟通渠道，应该形成规范的、系统的依靠制度进行管理的学校管理制度，使管理内部的公平性不断增加。因此，学校需要不断完善校长负责制，通过严格地遵守制度化的学校管理，转变以往使用人管理人的旧有模式，实行"依靠法律、严格执法、依靠制度"的管理方式，通过制度化、智能化的学校管理方式，使学校的执行力和管理效率不断提高。在校长负责制之中，中层管理者很容易出现各自为政，互相推诿的现象，相互之间没有进行有效的信息沟通，导致学校的政策无法有效地实行。例如，学校在教育局组织的考试之中，语文学科的成绩偏低，校长提出要提高学生语文质量的看法。下属的某科室说："学生语文成绩差是教师教学水平不理想引起的。"某科室又说："学生语文成绩差是教师的师资素质不理想造成的。"还有科室说："学生语文成绩不理想是学生没有良好的学习习惯"，等等。每个科室都提出了各自的看法，在没有充分沟通的情况下，就展开了如火如荼的各项工作，教师根据不同科室的指示不停地培训和听课，不仅根本无法有效、系统地提高学生语文成绩，而且加重了教职员工的负担。在校长负责制实施的过程之中，很容易产生沟通的"位差效应"，具体来说就是具有上位者心理的管理者因此自身的社会层次较高，所以具有某种优势感，而相对来说，下位者因为所处的社会层次较低，多一会产生自卑感。在沟通过程之中的位差效应，会对教职员工和校长都产生负面影响，在实际的工作之中会产生官僚主义的现象，导致欺上瞒下现象。校长在工作的过程中由于上位者的心态，容易妄自尊大，相应的下属会在工作之中阿谀奉承，由于自身的视角不同，会对教职员工的意见和建议时常抱怨，认为它们是没有根据和缺乏思考的。相对的，教职员工因为自身的提议长期没有受到重视，会认为校长官僚主义作风严重，最终使学校的战略目标无法实现。

四、管理考核应注重过程取向

学校管理者在进行管理时，一定要避免陷入考核的误区。在进行考核时，缺乏公正性。学校管理者在制定奖惩措施以及考评教师成绩的时候，在侧面显示了学校的价值取向，影响了学校今后的长期发展目标，学校的考核更重视具体、表面的现象，通过对过去工作的比较，评定教师的优劣，并引入竞争机制，因此做出奖惩，缺乏对教师的关怀，将教师按照商业产品的规律进行考核，不符合教育的规律和性质，相应的教师在考核学生的过程中会出现过分看重学生成绩和排名的现象，忽视了学生的特殊性。教师应该认识到，学生升学率和成绩的高低，即不是教师单独决定的，也不是学生单独决定的，而是由教师、学生、家长、社会环境等多种因素共同决定的，因此，学校在对教师进行评价的过程之中，不应该仅仅按照学生的成绩、升学率和排名进行，这种评价方式是不公正、不客观的，因为它没有重视教师教书育人这种工作的特殊性。教师在从事课堂教学之外，还要进行批改作业、学生家访、与学生进行沟通并定期开展班级活动等工作，需要对很多烦琐的事务进行管理，这些事务无法单一地使用学生成绩的好坏作为评价标准，同时教学教育具有长期性和持续性的特点，无法在短期内实现，而是随着学生的不断成长而在学习和生活之中显示出来的，根据学生一时的成绩和排名做出对教师的考核是不现实的，因此要在教职员工的考评之中实现公平、公正的考核机制。学校的管理制度缺乏教育性和可行性，在执行过程之中会遇到很多问题，学校希望通过规章制度对教职员工的行为进行约束，使用考核制度提高学校的执行能力，但是一些教职员工并不愿意遵守新的规章制度，在实际工作之中这些规章制度制约了教师工作的主动性和积极性，不合理的制度影响了学生和教师的活跃性、积极性和民主性，产生了严重的逆反心理。例如，一些学校甚至会出现对不及格学生进行罚款的制度，为了提高好升学率，致使很多学生和教师受到了伤害，这种管理制度不仅无法教育学生，更容易导致执行失范的现象发生。

学校在进行奖惩的过程之中，过分重视结果而忽视的过程。一些学校管理者只考核教职员工的工作结果，对教师的工作过程毫不关注，这种做法是对考核之中奖惩过程的误解，如果无法管理和控制整个过程，就会奖惩不当。在学校具体的管理实践工作之中，举例来说，一位教师被分配到学生学习基础比较薄弱的班级，由于学生的学习背景比较薄弱，教师即使十分努力也无法在短期内大幅度提高学生的学习成绩，学校在期末的时候一味使用学生学习的成绩来对教师进行评价，因为学生成绩进步缓慢而批评教师，这会严重打击教师教学的积极性和自信心，造成奖惩机制的不公平和不合理。学校的一些管理者，忽视了对人事问题和其他问题的关注，在学生升学率和成绩排名上花费了大量的人力、物力和财力，忽视了对教职员工素质的提高，造成了在学校管理之中严重的人才浪费，这就使管理者的执行能力无法通过整个团队进行落实，最终使学校的竞争能力下降。学校管理目标具有迟效性和长效性的特点，但是目前的学校管理目标存在着一味追求短期效益和忽视长期效益的特点。学校的管理目标缺乏连续性的特点，在执行过程之中虽然十分顺利，但是一味追求学生的成绩和排名，反而会影响学校的长远利益，而且在执行的过程之中经常会出现中断的情况，无法使教学目标有效地实施。

由此可见，成绩再优异的学校，在素质教育的进程中，也会出现这样那样的问题，也会忽视学生的素质教育，使学校长期目标、中期目标和短期目标相矛盾，只重视对特长生和先进生的教育而忽视了对后进学生的教育。学校管理在改革的过程之中只要求有显著效益的项目，对学校有长远影响的项目不够重视，没有根据教职员工的实际情况，制定管理政策，不利于学校今后的长远发展，导致学校竞争力发展缓慢。

第四节　适应新课改的学校管理体系构建

一、从控制管理走向人性化管理

新形势下的学校管理体系应该从控制管理向人性化管理发展。人性化管理制度服务于教师、学生和其他学校利益的相关者，坚持以人为本的思想，这里的"人"包括学生、教师和校长以及其他学校管理者，同时不断完善学校管理制度的建设和学校管理方法的创新。作为学校管理的新观念，在新课程改革的过程之中强调人的重要性，确立人在学校管理之中的重要作用，在学校管理之中将发展人、关心人和不断调动人的创造性、积极性和主动性作为管理的落脚点和出发点。在管理的过程中重视对学生学习的管理，和对教师的教学管理。因此，学校在管理的过程之中，应该将以学生为本的思想落到实处。使学生得到全面的发展，同时坚持以教师为本的思想，使教师在教学之中的主体性作用得到充分的发挥，在学校管理实施的过程之中，不断加强教学课堂的民主化建设，使学生在课堂之中始终感受到和谐、宽松的氛围。

在学校管理过程中贯彻以教师为本的管理，加强对教师的尊重和信任，使教师的专业不断发展，教师在学校管理之中有重要的地位，充分发挥教师在教学之中的创造性和积极性，满足教师对自我实现的需求和尊重的需求，学校管理者尊重教学在学校工作之中的主体性地位，充分了解教师的业务水平和思想水平，正确地利用教师，充分尊重教师的心理特征，调动起教学工作的积极性，提高教师的专业化水平。鼓励教师进行探索和创新，不断改进教师的工作作风和教学方式，合理使用教学规律，将学生培养成与社会经济发展相适应的人才。重视对教师的在职培训，使教师的业务水平不断发展，学校领导为教师的在职培训提供人力、物力和财力上的支持，提高教师队伍的水平，建设具有高素质的教师队伍。建立科学、全面的评价体系，在评价的过程之中要重视学生的潜能开发和综合性发展，要求树立以学生为中心的评价理念，在对教师进行评价的过程之中，转变以往的奖惩性评价、管理性评价和静止性评价，在评价之中促进教师业务能力的发展。教师不仅需要在教学过程之中对教学进行改进、总结和反思，使教师在教学之中不断提高自身的内在需求，促进教师专业能力的发展。因此，在教学过程之中不应该再将教师简单地分为优、良、差等若干个等级，并在此等级的基础上对教师进行奖惩，而应该为教师提供资讯信息和反馈信息，帮助教师进行总结工作和反思工作，并针对教师在教学之中的优势和劣势，分析问题产生的原因和不足的根源，找出克服缺陷的具体措施，找出合适的改革途径，使教师的教学能力不断提高，最终促进学生学习能力的提高。在评价的过程中让学生、家长和其他同时共同参与，从多种渠道得到教师教学情况的反馈信息，从直接方面和间接方面反映教师的工作情况，促进教师教学工作的发展、提高和改进，最终促进学生的发展。

同时树立以学生发展为本的理念，强调对学生人格和自尊心的尊重，充分挖掘每个学生的潜能，使学生的自身价值和个性都得到充分的发展。在制订教学计划的时候，应该充分了解学生的发展规律，将素质教育落实到实处，按照学生的发展规律进行教学，针对学生的接受能力和学习背景制定出教学的进度，根据学生的客观情况不断调整教学方式，使学生学习的积极性和创造性不断提高。在人性化的管理方式下，根据学生的成长规律和学生的需求，提高学生对教学的兴趣，培养学生掌握信息和进行创新的能力，为学生的终身学习打下扎实的基础，使学生的创造能力、应用能力和分析能力得到提高，提高学生的学习能力。人性化的管理还要实现学生的全面发展，不仅向学生传递知识，还应该不断挖掘学生的潜能，强调在教学之中不断适应学生个体发展的需要，帮助学生更好地认识自我，建立强大的自信心，养成积极学习的态度，在教授学生基础知识的过程之中，培养学生的基本技能，在学生学习基础知识的过程之中，培养学生正确的价值观念。要改变课堂结构，适应有不同教育背景和教育基础的学生，使课程向选择性、均衡性和综合性的方向发展。

不断加强学生生活和课程内容之间的联系，增加学生学习的经验和兴趣，鼓励学生积极参与到学习之间，增加对生对课程的适应性。同时，使用人性化的管理方式改善学生的学习方式，转变学生在学习过程之中的认知取向和基本行为，培养学生合作性、探索性和自主性的能力。比如在课堂上，很多学科均可尝试采用自主合作模式的教学方式，同时认真分析，总结教学经验，真正地将学生作为课堂的主体，将教师作为学生的服务者和引导者，以此来激发学生的学习兴趣和创新能力，学习中相关的语言组织能力，及团结合作意识。总之，类似先进的教学方法和教学思想，学校和教师可以根据教学实际进行尝试，并在工作中创新和深入。

建立平等的师生关系，在教育的过程之中实现学生的共同发展，在培养能力的同时传授知识，使学生主动地学习，教师在教学的过程之中要对学生的人格充分尊重，关注学生的个体性差异，针对不同学生的需求，建设适合学生发展的教学环境，使学生的积极性和创造性得到发挥，提高学生正确运用知识的能力。

总之，学校管理的归宿和起点都是人，在管理活动的始终都要坚持"人"的重要作用，管理的手段和管理的方法应该围绕人展开，充分发挥人的主观能动性，使人的内在潜力得到充分的发挥，促进人性化管理的不断发展。

二、实施学校管理的绩效评价制度

在实施学校管理的绩效评价制度时，首先要加强学校的制度建设。随着经济的不断发展，学校的规模也不断发展壮大，因此在建设绩效评价体系的过程之中，要转变以往的管理制度，实现评价制度的智能化特征，增加学校在评价过程之中的执行力和效率性。评价制度应该具有约束性的特征，因为制度体系的建设是完善绩效评价体系的根本保证，学校应该使用制度化的规范，对各个部门和教职员工的绩效进行考核，减少在评价体系实施过程之中擅自行动和无所适从的情况。学校对领导的考核制度还不够完善，会使领导产生散漫的工作习惯和生活习惯，这会使学校的绩效评价体系无法顺利地实施。

在实施绩效评价制度的过程之中，经常使用多种指标综合评价的方式，通过这些指标反映出学校的投入要素和产出要素。学校的实力是通过产出的质量和数量决定的，因此，仅仅将投入的要素作为对学校领导的考核标准是不正确的，应该从学校的投入和产出两个方面对学校领导进行考核，从而实现真正意义上的绩效评价。

在对学校领导进行考核的过程之中，应该首先确定评估需要的指标，从教学的产出和教学的投入两个方面进行综合性的考量，从绩效评价的方面来说，评价学校领导的教育投入不该包括学校的学生情况、师资资源、学术资源和物资资源，而应该只考虑财力资源。从绩效管理的实施情况来看，学生情况、师资资源、学术资源和物资资源都是历史性的投入，如果在学校的投入之中计算，无法对学校领导的绩效评估做出准确的判断。同时，在计算学校产出的过程之中，不应该将学校吸收的财政拨款和其他的收入进行重复性的计算，这样做会使学校以往的绩效和现阶段的绩效相重合。在对学校领导进行绩效考核的过程之中，应该将资产资源划入学校领导的绩效范畴，通过减少相关性很强的项目，提高学校领导绩效的权重和数目，最终使学校不断发展。绩效评价是一种特殊的管理行为，学校领导的绩效，尤其是学校校长的领导绩效是一种具有很强竞争力的能力，对于那些具有强势竞争力的对手来说，合理的绩效评价体系会使学校的竞争能力得到提高，保持学校的竞争优势和战略优势，因此能够反映学校校长绩效的绩效评价体系，能够对社会的发展和学校竞争力的提高产生重要的作用。

在对学校领导进行绩效评价的过程之中，要综合教育投入和教育产出两个方面进行考虑。教育投入指的是国家财政拨款、自己筹划的经费、学生缴费、银行贷款和其他收入的总和。教育的产出指的是在社会主义市场经济之中，学校所拥有的办学资源、教学产出、科学研究等总和。办学资源指的是学校拥有的人力、物力和财力以及自主办学的能力，学校应该对社会和国家投入的教育经费自主支配，重视对教师队伍、基本教学条件和建设，使学校的绩效不断提高。因此，对师资力量的引进、对学科的建设和基础性建设是教育产出的重要指标。学校的教学产出包括学校的教学质量和毕业学生的质量。学校的科学研究能力是社会赋予学校的重要使命，科学研究能力是反映学校竞争能力的重要因素，是学校为社会做出的重要贡献。

学校领导的绩效，是学校领导所带领的整个团队在学校管理的过程之中付出的努力和获得的巨大成绩。投入和产出的比例，就是学校的绩效，在绩效之中不应该包括规模绩效和历史绩效，正确地使用人均指标，对学校领导的绩效进行科学、高效的评价，因此，学校校长通过评价指标促进学校的不断发展，将教育改革落到实处，更好地实现新课程改革的要求。

同时，加强对校长的评价制度建设。学校校长的绩效评价目前仍然将考核作为主要的方式，缺乏合理的系统的评价方案，考核有任期考核和年度考核等两种方式，年度考核采取每年一次的方式，任期考核在校长的每个任期之内举行一次。考核的内容包括对政绩、德、能、勤的多个方面。可以采取群众评议、校长述职和请上级的组织进行评定的方式进行。对校长实施绩效考核的目的是了解校长职责的履行情况，作为对校长奖励、晋升、留任或者解职的重要标准。绩效管理作为学校管理的重要环节，可以为校长在制定人事决策的过程提供基础性依据。绩效评价是指学校领导对其所担任的职务的执行程度，和担任这种职务的水平，针对这种水平进行客观的评价和考核的过程。绩效评价的主要作用是促进学校领导的职业能力和管理能力共同发展，促进其不断进步。一些国家制定了对校长进行绩效评估的基本标准，我国应该不断加强对先进经验的学习，提高校长的领导效能。配合校长的绩效评价制度，开展有针对性的培训制度，将在职教育、职前教育和职后教育相结合，形成完善的校长培训制度。当然，这种以考核作为标准的绩效评价体系是一种奖惩性质的具有外部控制的评价，缺乏对校长工作的改进和指导，不利于校长管理能力的发展。新课程改革强调在进行绩效评价的过程之中采取发展的眼光看待问题，对校长的评价也应该如此进行。使用发展的眼光对校长的工作进行指导，将绩效评价的中心放在促进校长的专业发展之中，建立起一套合理、完善、高效的校长绩效评价体系，最终促使校长领导能力的提高。

三、保证校长管理权力的有效监督

校长负责制的实施，突出了在学校管理中校长的地位，但是很容易导致校长一言堂的现象，过分突出校长的作用，加上媒体不正当的炒作，一些学校甚至产生了争抢校长的现象，因此在一些学校之中出现了校长身兼书记职位的现象，将学校民主监督的机制取消，不仅降低了民主管理的价值，还使学生、家长和教师没有参与到学校管理的建设之中。

在学校实施管理的过程之中，包括校长在内的学校行政领导应该对教职工大会的民主监督和民主管理权利尊重和支持。因为教职工民主监督权利的实施，需要通过教职员工大会来实现，应该不定期召开学校教职员工代表大会，在教职员工代表大会闭会期间可以加强校务公开的工作，促进民主监督的不断发展。定期将自己的工作向教职员工大会报告，认真执行教职员工大会产生的决议，对教职员工大会的提案要派出专人进行记录，及时处理，对民主管理进行自觉的接受，为教职员工大会的顺利召开提供人力、物力和财力的支持。相应的，学校工会和教职员工大会尊重学校的行政系统实施指挥权，积极参与到学校管理方案的制定之中，对原则性问题积极讨论，提出与这些原则和方案相关的建议和意见，同时要注意不能包揽行政部门的事务和工作。教职员工大会制度是学校进行民主监督的核心，而在学校的管理工作中校长处于核心的地位，因此学校涉及教职员工切身利益的问题应该首先在教职员工大会上进行初步的确定，对于学校日常的行政性事务工作应该由校长领导的行政班子负责，可以不通过教职员工大会进行决策。校长等行政领导在制度和法律的允许之内执行权力，学校的公会和教职员工大会就不应该过度地干涉，教职员工对校长管理权力的监督必须按照制度和法律的规则进行。加强对校长的监督，提高民主监督的水平有利于使校长行政管理的科学性和有效性大幅度提高，保证以校长为首的行政部门可以全面、科学地制定学校各项规划和制度，提高教职员工对学校各项工作的支持和理解程度，同时可以促进教职员工大会在职权的范围之内更有效地开展工作，增加教职员工参与学校民主监督的积极性和创造性，为社会主义事业的建设奉献更大的精力。在学校管理工作之中，虽然不能保证校长决策的一贯正确，但是可以通过民主监督的有效实施，保证校长选拔的最佳人选，及时改正校长做出的错误决定，使校长在学校管理中的作用得到充分的发挥。教育工会是人民群众和党联系的中间桥梁，是学校不断发展的重要力量，教育工会可以使教职员工有效地参与到学校管理工作之中，提高学校民主监督的能力，最终促进学校整体的发展。

保证学校事务的公开化和透明化，有利于民主监督的实施，促进学校各项政策依照法律进行，加强校长和教师之间的联系，确保在学校管理之中的廉洁性和公开性。保证学校事务的公开化和透明化的核心是公开，保证学校事务的公开化和透明化的关键是真实，保证学校事务的公开化和透明化的实质是监督，保证学校事务的公开化和透明化的基本载体是学校工会，其目的是促进学校的民主建设。在校务公开的过程之中，要对烦琐的校务工作有充分的认识，首先，在学校中树立起对校务公开的正确认识，建立一套完善、高效的校务公开运行机制和保障体系，形成工会组织、行政负责、党支部领导和群众多方面参与的体系。其次，建立完善的规章制度，对需要公开的内容、形式、程序和程度等因素有深刻的认识，针对学校在不同阶段的实际情况，及时调整学校管理，不断进行创新和完善。同时在学校管理之中运用网络技术，扩大校务公开的发展空间，在校务公开的过程中明确责任制，教职工大会对以校长为首的校务公开工作进行监督，明确各个管理者之间的责任，促进校务公开的实效性和真实性。在实施民主监督的过程之中，要充分认识到学校教职员工的主体性地位，在完善教职员工代表大会制度之后，对校长行为进行监督，保证校长决策的科学性和正确性，使学校科学的不断发展。在对校长实施民主监督的过程之中，要不断落实教师的合法权益，在学校中推行教师、行政领导和校长之间平等的关系，虽然具有不同的分工但是权利和责任分明，促进教职员工进一步参与到学校管理之中。教职员工代表大会将对校长的民主监督落到实处，使社会主义小学的性质得到充分的发挥，满足教职员工的需求，推动我国教育事业的不断发展。这是全国人民代表大会制度在基层的缩影，其科学性和实践性不容置疑，因此，如何将其效用发挥出来，当地的教育部门和各学校之间应综合思想、认真对待，比如在教职工代表大会的内容上、职能上，以及人员组成上应更加广泛和深化，例如人员组成上可以撇开单一学校的束缚，可以融入元老级的老教师的意见等等。发展从源头上落实民主监督工作，对小学校长的任用方式和选拔方式进行改革，转变现阶段以委任为主的方式，使广大教职员工的选举校长和罢免校长上有自己的权力，除了委任制的方式之外，可以采用招聘、选任、考任的方式对校长进行选拔。

在选举校长的过程之中运用科学的民主监督机制，不仅可以保证集体利益和国家利益，使校长将学生、教师和家长的利益放在首位，还可以保证校长在进行学校管理工作之中的科学性和准确性，促进民主监督机制的不断完善。

总之，在全面推行中小学校长负责制的今天，加强学校的民主监督十分重要，只要建设完善的民主监督体系，才能够将校长负责制落到实处，保证教职员工参与学校管理工作的积极性、创造性和主动性，推动小学的健康发展。

四、构建多元合作的学校管理模式

建设多元合作的学校管理模式，要求学校建立开放型的管理观念，使学校教育走向社会、走向生活，加强学校和家庭、学校和社区之间的互动，学校应该参与到课程的建设之中，承担开放课程的主体责任，将学校的课程开发落到实处。建设多元的、动态的学校管理体系，教师应该到教学之中的门户观念，在学习过程中保持开放性的心态，对知识进行整合、吸收和学习。加强学生的生活积累和知识经验，在教学过程之中建设开放型的学习型组织。因此，新课程改革需要对学校、社会和家庭的教育资源进行整合，使教育发生最大的能力。

构建多元合作的学校管理模式的本质是教育管理的分权化，即学校管理的权力在不同的组织和教育机构之间如何分配，近年来，我国在教育管理上不断放权，教师作为放权的主体，给予教师自主性权利，针对学生的特点和学校的特点，对教材的选择、教学方式和课程设置进行自主性选择，在进行教育的过程之中，避免外来因素对教学活动的影响。校长作为放权活动的主体，享有办学的自主权，校长可以通过经费的自主使用和管理的自主实施，在选择教师上充分行使自主权，对学生的招收自行决定、自主规划，并针对学校的整体发展战略制订相应的发展计划，建设符合学校发展的校园文化。在学校管理之中，加强了家校合作，正符合了教育管理分权化的发展趋势，有助于学校的发展。

在构建家校合作的管理模式时，应该不断完善家长委员会的职能。虽然大多数学校设置了家长委员会，但是其职能并没有得到充分的发挥，家长一般只关注学生的学习成绩，对子女的了解途径十分单一。要不断完善家长和学校之间的信息沟通机制，加强学校对家长委员会的联系和宣传工作，帮助家长实现在课堂上有针对性地听课，对教师的教学工作进行评价，参与学校的发展工作，深化家长委员会对学校管理的参与层次。目前，我国家校合作管理模式已经有了较为成熟的发展情况。

教师、学生和家长都充分认识到了多元化学校管理模式的重要性，通过自身权利的有效实行，能够促进学校开放型管理的实施。虽然在家校合作的过程之中家长会有沟通不足或者缺乏交流的感觉，但是教师已经充分认识到了这种现状，并进行积极的改进。在经历了一味追求学生成绩和升学率的阶段之后，家校合作促进了素质教育的展开，提高了学校的教学质量，随着社会发展程度和开放程度的不断提高，家长的个人素质也不断提高，为家校合作打下了扎实的基础。

在加强教师、学生、家长和社会之间的联系时，应该首先加深家长对参与学校管理的认识。学校的管理者是学校外部力量和学校内部力量结合的桥梁，是教师、学生和家长共同创造民主、和谐的校园文化的前提，家长是校企合作之中的关键人物，能够对家校合作做出具体的策划工作和组织工作。教师经常和家长进行接触，教师的工作方式和态度会直接影响学校教育工作的成果。很多家长对家校合作的认识还不够全面，虽然教师和家长都能够认识到参与学校管理的重要意义，但是却无法深刻地认识应该如何参与到学校的事务之中，在学校制定重大的政策时，参与程度很低。针对这种情况，学校应该主动配合媒体对家长进行劝说，使家长不仅参与到对学生的管理之中，转变只重视学生成绩的做法，与学校配合，为学生建立一个良好的学习环境和生活环境，使学生全面发展。其次，完善家长和社会参与学校管理的建设，通过立法的形式保证家长和社会参与到学校管理之中的正确权利，目前我国这方面的法律法规还十分缺乏。完善的法律制度是家长和社会参与到学校管理之中的基础，应该明确三者的责任。最后，建立完善的家长参与的组织机构，建立地方性或者全国性的家长组织机构，这些组织和机构，可以在学校、地方和全国这三个层次之上积极地参与到学校管理工作之中，这三个层次相关联系、相互呼应，不断推动教育事业的发展和改革。参照国外的先进经验，可以建立省级的家长联合会，对家长参与学校管理的方式和途径进行宣传，并指定专人为家长提供帮助。与之对应，学校应该加强对家长参与机构的建设，增加家长参与的广泛性，使家长代表能够充分反映全体家长的意见，在组织机构之中，不仅有家长的参与，还应该包括学校的领导、教师和相关的教育专家，除了家长代表之外的人员应该由家长选举产生，避免由学校制定的方式，增加家长参与学校管理的建设性，加强学校、家长和社会之间的沟通。同时，学校要不断完善学生的家长会制度，将不定期举办的家长会制度化、定期化。在举行家长会之前，要先通知家长，减少因为家长工作关系无法参与到家长会中的现象，同时家长只有充分地准备，才能够从学生和自身的实际情况出发，为学校管理提出宝贵的意见。将家长纳入教师和学校工作的考核之中，教育部门应该对家长参与学校管理的情况进行考核和监督，引入奖惩机制，配合完整的科学的考核体系，教师积极配合家长对学校的管理工作，转变学校一味追求成绩和升学率的状况，促使学校和家长提高对学校管理的重视，充分调动家长和社会参与学校管理建设的积极性，最终使学校多元化的管理模式不断发展。

五、完善"过程—发展"评价体系

建设多元的、动态的教学评价体系，即："过程—发展"的评价体系，教师应该转变教学之中的门户观念，在学习过程中使用开放性的心态，对知识进行整合、吸收和学习。加强学生的生活积累和知识经验，在教学过程之中建设开放型的学习型组织。因此，新课程改革需要对学校、社会和家庭的教育资源进行整合，使教育产生最大的能力。建立科学、全面的评价体系，在评价的过程之中要重视学生的潜能开发和综合性发展，要求树立以学生为中心的评价理念，在对教师进行评价的过程之中，转变以往的奖惩性评价、管理性评价和静止性评价，在评价之中促进教师业务能力的发展。教师不仅需要在教学过程之中对教学进行改进、总结和反思，使教师在教学之中不断提高自身的内在需求，促进教师专业能力的发展。因此，在教学过程之中不应该再将教师简单地分为优、良、差等若干个等级，并在此等级的基础上对教师进行奖惩，而应该为教师提供资讯信息和反馈信息，帮助教师进行总结工作和反思工作，并针对教师在教学之中的优势和劣势，分析问题产生的原因和不足的根源，找出克服缺陷的具体措施，找出合适的改革途径，使教师的教学能力不断提高，最终促进学生的发展。在评价的过程中让学生、家长和其他同事共同参与，从多种渠道得到教师教学情况的反馈信息，从直接方面和间接方面全面地反映教师的工作情况，促进教师教学工作的发展、提高和改进，最终促进学生的发展。学校在对教师进行评价的过程之中，要避免只根据学生的排名、升学率和成绩进行考核的现象，减少在评价过程之中不客观的现象，教师的教育工作具有很强的特殊性，不仅需要进行课堂教学还需要进行批改作业、学生家访、与学生进行沟通并定期开展班级活动等工作，涉及很多烦琐的事务性工作，同时教学具有持续性和长期性的特点，在短期之内无法看到直接的效果，学生综合能力的提高并不能通过某段时期之内的考试成绩体现，需要在长期的学习和生活之中显示出来，因此，在教职员工的考评之中实现公平、公正的考核机制。在执行由过程到发展的评价体系的过程之中，会遇到很多难题，学校希望通过规章制度对教职员工的行为进行约束，使用考核制度提高学校的执行能力，但是一些教职员工并不愿意遵守新的规章制度，在实际工作之中这些规章制度制约了教师工作的主动性和积极性，不合理的制度影响了学生和教师的活跃性、积极性和民主性，产生了严重的逆反心理。例如，一些学校为了学生的升学率和考试成绩，甚至制定了给成绩较差的学生戴绿领巾的现象，或者对没有完成作业的学生进行罚款，致使很多学生和教师受到了伤害，这种管理制度不仅无法教育学生，更容易导致执行失范的现象发生。完善"过程—发展"评价体系，可以促进学校资源的优化配置，提高学校的竞争能力，寻找提高学生学习成绩的突破口。"过程—发展"评价体系是一个不断发展着的过程，有助于保证学校各项任务的有效实施，使学校的整体战略得到实现，通过这种行之有效的绩效考评不仅可以提高学校对决策的执行能力，提高教师的教学水平，更能够促进学生的发展，在评价体系实施的过程之中，要转变以往将教学作为主体的现象，认清评价的目的，将是否能够促进学生综合能力的提高、是否能全面地挖掘学生的潜能作为评价的重要标准，不断对学生的效益层面加深关注。在评价体系实施的过程之中，要协调教师和学生之间的矛盾，真正让教师了解学生，提高教师在进行教学工作之中消除矛盾的能力，让教师学会站在学生的角度思考问题，最终将促进学生的发展放在评价标准的首位。学校在制定评价体系的过程之中，应该加强对过程的重视，在考核过程之中引入奖惩机制，不仅要关注教师工作结果的好坏，同时要关注教师在过程之中付出的努力，在评价体系之中，应该加强对过程的管理和控制，避免产生奖惩错误的现象，在教师的具体实践工作之中，应该根据学生的实际情况做出评价。假如教师教授的学生存在着学习基础十分薄弱，学习背景较差的现象，教师在教学的过程之中付出了很多努力，但是学生的学习成绩无法在短期内大幅度提高。假如不能在评价体系之中考虑到过程中的这些因素，会忽视教师为教导学生所付出的努力。因为教学具有迟效性和长效性的特点，但是目前在学校管理的评价体系之中缺乏了对长期效益和短期效益的正确认识，只片面地关注学生的短期效益，反而会对学校的长期利益造成不利的影响。

虽然在由过程到发展的评价体系之中要充分考虑到学生发展的因素，但是教师不能一味地追求学生的成绩和升学率等。在评价体系实施过程之中过于重视学生的分数和升学率，忽视了对学生进行素质教育，使学校长期目标、中期目标和短期目标相矛盾，只重视对特长生和先进生的教育而忽视了对后进学生的教育，学校管理在改革的过程之中只要求有显著效益的项目，在评价体系执行的过程之中应该严格遵守法律法规的规定，增加在实施过程之中的执行能力。对学校有长远影响的项目不够重视，没有根据教职员工的实际情况制定管理政策，不利于学校今后的长远发展，导致学校竞争力发展缓慢，不利于评价体系的完善。

第五章　教师管理

第一节　教师管理概述

教师是完成教育教学任务的主要劳动者，也是教育教学过程的实际管理者、操作者。学校管理者对学校进行管理，应当树立依靠教师办学，依靠教师管理的思想，合理安排使用教师，有效执行教师管理职能，建设专业配套、协调配合、结构合理、数量适度、具有较高素质和较强科研能力的教师队伍，这是学校教育兴旺和发达的必由之路。

一、意义

教师既是教育者，又是管理者；教师既是学校管理的对象，又是学校管理的主体。教师不是被动地、盲目地、简单地接受，而是积极主动地选择执行和接受学校管理的指令，同时又积极作用和影响学校管理者。在班级管理中，相对于学生而言，教师又是管理者。教育教学在学校各项工作中处于中心地位，教师是完成教育教学任务的主要劳动者，也是教育教学过程的实际管理者、操作者。学校管理者对学校进行管理，应当树立依靠教师办学，依靠教师管理的思想，合理安排使用教师，有效执行教师管理职能，建设专业配套、协调配合、结构合理、数量适度、具有较高素质和较强科研能力的教师队伍，这是学校教育兴旺和发达的必由之路。

二、内容

1. 教师的权利与义务

根据 1995 年颁布实施的《教师法》第七条的明确规定，教师享有以下六项权利：

一是自主开展教育活动的权利。"进行教育教学活动，开展教育教学改革和实验"，是教师最基本的权利。

二是自主从事学术研究的权利。"从事科学研究、学术交流，参加专业的学术团体，在学术活动中充分发表意见"，这是教师作为专业技术人员享有的一项基本权利。

三是指导评价权。"指导学生的学习和发展，评定学生的品行和学业成绩"，这是与教师在教育教学过程中的主导地位相适应的一项特定的基本权利。

四是获得报酬权。"按时获取工资报酬，享受国家的福利待遇以及寒暑假的带薪休假"，这是教师的基本物质保障权利。

五是参与学校管理权。教师可以"对学校教育教学、管理卫生和教育行政部门的工作提出意见和建议，通过教职工代表大会或者其他形式，参与学校的民主管理"，这是教师参与管理的民主权利。

六是自身发展的权利。教师有权"参加进修或者其他方式的培训"。

根据《教师法》第八条的规定，教师应当履行六项义务，概括而言，即：遵守宪法、法律和职业道德；完成教育教学任务；进行思品教育；热爱学生、尊重学生人格；保护学生合法权益和身心健康成长；不断提高政治业务水平。

2. 教师的资格与任用

教师的资格与任用是教师管理的重要内容。

3. 教师的培养与提高

教师的培养与提高，是教师管理的重要方面。科技迅猛发展，国际竞争加剧，知识经济时代的挑战，终身教育体系的建立与完善，要求每一位教师都应该进行继续教育，不断学习新理论、新知识、新方法，丰富知识储备，完善知识结构，增强教育教学能力，提高教育教学水平，以便与时代进程的步伐一致。

4. 教师的待遇与奖励

5. 教师的考核与评价

教师的考核是指根据学校的性质、任务和培养目标，应用科学的程序和方法，对教师的素质、履行职责的态度、表现、成绩等情况进行全面、科学、准确的评定或评审。教师评价是在考核的基础上对教师的工作及其成效做出科学、公正、客观的价值判断。教师的考评工作是教师管理的重要环节，是合理使用和晋升教师的依据，也是科学地安排和管理教师工作的基础。考评有利于教师潜能的开发，积极性的调动；帮助教师客观地认识和衡量自我，完善自我，总结经验，改进工作，不断提高教育质量。同时，考评还可以促进教师之间相互学习与交流，推广教学经验，增加教学功效。

三、方法

教师管理的核心是调动教师工作的积极性、主动性和创造性。一般来说，调动教师工作积极性的方法主要有目标激励法、动机激励法、关心激励法、奖罚激励法。

1. 目标激励法

目标激励法是指学校管理者把组织的任务转化为明确具体、切实可行的激励性的教师个人目标，运用反馈、协调、控制等管理手段，引导教师的思想，统一行动、协调关系、强化责任感，促进目标的实现。

2. 动机激励法

也称为同步激励法，是指通过物质和精神激励两者有机结合，综合加以实施，调动广大教师学习、工作和社会活动的积极性，充分发挥教师的各项潜能，取得最大的激励效果。我国著名管理心理学家俞文钊教授，在长期的心理学研究基础上，提出了一种同步激励法的主张。他提出公式：激励力量 $=\sum F$（物质激励 + 精神激励）。该公式表明，只有当物质激励与精神激励都处于高值时，才有可能获得最大的激励力量。两个维度中只要有一个维度处于低值，就不能产生最大、最佳的激励力量。

3. 关心激励法

也称为情感激励法，是通过建立起一种人与人之间和谐的良好感情关系，来调动工作积极性的一种激励方法。情感激励法是一种人情味很浓的管理方法，重视"关心人、尊重人、帮助人、爱护人、信任人"，让教师时刻感到自己受到了重视和尊重。

4. 奖罚激励法

奖罚激励法就是学校领导者依据学校和有关部门制定的各种规章制度，对教职员工的思想和行为所做出的一种积极或消极、肯定或否定、鼓励或批评、赞成或反对的评价，从而有效地调动教师的工作积极性的管理方法。在运用此法时应注意奖惩激励是否及时、是否适度、是否公平，只有做到及时适度、公平合理，才能产生良好的激励效果。

四、教师任用制度

根据《中华人民共和国教育法》《中华人民共和国教师法》、人事部《关于在事业单位试行人员聘用制度的意见》，结合我校实际，特制定本制度。

1. 指导思想

以邓小平理论和"三个代表"重要思想为指导，以国家和省政府的法律、法规为依据，为实现人事管理由身份管理向岗位管理转变，由行政任用关系向平等协商的聘用关系转变，建立竞争激励的用人机制，精简和优化教职工队伍，合理配置教育人才资源，充分调动广大教职工的积极性，提高教学质量和办学效益，促进我校教育事业健康发展。

2. 实施范围和任用对象

教师任用制度的实施范围是学校的在编教师（包括合同制专业技术人员、以工代教人员）。

3. 教师任用的基本原则

（1）按编设岗的原则。学校编制由上级有关规定核定。合理设置工作岗位，岗位设置以教学岗位为主，严格控制管理岗位职数，并明确规定各工作岗位的责任，然后进行教师任用。

（2）教学为主的原则。教师任用体现教学为主的原则，首先应确保教学工作的需要，然后再考虑其他工作需要。学校的管理工作尽可能由教师兼职。

（3）结构合理的原则。以学科为基准，同时考虑学科结构、知识结构和年龄结构合理的原则，并根据教师的专业特长进行任用，充分发挥广大教师特别是优秀教师的作用。

（4）逐级任用的原则。学校教师任用，按照先任用中层干部、年级组长和教研组长，后任用班主任和科任教师，最后任用职员、教学辅助人员和工勤人员的顺序进行。

（5）优化队伍的原则。在教师任用中要做到吐故纳新，按照竞争择优、人事代理的办法，任用师范类大专院校以上毕业生任教。通过吐故纳新，逐步优化教师队伍的年龄结构、知识结构和专业结构，不断提高教师队伍的整体素质。

（6）协商一致的原则。教师任用实行双向选择，学校可以选择教师，教师可以选择学校设置的工作岗位，按照平等自愿、协商一致的原则确定最终的任用结果。

（7）保持稳定的原则。学校大部分工作岗位聘用本校的教师，用小部分工作岗位进行教师交流。

（8）公开任用的原则。教师任用，要做到公开、公平、公正，对任用条件、任用岗位、任用职数、应聘名单、资格审查结果、综合考评结果、拟任人员名单和任用人员名单都要进行公示，接受群众监督和社会舆论的监督。

4. 任用教师的基本条件

（1）任用教师必须符合以下条件：

① 拥护党的路线、方针和政策，遵纪守法。

② 忠诚党的教育事业，有高尚的职业道德和敬业精神。

③ 身体健康，能坚持正常工作。

④ 具备教师资格，具有与教学岗位相适应的教学能力或与工作岗位相适应的工作能力。

⑤ 愿意接受学校的聘用，并在聘用合同中保证认真履行岗位职责。

（2）有下列情形之一者不能参加任用：

① 触犯刑法、被司法机关依法追究刑事责任者。

② 因各种问题，被有关部门立案审查尚未做出结论者。

③ 腐化堕落、道德败坏、影响恶劣者。

5. 教师任用的方法步骤

任用工作小组由校长、中层干部和教师代表组成。任用工作小组负责审查应聘人员的资格，综合考评聘用对象的德才表现和业绩情况，提出聘用意见，报教办批准、备案。

教师聘用主要的方法步骤是：

（1）公布工作岗位、岗位职数、岗位职责和聘用条件等事项。

（2）应聘人员申请应聘。教师根据学校设置的工作岗位，结合自己的专业特长和教学能力，向聘用工作小组递交《应聘意向书》。

（3）聘用工作小组对提名的应聘人员进行综合考评。综合考评的主要内容是应聘人员"德、能、勤、绩"的表现情况。综合考评后，根据择优原则提出拟聘人员名单教办批准、备案同意。综合考评的结果和拟聘人员名单要张榜公布。

（4）学校法人代表或委托代理人代表学校与受聘人员签订聘用合同。学校法人代表与受聘人员聘用合同签订后，不因法人代表或法人代表委托代理人的变更而终止或解除聘用关系。

6. 聘用合同的主要内容

聘用合同必须具备下列条款：聘用合同期限；岗位及其职责要求；岗位纪律；岗位工作条件；聘用合同变更和终止的条件；违反聘用合同的责任。

教师聘用合同期限为一年，聘期内退休的人员，其聘用合同只能签订到退休月份为止。学校与受聘人员签订聘用合同，可以约定试用期，试用期一般不超过 3 个月，最长不得超过 6 个月，试用期包括在聘用合同期限内。

学校与受聘人员订立聘用合同时，不得收任何形式的抵押金、抵押物和其他财物。

7. 教师聘用的考核制度

学校对受聘人员的工作情况实行年度考核，必要时，还可以增加聘期考核。考核必须坚持客观、公正原则，实行领导考核与群众评议相结合、考核工作实绩与考核工作态度相统一的方法。考核的内容为"德、能、勤、绩"四个方面，并且尽量做到与岗位的实际相符合。考核结果分为优秀、合格、基本合格、不合格四个等次。考核工作小组在群众评议意见和受聘人员分管领导意见的基础上提出考核等次意见，报学校负责人审定。

考核结果是续聘、解聘或调整岗位的依据。受聘人员年度考核或聘期考核不合格的，学校可以调整该受聘人员的岗位，或安排其离岗接受必要的培训后调整岗位，并对其聘用合同做相应变更。受聘人员无正当理由不同意变更的，学校有权单方面解除合同。

8. 解聘辞聘的有关规定

（1）学校、受聘人员双方协商一致，可以解除合同。

（2）受聘人员有下列情形之一的，学校可以随时单方面解除合同：

① 连续旷工超过 10 个工作日或一年内累计旷工超过 20 个工作日的。

② 未经学校同意，擅自外出逾期不归的。

③ 腐化堕落、道德败坏、影响恶劣的。

④ 违反规定，向学生乱收费，体罚或变相体罚学生，经教育不改的。

⑤ 失职、渎职，完不成本职工作任务，给学校教育教学工作造成重大损失，或发生责任事故，造成严重后果的。

⑥ 违反计划生育规定和其他法律、法规受到开除处分的。

⑦ 被判处有期徒刑或被劳动教养的。

⑧ 严重扰乱工作秩序，致使学校教学工作或其他单位的工作不能正常进行的。

⑨ 在试用期内被证明不符合本岗位要求又不同意学校调整工作岗位的。

（3）受聘人员有下列情形之一的，学校可以单方面解除聘用合同，但应当提前30天以书面形式通知拟解聘的受聘人员：

① 受聘人员患病或非因工负伤后，医疗期满，不能从事本职工作，也不能从事学校安排的其他工作的。

② 受聘人员年度考核或聘期考核不合格，又不同意学校调整工作岗位的，或虽同意调整工作岗位，但到新岗位工作考核仍不合格的。

（4）受聘人员有下列情形之一的，学校不得解除聘用合同：

① 受聘人员患病或负伤，在规定的医疗期内的。

② 女教师在孕期、产期和哺乳期内的。

③ 因工负伤、治疗终结后经劳动能力鉴定机构鉴定为 1 ~ 4 级丧失劳动能力的。

④ 患职业病以及现有医疗条件下难以治愈的严重疾病或精神病的。

⑤ 受聘人员正在接受纪律审查尚未做出结论的。

⑥ 属于国家规定的不得解除聘用合同的其他情形的。

（5）有下列情形之一的受聘人员，可以随时单方面解除合同：

① 在试用期内的。

② 考入普通高等院校的。

③ 被录用或选用到国家机关工作的。

④ 依法服兵役的。

除上述情形之外，受聘人员要求解除合同，须提前30天向学校提交解除合同的书面报告，经学校讨论研究并报经市教育行政部门同意后，方可解除聘用合同。受聘人员提出解除聘用合同未能与学校协商一致的，受聘人员应当坚持正常工作，继续履行聘用合同，在 6 个月后再次提出解除聘用合同的请求，如仍未与学校协商一致的，即可单方面解除合同。

9. 人事争议的处理办法

为了保障教师聘用制度的实施，聘用合同订立后，学校与受聘教师双方应当严格遵守、全面履行合同的约定。受聘教师应当遵守职业道德和学校的规章制度，认真负责地完成岗位工作任务；学校应当保障受聘教师的工作条件，保障受聘教师享受按照国家有关规定的合同约定应当享受的待遇。

为了妥善处理教师聘用工作中出现的各种问题，及时化解矛盾，维护学校和受聘教师双方的合法权益，要建立和完善事业单位人事争议仲裁制度，及时公正合理地处理、裁决教师聘用中的争议问题。受聘教师与学校有公开招聘、聘用程序、聘用合同期限、年度或者聘期考核、解聘辞聘、未聘安置等问题上发生争议的，先由教育行政部门调解，调解无效后，当事人可再向济宁市人事劳动争议仲裁委员会申请仲裁。仲裁结果对争议双方具有约束力。

学校各级领导要高度重视，采取有力措施，积极稳妥地做好落聘人员的思想工作，确保社会稳定和教师聘用制度的顺利实施。

第二节 教师的评价和期望

一、教师的评价

现行教师评价的功能主要是鉴定分等、奖优罚劣。它着眼于教师个人的工作表现，特别是教师在评价之前的业绩。表明教师是否履行了自己的工作职责，他们的工作表现是否符合学校的期望。

评价内容：突出综合素质、重视个体差异教师评价比较注重对教师某一方面或某一时间范围内的单项评价，如教学态度、教学成绩、班主任工作，或者一堂课、一个教学单元、一次家长会议等，一些学校甚至用学生的考试成绩或升学率直接作为评价教师的唯一指标。

1. 基本内容

在这种评价机制的驱使下，教师工作不是为了学生，而是为了获得领导、同事、社会、家长的认可以及职业升迁，甚至为了可怜的奖金和表扬，拼命加班加点，搞题海战术，限制了学生其他方面的发展。这种教师评价体系既是"应试教育"的直接产物，又使片面追求升学率的倾向得以强化和巩固。同时，现行教师评价也忽视教师的个体差异，用统一的标准规范，要求具有不同教学风格和方法的教师，不但抹杀了教师的个性，而且也不利于教师的专业化成长和学校创建特色。

新课程观下的教师评价强调对教师进行综合评价。综合评价就是用动态的、发展的眼光，对教师工作的各个环节进行系统的、全程的、较长时间的、循环往复的评价。教师从事的教育活动是一个长期复杂的过程，工作中的任何成绩都是日积月累的结晶，绝非一朝一夕的产物，仅仅依靠一两次的单项评价，不可能真实反映教师工作的整个发展过程，也必然导致评价结论与教师实际工作表现的偏差。缺少综合评价，就无法全面了解评价对象的工作表现，无法把握教师的发展倾向和发展需求，也无法修正评价过程中的晕轮效应、趋同效应等引起的各种偏差。因此，新课程必须强调对教师进行综合评价。同时，新课程观下的教师评价也注重教师的个体差异。由于教师在个性心理、职业素养、教学风格、交往类型和工作背景等方面都存在较大差异，因此，评价应根据这种差异，确立个性化的评价标准、评价重点以及选择相应的评价方法，有针对性地对每位教师提出改进建议、专业发展目标和进修计划等。只有这样，才能充分挖掘教师的潜能，发挥教师的特长，更好地促进教师的专业发展和主动创新。

2. 传统教师

教师评价是对教师工作现实的或潜在的价值做出判断的活动。

按教师评价目的通常有两种形式：业绩评价和教师发展评价。

业绩评价关注于可达到的、相对短期的目标，倾向于在某个时间段内给教师的业绩和能力下一个结论，对于教学质量的监控有重要作用。一般说来，业绩评价和教师的名誉及利益是相关的。

教师发展评价的目的是对教师的工作给予反馈，改进或完善教师的教学，明确个人的发展需求和相应的培训，提高教师的能力以促进其完成任务或达到将来的目标。教师的日常工作中所经历的评价大多应是发展性评价，它关注的不是给教师当前的能力和水平下一个结论，而在于帮助教师诊断问题并帮助教师改进。科学的教师评价应该给教师提供进步的空间和动力，允许教师存在不足和缺陷。

3. 评价意义

在新一轮基础教育课程改革中，教师是课程实施的主体，也是影响课程实施的众多因素中具有决定性的因素。教师评价适当与否，不但影响教师参与教改的热情，而且与教师工作成效和专业发展密切相关。

《基础教育课程改革纲要（试行）》指出："建立促进教师不断提高的评价体系。强调教师对自己教学行为的分析与反思，建立以教师自评为主，校长、教师、学生、家长共同参与的评价制度，使教师从多种渠道获得信息，不断提高教学水平。"

新课程改革对教师赋予更高的要求、更多的期待、更大的职责，要求建立教育行政管理部门建立科学的教师评价制度。

4. 发展体系

新课程倡导教师评价以促进教师专业发展为根本目的，要求建立发展性的教师评价体系。

（1）发展性教师评价体系的主要特征。

学校领导注重教师的未来发展；强调教师评价的真实性和准确性；注重教师的个人价值、伦理价值和专业价值；实施同事之间的评价；由评价者和评价对象配对，促进评价对象的未来发展；发挥全体教师的积极性；提高全体教师的参与积极性；扩大交流渠道；制订评价者和评价对象认可的评价计划，由评价双方共同承担实现发展目标的职责；注重长期的发展目标。

（2）发展性教师评价与其基本理论假设是分不开的。

其一，对于教师而言，内部动机比外部压力具有更大的激励作用。因为受过较高层次教育的人主要的激励作用来自自我激励，外部压力可以迫使他们达到最低的标准，但很难使他们达到优良的水平。

其二，教师是一群具有学习能力的专业人员，应该或者愿意改进他们自己的工作表现，寻求专业的发展。当教师获得足够的信息与有用的建议后，他们就有可能达到预期的水平。

其三，作为专业工作者，教师对自身的职业具有较高的热情。如果工作所需的条件能得到满足的话，他们就会爆发出极大的创造力，以改进他们的教学、科研活动，提高他们教学、科研的水平。研究表明，教师中大多数都有强烈的事业心，希望自己的工作做得更好，因而在大多数情况下帮助他们发展比判断他们工作的价值更有意义。

为此，在新课程实施中，评价者应注重学校发展的长期目标，让教师充分了解学校对他们的期望，培养他们的主人翁精神；根据教师的工作表现，确定教师的个人发展需求，制订教师的个人发展目标，向教师提供日后培训或自我发展的机会，提高教师履行工作职责的能力，发挥全体教师的积极性，从而促进学校的可持续发展。

5. 评价功能

教师评价的功能强调展示成就与改进激励。

（1）传统评价。

现行教师评价的功能主要是鉴定分等、奖优罚劣。它着眼于教师个人的工作表现，特别是教师在评价之前的业绩。体现在：第一，表明教师是否履行了自己的工作职责，他们的工作表现是否符合学校的期望。这种评价常把学校视为一个"机械性组织"，把教师看成是机器的一个配件，认为教师只能服从管理人员的权力，按照管理人员的命令、指使干活。第二，根据教师的工作表现，判断他们是否具备奖励或处罚的条件，评价结果往往作为领导决定教师是否解聘、降级、待岗或晋级、加薪等的依据。

应当说，发挥评价的鉴定分等、奖优罚劣功能在一定意义上可以调动教师的工作积极性，实现学校发展的基本目标。但这种动力是自上而下的，只能引起少数人的共鸣和响应，而不是自下而上的，引起全体教师的共鸣和响应。

第一，一般而言，发挥评价的这种功能只适用于"任务式的管理"，领导只关注教育质量，不关心教师，依靠职权控制教师，集中力量争取达到最基本的质量标准。第二，这种评价还可能引发教师间的激烈竞争，竞争过于激烈将不利于教师间、教师与领导间的团结与协作，也不利于学校中民主气氛的形成，在一定程度上还会影响教师的身心健康。第三，可能引发一些教师的逆反心理，反正只有少数人获得奖励或晋级，自己只要达到基本要求就足够了。第四，由于评价者与被评者是一种不平等的关系，评价者难免产生居高临下的心理状态，或以挑剔的眼光对待被评教师，容易导致教师对评价活动产生抵触情绪，产生与领导间的隔阂，甚至剧烈的冲突，会出现诸如教师罢课，甚至教师自杀的情况。这种不和谐的现象会对学校声誉造成严重的后果。

不公平的教师评价及长期的繁重教学任务导致教师巨大的心理压力，导致教师产生显著的消极情感体验，久之形成职业倦怠，对师生关系、同事关系和领导关系都产生不利的影响。与通过考评实现学校发展目标背道而驰。

（2）发展评价。

新课程倡导教师评价要发挥展示、改进、激励的功能，把评价看成是教师展示才华、追求卓越、完善自我、不断发展的过程。这种评价把学校视为一个"有机性组织"，重视人的因素，把人看作有进取性的人，激发人的内在动力，自觉地发挥能量达到组织的目标。因此，评价首先要肯定教师的成绩和进步，发现和发展教师的特长，激发教师的成就欲望。其次，要为教师改进工作提供明确的标准，评价者应把国家、社会对教师的要求体现在评价准则中，并根据教师的实际情况加以具体化和操作化。再次，提供教师改进工作的反馈信息，帮助教师反思和总结教学中的优势和不足，分析产生问题的原因，探讨解决问题的途径和方法。最后，帮助教师确立自我发展的目标和未来专业发展方向，引导教师以社会主流价值为导向，将个人价值与社会价值融为一体。只有这样，才可能促进教师个人需要和学校集体需要的融合，促进"机械性组织"和"有机性组织"的融合，促进教师心态和学校氛围的融合，促进教师的现实表现和未来发展的融合，促进教师受益和学校受益的融合，促进教师正式组织和非正式组织的融合。

（3）校长评价。

这种又称行政人员评价，是目前最常用的教师评价方式之一，其好坏或有效性取决于校长（或其他管理者）自身的专业素养如何，取决于行政人员对教师所教学科及课堂教学的了解程度。现实中，由于行政工作繁忙，绝大多数校长已脱离教学一线，很少有机会进入课堂观察教师的实际表现。在这种情况下，校长评价的可信度就会大大降低。此外，校长评价容易受科层制管理的影响，以行政为思考取向。还有这种评价容易受校长刻板印象或私人交情等因素的影响。

（4）同行评价。

这种评价方式的优点是：评价者熟悉教师所教课程，具有专业经验；评价者与被评价者彼此熟识，交往较多、认识较深；评价者可就近观察，较易了解被评者日常工作的表现；大家同为教师，对自己应该做哪些事情会更清楚、更了解；借助同行评价，可培养教师之间共同协作、相互学习的教师文化。但由于某些因素，教师可能会拒绝同行的课题观察，而同行也可能抱有偏见，导致评价结果可信度下降，尤其是当评价结果可能影响到被评价者的升迁、奖励等权益时，或者教师之间存在利益竞争时，就更如此。此外，同行评价还有可能受到评价双发私人关系好坏、被评价者资历深浅或身份尊卑等场外因素的影响，无法真实地反映教师的教学情形。正因为如此，同行评价不太适合于总结性评价，较适用于为改进教学、促进专业成长的形成性评价。

（5）自我评价。

自我评价就是教师根据行政主管部门或学校制定的自我检核表或评价表，填写相关资料，自己对自己的表现进行评价。这种评价方式的优点是：搜集资料较容易、花费较少，但缺点是给教师带来额外的工作负担，教师容易高估或低估自己的教学表现，评价易流于主管。不过，也有人认为，这种评价方式很有效，具有自我了解、自我反思、自我改进的功能，因为教师自己最了解自己。还有，自评可以增强教师对评价的参与感，给教师提供一个充足的自我表达与展示的机会。

（6）学生评价。

学生评价可通过结构性或非结构性的问卷调查、集体座谈等过程来进行。其优点是容易实施、花费少，而且学生最接近教师，感受最直接、最深刻。不过，学生评教的资格和能力常常受到人们的质疑：许多人担心学生心智不成熟（学生的判断大都感性大于理性）、尚不具备充分的专业判断能力，而且，学生评教易受课程难易、功课多寡、自己得分高低、教师要求的严格程度，以及学生本身能力大小的影响，这些都会影响到学生评教的专业性、公正性或客观性。

（7）家长评价。

家长是学校教育的重要顾客，学校办得好不好，家长具有切身的利害关系，因此，从理论上讲，教师评价应听取学生的意见。不过，由于学生家长无法经常亲临教学现场，缺乏对学校和教师的深入了解，缺乏教育评价能力（如多数家长只看重孩子的考试成绩，忽视孩子良好个性品质或责任心的培养），加之个人偏好的影响，完全由学生家长对教师进行评价肯定是不行的。不过，由家长直接评价教师虽有其不便之处，但可以采用间接的评价方式。

6. 评价主体：以自评为主、各方协同参与

现行教师评价强调自上而下的考核，忽视自我评价。在这种被动接受评价的过程中，评价者与被评者扮演的基本上是管理者与被管理者的角色，他们对评价项目指标的制定、评价的具体操作步骤、评价结果的解释等没有太多的发言权，往往处于被动、消极的地位。评价主要考虑组织的目标，较少考虑教师个人的需求和生活状况，因而，教师大都持冷漠、应付、对立、讨厌、拒绝或者害怕、恐惧、逃避的态度，难以引起教师的兴趣，难以激发教师的主动积极性，甚至出现弄虚作假的行为。

新课程倡导教师评价是一种发展性评价，它以评价对象为主体，注重评价对象的个人价值，重视提高评价对象的参与意识和主体意识，发挥其积极性。这是教育过程逐步迈向民主化、人性化发展进程的体现。20 世纪 80 年代以来，管理学理论有了重大发展，进一步认识到个人在组织中的价值，包括个人发展、个人激励、个人自治、自我实现的价值。作为个人，教师希望并且能够掌握自己的发展方向和未来前途，在组织的目标范围之内评价自己的优点和缺点，决定和实现自己的发展需求。具体而言，在评价开始时，评价者应与被评教师沟通协商，根据教育教学实际和教师本人的情况，形成个体化的评价目标和评价方法。在收集评价信息时，选择恰当的渠道和方式，鼓励教师自主提交评价资料，给教师提供表现自己能力和成就的机会。同时，创设宽松的氛围，鼓励教师反思教育教学过程中遇到的困难和存在的疑惑，并与教师一起分析和探索。

在分析评价资料和数据信息时，要与教师进行充分的交流与沟通，注重资料的背景和影响因素。达成评价结论的过程要与教师一起进行讨论，对教师存在的优势、不足和进步尽量形成清晰一致的认识，注重引导教师分析现象背后的原因，提高教师自我反思和总结

的能力，并且与教师一起寻找出改进教育教学实践的建议。同时，新课程主张实施领导、同事、学生、家长的多元评价，使被评教师从多渠道获得反馈信息，更好地反思和改进教育教学工作。从某种意义上说，同事、学生和家长都是教师的工作伙伴，他们不但直接或间接参与了教师的教育教学活动，而且能够从不同的侧面反映教师的工作表现，对改进、提高教师工作质量都会产生积极影响。因此，新课程强调为同事、学生和家长创设积极参与评价的氛围，同时被评教师要端正态度，认识到他人评价所提供的信息对于自己改进和发展的重要作用，以积极的态度和宽广的胸襟接受他人的评价。

二、教师期望效应

教师期望效应，亦称"皮格马利翁效应"。指教师对学生的殷切期望能戏剧性地收到预期效果的现象。皮格马利翁是希腊神话中塞浦洛斯一位善于牙雕的国王，由于他把全部热情与期望倾注在自己创作的美丽少女雕像身上，竟使雕像活了起来，使他梦想成真。1968 年，心理学家罗森塔尔和雅克布森做过一个"课堂中皮格马利翁：教师期望和小学生智力的发展"的实验。他们先对小学一年级至六年级学生进行了一次预测未来发展的智力测验，而后在各班随机抽取 20% 的学生作为实验组，并向各班教师伪称，这些学生是"未来的花朵"，有很大的学习潜力；而将各班其余 80% 的学生作为控制组。

1. 功能

（1）激励功能，促使学生朝着教师所期望的目标发展，形成一种良性循环。

（2）调整功能，即调整师生间的关系，形成认识、情感及思维上的"共振"。

（3）转化功能，即促进教师由传统的教育观念走向现代的教育观。

（4）支援性功能，即帮助学生解决在探索知识以及心理发展过程中遇到的困难。如：建立良好的自信心。

2. 原则

（1）民主性原则。

在教学中，教师是主导，学生是主体，师生是有着独立人格与尊严的个体。教学是建立在平等、合作、互助基础上的，而期望效应正是为创造这样一种情境服务的。教师期望意味着对学生的信任、关怀、激励和挚爱，意味着师生之间的通情达理、相互理解、尊重和爱护的和谐人际关系。这是教师期望能否产生积极效应的关键因素，因为只有在民主平等的师生关系和生动、活泼、和谐的教学氛围中，教师对学生的期望和厚爱才能转化为学生的领悟和愉快的情感体验，师生之间才可能产生心灵的感应、情感的交融，从而结出期望效应的硕果。

（2）适度性原则。

教师的期望目标必须遵循适度性原则，在教学中，要使学生对教师所教授的知识、理论、思想产生"共鸣"，需要有这样一些条件：它们能够通过逻辑防线、情感防线和伦理防线并能达到"最近发展区"。应该以学生已有的发展水平为客观基础，不能超出其发展的可能性，那种高不可攀的期望只能成为空想和泡影。同时，教师的期望又不能停留在学生已有的水平上，要适当高于学生已有的现实发展水平，相信所有的学生都具有发展的潜力，从而造成教师期望目标与学生已有发展水平之间的必要张力和冲突，为促进学生积极主动地向更高水平的目标发展提供动力。

（3）暗示性原则。

教师通过各种态度、表情和行为方式将其暗含的期望，以相当微妙的方式传递给学生，其实现多是一种无意识或者相当隐蔽的行为。教师期望能潜移默化地影响着学生。"随风潜入夜，润物细无声"，这种影响是其他任何教育手段都无法比拟和替代的。如给学生的作业以特殊的评语，甲等，评以"优秀，保持下去！"凡得乙等，评以"良好，继续前进！"凡得丙等，评以"试试看，再提高点吧！"对于丁等的，评以"让我们把这个等级改进一步吧！"这种暗含期望因素的评语如涓涓细流滋润着学生心田，也如一粒石子投入心湖引起碧波荡漾和涟漪，使学生产生再接再厉，积极向上的力量，对加强学习动机具有积极作用。

（4）差异性原则。

人生来是平等的，但人生来就是不相同的，正如无法找到两片完全相同的树叶一样，你也无法找到两个完全相同的人。这是中国古代教育巨匠孔子提出因材施教的依据。因而在教学中我们应充分承认和肯定学生之间的差异性，对不同的学生形成不同的期望，使其每位学生都在各自基础上得到全面、健康、活泼的发展。那种抹杀差异性的做法会践踏学生的主体性，使学生的个性发展遭到压抑。

3. 建议要求

（1）期望要合情合理。

合理就是要符合国家、社会、学校和个人的需要，符合时代的潮流，对社会和个人发展具有积极的作用。

（2）期望要具有可行性。

这里的可行性是指符合行为主体的主客观条件，即具有实现的可能性。如果从客观上讲是合理的，而主体行为上是不可能的，那么这种期望还是不能转化为主体需要，更不能内化为主体动力。

（3）期望要具有挑战性。

只有那些具有挑战性的，超出于原有水平，但通过努力可能达到的期望，才有吸引力，才有激励性。可望而不可即的或随手可得的期望都是不可取的，俗话说："跳一跳可摘到的桃子最甜。"

（4）期望要内隐。

教育者的期待不应当是赤裸裸的"现金交易"，而应当是温情脉脉的感化；不应当是口头上的说教，而应当是满怀期望，含而不露地潜入学生的心灵。大喊大叫只会激起学生的逆反心理。

（5）期望要持久。

期望要有信心、决心和耐心，即使一时看不出明显的效果，也不要灰心丧气。须知学生领会，接受师长的期望需要一个过程，在活动中做出成绩，也需要时间，任何急躁情绪，都将适得其反。

（6）不要把期望变成负担。

第三节　义务教育阶段教师管理权边界

义务教育阶段教师管理权边界的设立需要进行一定的理论分析。理论基础是教师管理权边界设立的根本，这里的理论基础主要是权利的相对性理论和权利冲突理论；了解教师管理权的属性，为边界的设立提供必要的依据；同时提出了四项原则来保障边界的设定。

一、理论基础：教师管理权边界的设立之本

何为权利？从政治学和法学的角度来看，权利在一般情况下就是指人们所享有的权力和利益。这种权利是被国家的法律所确认的并对其进行保护的，任何人都不得以任何的方式侵犯权利；从经济学的意义上来看，权利侧重于人们的经济利益以及个人的财产权；马克思主义哲学从权利范畴的角度出发，将权利的定义理解为，人们在实践中对权利寻求的一种需求目标，是人在无约束的条件下才可寻求的一种价值导向。从权利的关系范畴上来看，教师的管理权不仅是绝对的权利，同时也是相对的权利，权利本身就是体现了人和人之间的一种微妙关系。

1. 权利的相对性

权利具有相对性，这就表明了权利是具有边界的，即使这种权利的边界是模糊不清的，但它也不是一种绝对化的权利。深入探究权利的相对性，认识到不论何种权利，都需要其他权利对其进行配合与支持才能够保证这种权利长久地进行。权利的相对性要求我们承认权利是具有限度的，把握好权利的限度，认清权利的现象，才能够保障一切合法权益的顺利进行。

这里主要研究教师管理权的使用限度问题，认为教师所行使的管理学生权是具有边界的，是有一定限度的。无论哪一种权利的行使，都是具有一定合理限度的，教师管理权也不例外。权利的相对性要求教师在行使其管理学生的权利时要把握好度，切忌不可过度，从而保证教师管理权的行使得当，并将其限度掌握在一个平衡点之上。然而，对权利进行限制，并不是说权利人凡事都不能做，随随便便就限制权利人权利的行使，对权利进行限制是具有一个标准的，需要在一个适当"度"的基础上进行的。对权利进行必要的限制，

是权利相对性的必要保障。一个人如果毫无限制地行使其权利，结果就会导致其他人的合法权益受到损害，就如一个人可以选择深夜在家里看电视，这是他的权利也是他的自由，任何人都无权对其进行干涉，但如果他电视的声音开得过大，足以影响到隔壁的邻居正常的休息时，他就侵犯了隔壁邻居的合法权益。可见，为了维护每一个公民的合法权益，满足公民的利益诉求，就需要对权利进行必要的限制，为权利的行使划一个"度"，让每一个公民都能够围绕这一个"度"来行使其自身的合法权利。

教师管理权具有相对性，不仅自身的义务会对其制约，还要顾及其他主体的权利不受侵犯，如学生的受教育权等等，因此也会受到其他权利主体产生的制约，这种互相制约的关系就产生了教师管理权的界限。权利之间要找寻一个可以平衡的点，这个平衡点就是权利的边界。对义务教育阶段教师管理权范围及行使限度进行必要的界定，保障教师管理权的顺利行使，充分体现了教师管理权的相对性。

2. 权利的冲突性

20 世纪末，权利冲突问题逐渐走入了人们的视野，大多数法学界的学者开始着手对权利冲突问题的研究。进入 21 世纪后，学者们对于权利冲突问题的研究已经日益成熟，不仅仅满足于单从法学的角度对其分析，还逐渐延伸到了政治学、教育学的领域中。纵使对于权利冲突问题的研究已经十分全面，但对于什么是权利冲突，权利冲突的性质问题仍旧没有解决，学界对此的观点也是各有不同。夏勇认为所谓的权利冲突无非就是法定权利与人的道德品行之间的冲突；权利冲突与侵权和犯罪是不同的，它是人们由于各自利益的出发点不同而引发的冲突，因此，权利冲突应该是正当的，具有合法性质的。对于权利冲突的分析各学者都有不同的管理，总体来说，权利冲突是具有多样性的。

在这里，权利冲突理论作为整个研究的理论基础之一，是十分必要且势在必行的。以往的权利冲突大多发生在我们的日常社会生活中，现如今，教育领域的权利冲突问题也日益凸显。在教育领域中，权利冲突主要表现在教育主体之间由于各自朝着自己的利益目标努力，彼此之间因为损害到各自的正当权力和利益时而产生的一种行为。当然，权利冲突也不仅仅表现在两个及以上的教育主体之间，它还存在于教育主体与受教育主体之间，这种冲突往往会产生一定的矛盾并且会损害其他权利主体的利益。本文之所以将权利冲突问题作为文章的理论部分，就是由于各教育权利主体在行使其权利时，不能够很好地把握限度，没有清楚地认识到权利冲突，从而造成了侵权问题，才会引发类似于损害其他权利主体利益的行为。

二、权利属性：教师管理权边界设定的基础

每一种权利之间都具有一定的关联性，在这些关联性的背后就是权利与权力之间的制约与对抗。要想保持各权利之间平衡发展，保证各权利在适当的度中进行，设定权利边界，保证权利在边界中有效地行使，就需要明确权利的属性。教师作为一种职业，具有公共性

和职业性的双重属性。

1. 教师管理权的公共性

义务教育作为一项公益性的事业，使得教育活动也具有一定的公共性。作为处在教育中的教师，教育所赋予自身的权利与职责同样是具有公共性的。世界上的许多发达国家都通过颁布立法来确定教师的权利属性。法国、德国、日本等国家就通过颁布立法，明确了教师具有国家或地方公务员的性质，并将其依法纳入公务员的管理系统之中，公务员法同样也适用于教师，教师也需要严格遵守公务员法的规范。美国、英国等国家甚至将教师划到了国家雇员的行列，适用于公务雇员的法律规范，意图突出教师职业的公共性。在世界各国的教育法律当中，将教师划分为公务员或雇员，无论哪一种身份，其权利和义务都会通过法律来对其保障和约束，明确地将教师职业公共性的一面表现出来。当教师的身份带有一定的公共性的时候，其权利的行使也会带有相应的公共性。我国教师根据国家颁布的教育培养目标对学生进行日常的管理工作，这些都是带有一定公共色彩的。我国教师行使管理学生的权利，要求教师务必尊重学生的各项基本权利，保障学生的人身权等各项权利。教师职业的公共性决定了教师管理权同样具有公共性质，这就需要教师在使用其管理权时注意维护社会公共性，不滥用自己的管理权，把握限度。由此，我们可以清楚地认为，在义务教育阶段，教师的管理学生权是具有公共性特征的。

2. 教师管理权的职业性

我国《教师法》规定了教师是具有一定身份的专业人员，其管理权也是带有一定职业性质的。我国的教师具有包括管理学生权在内的六项基本权利，权利的产生都是以教师的职业属性密不可分的。教师基本权利的行使离不开法律法规的制约，同样，其权利也会受到法律的保护。正是由于法律对教师进行的清晰的界定以及规范了教师的基本权利，奠定了教师的职业属性，明确了教师管理权同样具有职业性。我国法律明确规定了教师的管理权是一种不能转让且不能放弃，只有具有教师资格的人才能够享用的一项职务权利。教师资格的获得也是需要经过层层把关与筛选后才能够获得的一项专业技能。在我国《国家标准职业分类和代码》的文件中就将教师划分到了专业技术人员的类别之中，可见，我国对于教师具有职业性、专业性给出了一定的认可。教师管理学生的权利是教师的基本权利之一同时也是教师的基本职责，教师不能够为了满足个人的利益而损害学生的各项权利，也不能够因为怕承担责任而忽视其权利的使用。教师的管理权具有一定的法律限度，既不能够过度地使用也不能够刻意忽视不用。当教师的专业性越强，其管理学生的水平和能力也就相应增强，因而，为使学生能够得到良好的管理和发展，教师要不断充实自身，培养其专业性能力。

教师的管理权不仅是教师特定的权利，同时也是教师的一项职责。教师有责任来保证学生的全面发展，这是教师不可松懈的职责，教师更应当在合理合法的条件下对学生进行管理教育。教师对学生的适当管理在学生健康全面的发展中具有不可推卸的责任。因而，在面对教师管理权使用不当的问题上，明确教师管理权边界势在必行。

明确教师管理权的属性，为义务教育阶段教师管理权边界的划分提供基础。在设立义务教育阶段教师管理权边界之前，有必要先对教师管理权的属性进行了解。由于教师的身份本身带有公共性，因而教师管理权同样具有公共性。同样，教师作为一定身份的专业人员，其教育管理权作为权利之一也具有一定的专业性、职业性。教师管理权的行使往往会涉及受教育者的各项权利，同时也会影响到学生身心的成长，在保障学生的各项合法权益的前提下，教师管理权的公共性也随之而出。教师管理权的公共性要求教师在行使其权利的同时要注意维护社会的公共性，合理使用教师管理权。教师权利的职业性要求教师作为一名专业人员，有权对学生进行必要合理的管理，当然，其所享有的管理权利也应当受到限制。教师管理权的专业性要求教师在行使权利的过程中要注意合理合法，注重度的把握，切不可因为管理权的过度行使而侵犯到学生的权益。同时，教师的管理权也要受到各方的监督。因而，在了解了教师管理权的权利属性后，我们可以发现，教师若想正当合理地使用其管理权，就应当依据一定的准则来进行，明确教师管理权的边界，才能够保障教师及学生合法权益不受侵犯。明确教师管理权的属性，为我们设立义务教育阶段教师管理权边界提供了基础，教师管理权边界的设立应当紧紧地围绕教师的权利属性来划定。

三、基本原则：教师管理权边界设定的准则

教师管理权边界的设定需要依据四大基本原则，即比例性原则、教育性原则、均衡性原则和适度性原则。对于教师管理权边界的划分与设定，需要以这四个原则为根本，遵循这四个原则的发展要求，才能够对教师管理权边界进行合理有效的划分。

1. 比例性原则

比例性原则即比例原则。比例原则在对于如何正确有效地行使教师管理权的问题中起着重要的作用。本文中的比例原则主要是从行政法领域借鉴而来的，在行政法中，其对比例原则的解释是这样的"当相对人侵害了他人的的权利时，其处理的方式必须要选择使相对人的利益受到限制或损害最小的方法。同时，还要保证相对人正当的合法权益不能够受到侵害，要与公共利益相一致，这就需要做到对其的处理方法所造成的损害要与正常的公共利益相匹配。"由此我们可以将其概括为，比例原则就是在惩戒相对人时，要采取最小的侵害方法对其进行管理。比例原则的运用主要就是为了解决教师在行使其管理学生权的过程中所遇到的一系列问题，如教师如何保证其对学生的管理保持在一个相对适度的范围之内，从而避免为了达成目的而不择手段的问题。

对于比例原则在教育管理权的应用在国外已经十分普遍，德国就在教师管理权的应用中引入了行政法中的比例原则。德国的法律要求学校及教师在行使管理学生的权力时，其目的必须正当，符合教育的目的，必要时采取一定的手段，使侵害度降到最低。

比例原则的使用对于维护教学秩序在一个平稳有效的环境中进行具有重要意义，同时，

在一定程度上，比例原则的使用还能够保护学生的合法权益不受侵害。这主要是由于比例原则要求教师在行使其管理学生权利，对学生施加的惩戒行为需要保证学生的权益受到最小的侵害。这样做不仅对教学管理秩序的维护起到一定的积极作用，还可以保护受惩戒学生的合法权益不受到任何侵害。

2. 教育性原则

在教师管理权中，管理学生必须遵循的原则就是教育性原则。教育性原则就是要求教师要以学生为本，立足于学生，当学生出现违纪行为时，要及时分析学生违纪行为的原因，具体问题具体分析，在结合了每一个学生的性格特点的基础上，给予学生恰当的管理和教育。教师对学生的管理赋予了教师相当一部分的主观判断的空间，这就需要教师能够处理好会面临的各种问题，在面对客观条件都相同的情境，要给出一致的态度；对于客观条件不相同的情境则要有差别地对待，给出不同的态度。从而在根本上以学生为本，立足于学生，进一步实现教育领域的公平公正。教育性原则要求我们把学生放在首位，放眼于未来以促进学生的全面发展。教师在行使管理权时，要以教育学生、培养学生的品德作为对其进行惩戒的目的，使学生能够在改正错误的同时，获得启发与教育。教学活动的管理行为作为一种辅助的教学活动，同样要以满足受教育者的身心发展为宗旨，以受教育者的长远发展为目的。在教育管理中，教师管理权是一种经常会用到的管理措施，这种管理措施就是人们通过外界的状况，根据自身的要求对受教育者有意识地施加一系列的管理手段，从而对其身心变化产生影响，而这种管理措施也往往是与奖励、表扬这些方式一样的，都会对受教育者产生一定的影响。

任何一种管理手段与方式，都应该具备一定的教育意义，使受管理者在被管理的过程中能够充分地认识到自身发展的不足并能够及时改正，进而保证教师的管理行为得到有效而充分地行使。作为专门培养人的活动——教育，首要的就是要以完善受教育者的身心发展为根本立足点。由于学生尚处于青春期，还没有形成正确完整的人生观、价值观以及世界观，因为种种原因而出现违纪违规的情况也会时常出现。对于这种现象，教育管理者就应该充分正确地发挥其职能，切忌不能只惩不戒，而是要采取一种适当的管理方式来引导并管理受教育者。在各类的教育及教学活动中，教师是教育管理的施行者，其对学生进行教育的目的就是要保证学生的长远发展，培养学生各方面的能力。因而在实施教育管理的过程里，教师需要及时对每个学生的个性特点有一个充分的认识和了解，从而因材施教，对每个学生进行教育管理。通过教育管理权的教育性原则，让学生充分认识到教师的管理寄予着教师的爱心、善意与尊重，真正实现教育的目的，从而体现其教育性原则。

3. 均衡性原则

在教师行使管理权利时，均衡性原则是十分重要且不可或缺的一项原则。均衡性原则的核心要求就是需要教师根据每个学生的发展状况做出综合考量，根据其分析的结果选择以何种方式管理学生，从而保证照顾到每个学生的发展需求。然而，均衡性原则要求教师在行使管理权时，其权利的运用必须有一定的限度，只有在合理的限度之内行使其管理权，并且依据一定的法律规范，才能够保障学生及其家长的权益受到法律的保护。因而，教师在行使其管理学生的权利时，一定要综合考量每个学生的发展需求，保证各方的利益平衡。

4. 适度性原则

适度性原则即适度原则。在教育的管理过程中，教师的全面发展与学生的发展息息相关，也影响着学生的发展。教育要时刻关心教师的发展需求同时还要满足教师的发展需要，只有当教师充实完善自身，使其得到的全面的发展，才会时刻站在学生的角度立场，发展学生，促进学生的可持续发展。因而，教师在日常的管理学生过程中，满足其自身的发展也是很必要的。这样才能在管理的过程中找到一个合理的适度的点，以保证学生的可持续发展。

适度原则需要坚持，同时更要在管理学生的过程中去找寻管理"宽"与"严"之间的平衡点。在教育过程中，教师对学生要适当地平等，一视同仁，在学生遇到问题，犯错误的时候，可根据情况适当采取平和的方式来教育学生，这就是所谓的"宽"。但一味地"宽"也会产生一系列的问题，很容易使学生意识不到自身错误的严重性，导致其自我意识增强，进而引发新问题。因而，在与"宽"相对应的另一个方面，教师要对学生采取"严"的管理模式。教师要对学生进行严格的管理与要求，而这里的严格并不是严厉、体罚，而是要以一种严格的姿态处理学生的问题。过于严厉的管理容易使学生不能很好地释放自己的个性，甚至还会带来反作用，造成学生的逆反心理，同样也会压抑学生的创造性和自我的发展。对学生进行适度的管理是教育管理手段中必不可缺的，教师要在发展自身的情况下准确把握管理学生"宽"与"严"的平衡点，掌握好管理的尺度，"宽""严"结合，从而保证教师在行使其管理学生权利时的合理合法性。

对比例性原则、教育性原则、均衡性原则以及适度性原则的分析，有助于我们从这四个方面入手，比例性原则要求教师在行使管理权时要采取对学生最小的侵害方法对学生进行教育管理；教育性原则要求教师能够以学生为本，因材施教，根据每个学生各自的性格特点来选择最适宜的管理方式；均衡性原则要求教师在管理权方式的选择上要考量到每个学生的发展，符合学生的发展需求；适度性原则要求教师在行使管理权的过程中要做好"度"的把握。因而，对于教师管理权边界的问题上，教师要坚持这四项原则，在尊重教师管理权的基础上，保证教师在行使其管理权时不侵犯学生的合法权益。从而为义务教育阶段教师管理权边界的设立提供一个建立准则。

第六章 学生管理

第一节 学生管理概述

一、学生管理系统

学生信息管理系统是针对学校学生处的大量业务处理工作而开发的管理软件，主要用于学校学生信息管理，总体任务是实现学生信息关系的系统化、科学化、规范化和自动化，其主要任务是用计算机对学生各种信息进行日常管理，如查询、修改、增加、删除等，另外还考虑到学生选课，针对这些要求设计了学生信息管理系统。推行学校信息管理系统的应用是进一步推进学生学籍管理规范化、电子化、控制辍学和提高义务教育水平的重要举措。

1. 产生背景

学生信息档案的管理对于学校的管理者来说至关重要，学生信息是高等学校非常重要的一项数据资源，是一个教育单位不可缺少一部分。特别是近几年来，国家政策的调整，我国高等院校大规模的扩招，给高等院校的教学管理、学生管理、后勤管理等方面都带来不少冲击。其包含的数据量大，涉及的人员面广，而且需要及时更新，故较为复杂，难以单纯地依靠人工管理，而且传统的人工管理方式既不易于规范化，管理效率也不高，目前我国各类高等院校中还有相当一部分学生档案管理停留在纸介质的基础上，尤其是中、小学对学生档案的管理更是落后，这样的管理机制已经不能适应时代发展的要求，其管理方法将浪费许多人力和物力。随着科学技术的不断提高，计算机科学与技术日渐成熟，计算机已进入人类社会生活的各个领域，并发挥着越来越重要的作用。这种传统的手工管理模式必然被以计算机为物质基础的信息管理方法取代。

作为计算机应用的一部分，使用计算机对学生档案进行管理，有着手工管理所无法比拟的优点，如：检索迅速、查找方便、可靠性高、存储量大、保密性好、寿命长、成本低等。这些优点能够极大地提高学生档案管理的效率，也是学校向科学化、正规化管理发展的必要条件，更是各个高等院校与世界接轨的重要条件。

2. 开发意义

系统针对学校学生信息的特点以及管理中实际需要而设计，能够有效地实现学生信息管理的信息化，减轻管理人员的工作负担，高效率、规范化地管理大量的学生信息，并避免人为操作的错误和不规范行为。

3. 基本功能

荣誉分值、综合分值等计算、统计和分析。实现自动排名、审计奖学金，公示奖学金评审结果等功能。

困难生认定管理：学生申请，教师审批，申请发放各项资助。有助于加强学校对困难生的服务和管理，简化困难生资助申请的烦琐过程，给困难生提供更加简洁、方便的服务渠道，确保资助准确、及时地发放。勤工岗位申请管理：岗位设定、学生申请、教师审批。提高了勤工岗位服务和管理的效率性和科学性。

科技项目申报管理：科技项目发布、学生申请、教师审批。实现了对学生科技项目执行情况的监督、检查、项目验收鉴定和经费管理等工作流程化、规范化的管理。

就业信息管理：以"服务学生就业"理念为依托，构建一个针对性强，实时、方便的数据采集、分析和管理平台，逐步实现对学生就业信息的更好管理，提高信息化管理水平，为相关决策提供支持。

党员管理：支持以支部为核心的党员管理方式，加强和改进党员的管理，有助于党员能够及时参加党的组织生活，接受党组织的教育、管理和监督，更好地发挥先锋模范作用。消息管理：意见反馈，处理。搭建师生沟通平台，保证各项事务公平、公正、公开处理。

二、学生自主管理

学生自主管理是学生在教师积极引导下自行发现自我价值、发掘自身潜力、确立自我发展目标、形成适应社会发展和推动个体与社会发展的意识和能力的一种教育管理模式。学生自主管理，也是一个比较好的教育过程，是一个社会实践过程，也是学校励志教育的一种体现。

自主管理是对班级各种活动以及每个学生充分授权，让其产生责任感，即从而激励班级组织和个人学习的自主性和创造性的管理方式，准确地说是一种管理思想。班级自主管理全过程充分注重人性要素，充分注重学生潜能的发挥。注重学生的个人目标与班级、学校目标的内在统一，在实现整体目标的同时实现学生的个人追求。

1. 意义

学生自主管理是学生自主发展教育的一个重要的有机组成部分，需要外在的良好的环境和氛围，需要以多样化的健康活动为载体，需要以人性化的制度来约束，需要以全面、客观的评价机制做保障。它是当前学校教育中一种较为可行的教育管理模式，有利于学生的终身发展，有利于国民素质的整体提高。这种教育管理的结果是，学生会从自律前提下的自信走向自主，从自主走向自立，从自立走向自强，最终从自强走向自如，即能够灵活自如地适应社会的发展并推动个体和社会的不断发展。

实施学生自主管理教育，并非任学生自由发展，教师的引导作用不可忽视，也就是说，教师的监控要与学生的自主管理和谐统一。在不超出学生当前心理承受能力、自我调节能力的范围，凡事教师都要敢于"放"，在学生误入迷途难以自拔的边缘教师要及时"收"。教师只有收放得体，学生才能具备创积极性和创造力，才能闯出一片既有益于自己又造福社会的天空。

在引导学生自主管理时，第一，需要注意自主管理不等于放手管理；第二，自主管理不等于纪律、卫生的自主管理；第三，自主管理不等于部分人的自主管理，我们提倡人人参与的班级自主管理，每位同学都要在班级管理中确定自己的岗位，做到人人有岗，人人定岗。

2. 原则

学生既是教育的客体，又是教育的主体。教师应把学生视为班级的主人，应该让全体学生进入自己工作的决策过程当中来，无论是制订计划、贯彻执行，还是检查监督、总结评比，都要让学生参与，使他们了解班级工作的上下环节，明确自己应该承担的各种义务。只有这样，学生才会具有主人翁的意识，才会把教师建议完成的工作当作自己的使命，学会做班级、学校的主人。

第二节　学生班级管理

一、班级管理

班级管理是一个动态的过程，是教师根据一定的目的要求，采用一定的手段措施，带领全班学生，对班级中的各种资源进行计划、组织、协调、控制，以实现教育目标的组织活动过程。

班级管理是一种有目的、有计划、有步骤的社会活动，这一活动的根本目的是实现教育目标，使学生得到充分的、全面的发展。

1. 功能和目的

（1）有助于实现教学目标，提高学习效率。

班级组织产生的根本原因是为了更有效地实施教学活动，因此，如何运用各种教学技术手段来精心设计各种不同的教学活动，组织、安排、协调各种不同类型学生的学习活动，是班级管理的主要功能。

（2）有助于维持班级秩序，形成良好的班风。

班级是学生全体活动的基础，是学生交往活动的主要场所，因此，调动班级成员参与班级管理的积极性，共同建立良好的班级秩序和健康的班级风气，是班级管理的基本功能。

（3）有助于锻炼学生能力，学会自治自理。

班级组织中存在着最基本的人际交往和社会联系，存在着一定的组织层次和工作分工。因此，班级管理的重要功能就是不但要帮助学生成为学习自主、生活自理、工作自治的人，而且要帮助学生进行社会角色学习，获得认识社会、适应社会的能力，而这对于促进学生的人格成长是极其重要的。

2. 班级管理模式

（1）常规管理。

班级常规管理是指通过制定和执行规章制度去管理班级的活动。规章制度是学生在学习、工作和生活中必须遵守的行为准则，具有管理、控制和教育作用。通过规章制度的制定，使班级各项工作有章可循、有条不紊，通过规章制度的贯彻，可以培养学生良好的行为习惯以及优良的班风。

（2）平行管理。

班级平行管理是指班主任既通过对集体的管理去间接影响个人，又通过对个人的直接管理去影响集体，从而把对集体和个人的管理结合起来的管理方式。

（3）民主管理。

班级民主管理是指班级成员在服从班集体的正确决定和承担责任的前提下，参与班级管理的一种管理方式。实质上就是发挥每一个学生的主人翁精神，让每个学生都成为班级的主人。

（4）目标管理。

班级目标管理是指班主任与学生共同确定班级总体目标，然后转化为小组目标和个人目标，使其与班级总体目标融为一体，形成目标体系，以此推进班级管理活动，实现班级目标的管理方法。

3. 问题及解决

（1）当前我国学校班级管理中存在的问题。

① 班主任对班级管理方式偏重于专断。

长期以来，我国实施的是"应试教育"，分数和排名是学校和教师工作业绩的衡量指标，这导致了高度重视课堂教学和考试成绩，而忽视了学生的内在需求。班主任一直在做程式化的教育教学工作，他们最关心的是如何让学生在考试中获得好成绩，确保班级的成绩在学校中的排名和让学生服从老师，以维护教师的权威不受侵害，使学生服从教师指挥，学生必须被动地按照教师的要求去做，缺乏自主性。

② 班级管理制度缺乏活力，民主管理的程度低。

在班级中设置班干部，旨在培养学生的民主意识和民主作风，学会自治自理。然而很多中小学的班干部相对固定，一些学生形成了"干部作风"，不能平等地对待同学，而多数学生却缺少机会，学生在社会环境及部分家长的影响下，往往把干部看成是荣誉的象征，多数学生在班级管理中缺乏自主性。

（2）我国学校班级管理中存在的问题的解决策略。

要解决我国学校班级管理中存在的问题，必须建立以学生为本的班级管理新机制，在班级管理中，只有确立学生的主体地位，才能从根本上解决班级管理中存在的问题。这就要求做到：

① 以满足学生的发展为目的。

学生的发展是班级管理的核心。纪律、秩序、控制、服从是传统班级管理所追求的目标。在现代教育活动中，班级活动完全是培养人的实践活动，满足学生发展的需要既是班级活动的出发点，又是班级活动的最终归宿。班级管理的实质就是让学生的潜能得到尽可能的开发。

② 确立学生在班级中主体地位。

发展学生的主体性是学校管理的宗旨。现代班级管理强调以学生为核心，尊重学生的人格和主体性，充分发挥学生的聪明才智，发扬学生在班级自我管理中的主人翁精神。建立一套能够持久地激发学生主动性、积极性的管理机制，确保学生持久发展。

③ 有目的地训练学生进行班级管理的能力。

要实行班级干部轮换制，让每个学生都有锻炼的机会，并学会与人合作。以训练学生自我管理能力为主的班级管理制度改革的重点是：把以教师为中心的班级教育活动转变为学生的自我教育，即把班集体作为学生自我教育的主体。具体的做法包括：适当增加"小干部"岗位，并适当轮换；按照民主程序选举班干部；引导学生干部做"学生的代表"；引导学生"小干部"做好合格的班级小主人。

二、中学班级管理存在的问题及解决办法

班级是学校的基本单位，也是学生在校学习、生活、活动的主要场所，班级管理是学校管理的基础，一个学校办得好坏，关键是看各个班级的管理，因此，抓好班级管理显得非常重要，它是落实教学常规，完成教育教学目标，促进学生身心健康发展的根本保证。

随着时代发展，社会进步，学生接受的各种信息多，思维越来越活跃，思想越来越复杂，所以给班级管理带来许多困难和挑战。因此，作为班主任不能用老眼光看待当今的学生，工作方法不能一成不变，应该与时俱进，创新工作方法，加强班级管理。

1. 目前班级管理面临的困难和新的问题

（1）学业负担对班级管理的影响。虽然前几年国家就已实施素质教育，提出要减轻

学生的学业负担，但从当前形势来看，不少学校仍然片面追求升学率，忽视学生的其他素质的发展，学生的书包越来越重，学业压力越来越大，只重视学习成绩，不重视其他活动，这就造成两极分化严重，产生厌学情绪，学生心理压力大，经常处于紧张状态，心情烦躁，失眠，稍有一点矛盾就吵嘴、甚至打架斗殴，这些都影响了班级团结、和谐稳定，给班级管理带来不稳定因素。

（2）社会不良风气对班级管理的影响。

当前我国经济飞速发展，社会发展日新月异，社会情况正在发生着复杂而深刻的变化，社会上的一些不良风气，如个人主义、拜金主义、享乐主义等消极腐朽思想给青少年学生带来了极大的负面影响，左右着青少年学生的价值取向，传统的伦理道德、审美情操在青少年头脑中的地位越来越脆弱，有些学生整日沉溺于网吧、游戏，甚至吸烟，导致旷课、迟到、偷盗。这些现象加大了班主任的教育难度，影响了班级的正常秩序。

（3）家庭教育对班级管理的影响。

由于我国实行计划生育，提倡一对夫妇只生一个孩子，所以绝对大多数学生是独生子女，他们在家里备受宠爱，要什么有什么，生活无忧无虑，甚至有少数家长溺爱，百依百顺，因此养成他们个性强，唯我独尊，胆子大、自尊心强，一副"小皇帝"的样子，俗话讲，江山易改，本性难移，因此，等他们到了学校，容不得半点批评，经受不住一丁点挫折，稍有不顺心的事就逃学，甚至有的以跳楼自杀相威胁，这些给班级管理带来很大困难，对班主任工作提出了极高的要求：就是面对这些独生子女，批评教育时如何把握这个度，批评教育时既要能达到目的，又不伤害他们的自尊心。

（4）留守儿童给班级管理带来的新问题。

随着我国经济的高速发展，外出务工人员越来越多，因此留守儿童的数量逐年增加。

这些留守儿童要么交给祖父母监管，要么托付给亲戚朋友，甚至有的只有学生本人在家，自己管自己，这些孩子由于父母不在家，缺乏父母的关爱和教育，因此养成自由散漫的习惯，花钱也无节制，平时在家的生活学习缺乏有效的监管，因此，给班级管理提出了新的难题，就是对这些留守儿童如何进行教育，如何监管他们节假日的学习生活，这些都是班主任值得思考的问题。

2. 加强班级管理的方法

（1）认真做好学生的思想政治工作。

①班主任要怀着"爱心"去做学生的思想工作。

首先要求班主任真心去爱每一位学生，给学生一种最深情、最无私和最伟大的父母爱，既要关心学生的学习，而且还要关心学生的身心健康，在日常生活中，对学生要热情诚恳，体贴入微，只有这样才能使学生更亲近你，更尊敬你，才能虚心听从你的教诲，履行你的要求，在此基础上，班主任再给学生正确的评价，根据学生爱表扬、怕批评的心理，做到多表扬、少批评。班主任对学生的肯定性评价能使学生产生成就感，从而激发他们的学习动机和进取的信心。批评时，要弄清事实，对不同性格的学生进行恰当的批评，绝对不能挫伤学生的自尊心和自信心。

② 多角度地开展思想教育工作。

抓思想政治工作先从礼貌教育开始，礼为德之道，一个没有礼貌的人，他的道德就无从谈起，我们国家从传统上讲就是个"礼仪之邦"，古人对"礼教"非常重视，道德教育是一切教育的根本，而中小学生作为道德教育的重点人群，就必须依据其年龄特征和受教育的能力对其进行教育，使他们懂礼貌，知人伦，敬师长，爱幼弱，尊他人，有教养。

理想教育要联系实际，切不可空谈大道理，理想教育必须跟建立美好的家庭，促进当地经济发展，推动社会进步有机地联系起来，这样才能给每个学生找到奋斗的动力，我们可以请老红军、老模范、老干部当义务辅导员，给学生讲革命传统，讲老一辈革命家艰苦奋斗的故事，谈如何树立崇高的理想，以激励他们的学习热情，明确奋斗目标。

（2）努力提高班主任的班级管理能力。

目前仍有不少班主任观念陈旧，工作方法简单粗暴，自觉或不自觉地阻碍学生的发展，如以"罚"代"教"，学生犯了错误，不去做耐心细致的教育，而是体罚或变相体罚学生，有的班主任不能驾驭自己的情绪，经常训斥，讽刺学生。使学生经常处于一种恐惧与紧张感，久而久之，师生之间形成一道鸿沟，不利于班务工作的开展。

面对新的形势和任务，班主任必须加强学习，勤于思考，转变观念，努力提高自身的业务素质和工作能力，加强业务学习，提高管理水平。要当好一个班主任，就必须认真学习《教育法》《义务教育法》《教师法》《未成年人保护法》《教师职业道德规范》《班主任工作手册》，以及《中学生守则》《中学生日常行为规范》，通过学习这些法律法规，规范自己的班级管理，为班级管理提供法律保障，规范自己的教育行为，另外，要向先进班主任学习，学习他们的成功经验、先进的管理方法，以此提高班级管理水平。

（3）严以律己，树立形象。

要求别人做到的，必须首先自己要做到，这是任何一个管理部门对管理者提出的最基本的要求，也是管理好一个集体的重要保证。如果一味要求别人怎么做，而放松自己，那么不但给管理上带来很多麻烦，而且还会给集体造成诸多消极的、负面的影响，管理一个班级也是如此，教师在学生心目中的地位是很神圣的，有什么样的班主任就会带出什么样的班级，教师每说一句话、每一个举动都会给学生留下深刻印象，同时，他们也模仿着教师的言行，并生根定型，所以，教师要言行一致，以身作则，如要求学生爱卫生，不说脏话，上课不迟到，讲诚信，作为班主任首先做到，要以身作则，这样才能在学生面前树立威信。班级管理才能落到实处。

3. 加强班级管理的措施

（1）加强制度建设，形成良好班风。

学生在校学习、生活的环境主要是班集体，而班级的人际环境、心理环境、学习环境是否有利于学生的健康成长，关键是班风、班规、班貌的建设，做好学生的思想动员工作，让其明确中学生守则，明确中学生日常行为规范，明确学习目标，根据班上学生实际制定出个人、小组、班级的有关规章制度。如：考勤制度，作业收发制度，卫生值日制度，公物保管制度，干部工作制度，全班周小结、月评比制度和奖惩制度等，让每个学生制订一学期或一学年的学习目标和具体的学习计划，执行制度一定要严，要公平公正，一视同仁，真正落到实处，这样才能形成良好班风。

（2）加强班干部培养，形成班集体核心。

班干部是班主任和其他老师的得力助手，他们在班上进行管理，学生易于接受。培养班干部，既在集体中树立了典型，又使班干部本身得到了锻炼，还为老师分担了工作，班主任要物色好德、智、体、美、劳全面发展，热爱集体，思想正派，热心班务，有一定组织能力，在同学中有一定威信的学生担任班干部。建立好得力的班委会。班主任要经常对班干部的工作进行指导，如引导他们分析班上取得的成绩、存在的问题，指导他们制订工作计划，研究解决问题的措施等，帮助他们独立完成各项工作任务。

（3）开展丰富多彩的班团活动是搞好班级管理的有效途径。

学生的优良品德和良好的习惯可通过活动培养起来并得以巩固，班队活动是班主任向班集体进行思想品德教育的基本形式，开展班队活动，有利于培养学生对集体的责任感、荣誉感、自豪感，有利于锻炼学生的组织能力和创造精神；同时还有利于培养学生的团结、合作、自主竞争意识，增强凝聚力，活动形式要多种多样，在班内开展的活动可分两大类，一类是常规活动，如组建乒乓球队，建立学习小组，开展兴趣小组活动等，另一类是主题性活动，如主题班会、主题队会、科技制作、小发明等，组织好这些活动，对于增强团结，相互了解，有不可小视的作用。

（4）注重与家长联系，获得家长的支持和配合是搞好班级管理的重要因素。

从学生的成长阶段来说，他们所受的教育主要是学校教育和家庭教育。管理制度的实施，班队活动的顺利开展，都离不开家长的支持和配合。所以，在班级管理过程中，班主任应主动与家长联系，沟通感情，互通信息，相互了解，谋求一致，从而采取协调的步骤，在与家长的接触中，要尊重家长的人格，态度诚恳，认真听取家长的意见和建议，以改进自己的班级管理工作。在家长面前，不能学生有问题才找家长。学生有进步，取得了成绩也要向家长汇报。这样做才会得到家长的信任和支持，树立班主任的威信，使班级管理与家庭教育协调一致，相互配合，形成教育合力。

第三节　学生课外活动管理

一、寄宿制小学课外活动管理

1. 重视寄宿制学生的综合培养

国家要对我国寄宿制学校拥有足够的重视，在学校建设、制度规范和学校条件改善方面做到充分的准备，加大对寄宿制学校的经费投入，完善学生的住宿条件，提高寄宿制学校的伙食水平，重视学校师资力量的培养，通过政府加大经费投入，使寄宿制学校管理、教学水平都上一个台阶，深入贯彻我国义务教学。在此基础上，应加大寄宿制小学的安全检查力度，排除安全隐患，时刻重视食品安全，对食堂卫生、宿舍卫生进行每周一次或者每周两次的检查，避免传染性疾病的流行，购置的教学设备、住宿设备、餐饮设备等必须具备国家安全标准。

2. 加强食堂安全管理为学生提供更好的后勤保障

（1）以招标的形式将食堂给大型餐饮企业，进行统一管理，避免出现聘请不明背景的社会人员进行餐饮管理，对食堂餐饮人员的健康证明等必须要求严格，拒绝聘用有过恶性病史的人员，时刻对食堂安全进行全方位监管。

（2）用新型的思维方式和管理模式进行食堂管理建设，比如每个月由专业营养师制定学生营养菜谱，学生统一用餐，由学校向每个学生家长统一收伙食费，这样不仅能保障学生的营养均衡，还能简化用餐程序，减少食堂的工作量，更能使家长放心，克服学生挑食或不按时就餐、喜欢吃零食的坏习惯。

（3）对寄宿制学校食堂的管理任重道远，要严格明确管理机构职责范围，权责分明，避免出现事故之后出现互相推诿的现象，制定严格的职责范围，每一个管理人员都要履行岗位职责，不得擅离职守，制定明确的餐厅管理制度。对学校食堂的菜品供应商要实行定点采购，选取最健康、安全的菜品供应商，避免将污染出现在食材身上，管理者和医务人员都要对菜品的安全程度进行担保。对与食堂的规范管理，在用人方面同样不可掉以轻心，要严格把关，24 小时安装摄像头，将洗菜、做饭、学生用餐等所有程序都在纳入到监控之中，使学生、家长和老师都放心。

3. 加强学生的课外活动机制规范学生课余生活

（1）加强对生活老师的培养，学生的住宿问题是一个十分重要的问题，这关系到学生能不能有健康合理的休息时间，是否有精力进行更好的学习和生活，因此，寄宿制小学在抓好学生学业的同时，还要对生活管理做到充分的管理，生活教师是专门管理学生生活起居的老师，充当了临时家长的身份，他们不仅是学生住宿的管理者，更要保障学生的住宿安全，甚至心理健康辅导，小学生依赖心理较强，寄宿制学校又是长时间见不到父母的学校，难免会导致学生心理波动，这就需要生活老师对学生进行生活指导、心理辅导，付出心血和爱，帮助学生培养自立自强的生活态度。

（2）充分做好寄宿制小学安全管理。小学生正处在活泼好动的阶段，对任何事情的好奇心都很强，因此在监护人不在场的情况下很容易发生意外情况，这就要求学校充分进行学生安全管理，安全管理不仅是对学生进行人身限制，而是加强安全意识教育，使学生充分理解安全的重要性，才能有效避免安全事故，同时在学生的课外活动的同时，加大师资力量的调配，在早操、班会、运动会、早午晚就餐等学生量密集的情况下进行充分的安全维护。

（3）在学校组织课外活动时，注重卫生管理，不仅要使学生注重个人卫生，更要教育学生养成社会公德心，瓜子皮、零食袋等不要随手乱扔，更不要随地吐痰、大小便等，更不要随意吃路边摊的小吃，避免食用不洁物品导致肠胃不适等。

4. 通过课外活动培养学生社交能力

小学生由于年龄小，尚不足以拥有充分的能力进行自我保护，许多学生在家里被父母溺爱，对社会交际能力更是欠缺，课外活动恰恰为学生提供了一个与同龄人交往的平台，在活动中，学生可以与同龄人一起上课、玩耍，一起完成老师布置的作业，一起解决困难等，不禁培养了学生的社会交易能力，更使学生很快地融入学校这个大家庭中来。

生活指导老师不可能全程跟踪学生，应把重点放在中午、晚上加强对寄宿生的管理。此外，充分发挥"室长"的作用，每学期开学初对"室长"进行一系列的培训与指导，指导的内容涵盖宿舍卫生的检查督促、物品的管理，口杯牙刷鞋子等摆放、毛巾的悬挂、三餐的分配……生活指导老师对宿舍的管理要统一细化，责任到人，大到宿舍管理，小到关灯，物品摆放，都有专人管理。宿舍内的每一件物品都设立"小小管理员"，每日进行检查，发现问题及时整改，形成"人人有事做，事事有人管"的氛围，这样既减轻了老师的负担，又培养了学生的管理能力。

加强检查评比。针对住校生实际，学校制定就餐、就寝、卫生保持、卫生打扫、寝室内物品摆放等方面规章制度并进行严格检查评比。一周一小评，每月一小结，评选出模范寝室、文明住校生、优秀室长，并给予一定物质奖励，调动他们的积极性。

5. 开展文体活动，让学生乐不思家

住校生在校时间长，学生上完一天的课，有些住宿生难免有想家的念头，特别是年龄较小的学生，有的学生感到孤单。为使学生消除寂寞，学校应创造条件，广泛开展各类文体活动，以丰富学生在学校的学习生活，例如，组织学生看电视、下象棋、做游戏、举办文艺联欢晚会、举行各种球赛、到图书阅览室遨游于知识海洋、为留守儿童过生日，等等。这样住宿生会很快爱上学校生活，觉得学校生活很充实，感受到学校大集体的温馨快乐。

二、中职学生计算机课外活动

1. 课外活动的设计

课外活动的目的：以计算机学科课外活动的趣味性为吸引学生转变学习惰性的突破口，用计算机学科网络知识的大容量和易于查询的特点来培养学生的自学能力，通过计算机程序设计的模块化设计特点或者 Office 系统的图文混排的功能进行任务分割，来培养学生的团队合作精神，同时将计算机的功能引入日常的学习生活中。如在计算机中对墙报排版，各种学生活动方案设计，动画设计、网页设计、网站维护、室内装饰设计、模型设计、服装设计等，以引起学生浓厚的学习兴趣，将枯燥难学的知识技能融会于趣味性、娱乐性较强的课外活动之中，增强学习毅力，调动非智力因素的积极性；通过方案设计和活动内容的组织，使学生由厌学、弃学到愿学、会学的过程，提高学生的自学能力、培养学生的团结协作精神，以及提高学生的道德思想素质，使学生按国家的教育方针要求成长，达到教书育人的目的。

课外活动设计要求：①必须有详细的活动方案和内容以及过程要求，每一个步骤都必须有可操作性；②活动必须有针对性（按教育教学目的进行分组）和阶段性；③教师必须给出方向性指导并进行跟踪检查，随时进行提示和指导；④活动必须有较强的趣味性；⑤活动必须在一定程度上结合课堂教学内容；⑥活动方式和评价方式必须多样化，评价机制必须注重保护和激励学生的活动积极性。

2. 利用计算机课外活动进行心理健康教育

学习心理问题：学习是学生第一要务和主导活动，中等职业学校学生的身心发展也主要是通过学习加以实现的。中等职业学校教育阶段是中职生学习与发展的重要时期，而学生心理问题也是中职生最普遍、最常见、最突出的问题。主要表现在如下几个方面：

（1）学习目标不够明确。多数学生对进入职业学校学习认识不足，信心不高，甚至没有学习的目标，因而学习态度不够认真。

（2）学习动机不明。不少学生对学习的认知内驱力不足，不知道在中等职业学校里学什么，为什么而学，怎么学，对学习没有兴趣，只想安置工作，忽略基本技能和综合素质的培养，甚至很多学生家长也有如此想法。这就造成学生缺乏学习动力，不主动学习甚至不愿学习。

（3）学习习惯不良，学习方法不当。

（4）社会情感冷漠，不关心他人，不关心集体。

解决以上问题的方法也许有很多，但是对于计算机专业的老师来讲，最有效的方法就是利用计算机的特点设计趣味性较大的课外活动，如大部分学生都喜欢游戏和 QQ 聊天软件，我们是否可以引导学生如何利用 QQ 了解更多网友的信息，利用 QQ 进行更有价值的信息交流和传播，当然我们从最简单的，如五笔输入法开始，选择趣味性较强的练习软件，如抓小偷、小蜜蜂等；利用学生喜欢游戏特点引导学生设计游戏或者破解游戏，当然我们从最简单的，如 Photo 动画或者 Flash 游戏开始，到了第三、四学期我们可以设计学生管理系统，包括学生档案管理、学生成绩管理，将学生进行任务分组，锻炼学生的团队精神。希望和忍耐是中国五千年文明留给我们最有价值的精神财富，只要我们给学生以希望，付出我们的耐心和细心，把握循序渐进的原则，设计好每一次活动，我们就一定能收获学生的良好转变。

3. 利用课外活动进行逻辑思维能力的培养

智力的核心是思维。思维对知识、智力的开发起着关键性的作用。在计算机课外活动中培养和发展学生的思维能力，主要从以下几方面入手：

在教学过程中，一切教学措施最终都必须通过学生的学习活动体现其成效。所有知识的接受和智力的开发都要靠学生的积极思维。而思维必须在每个人的头脑中进行。教师无法用任何方式来代替学生的思维活动，因此，在培养和发展学生思维能力的过程中，首先要培养学生独立思考的习惯，提高学生思维的自觉性。

兴趣是求知的起点，也是思维的一种动力。学生的学习欲望和兴趣总是在一定的情境中发生的。大部分学生喜欢较为灵活的教学方式，喜欢趣味性较强的活动，可以以此为契机激发学生的学习积极性。

当学生在上机操作中达不到预期的结果时，教师及时引导学生解决"为什么？""与预期的结果差别在哪里？""怎么办？"三个问题，即可达到训练学生思维能力的目的。

要特别注意的是，教师要与学生平等探讨问题，不要强迫学生接受自己的意见或建议，要鼓励学生沿着自己的思路走下去，逐步地提示学生思考，让学生去品尝自己想出"好主意"的乐趣，让学生在不断的探索中锻炼成长。

例如，编程输出 1 ~ 100 之间的奇数、偶数程序设计，然后扩展到能同时被 3 和 7 整除的自然数。可在循环中用两个条件语句，或用条件语句嵌套，可改变步长值减少一个条件语句，亦可改变步长值取消条件语句，还可在循环中使用逻辑表达式等等。又如，编程从一批数据中统计出正数、负数、零的个数，可用条件语句进行判断，又可用关系式构成条件判断，还可用符号函数构成条件判断。教师引导学生从多方面探索可能的答案，在此基础上，又可把这些知识和方法展开到较复杂的问题中去，从而产生知识的纵向深入，使学生能够举一反三，触类旁通。

学生在思考与操作中不断探索，不断总结经验教训并进行自我调整，只要坚持培养下去，学生就会有所发现，有所创新，使思维能力不断提高。

4. 建立客观科学的计算机课外活动评价机制

计算机课外活动的评价是对学生成果的评价，是对学生努力的肯定，若做得好能使学生获得成就感，并激励学生继续努力，同时带动更大范围的学生参与进来，若做得不好则是对学生积极性和信心的伤害；计算机课外活动的评价，不但是对教学的考核、反馈、评定和激励，也是改进和提高教学效果的有力手段，是教学过程重要的组成部分。具体评价内容和要求，我认为可从如下方面考虑：

（1）活动目的：①参加课外活动的学生除了掌握基础知识外，还应进行一些操作技能的训练；②在活动过程中注意培养学生发现问题、解决问题的动手实践能力、自主学习的习惯和能力等；③培养学生良好的心理素质，如忍耐力、自学能力、团队协作能力等。

（2）活动内容：①活动内容要符合学生实际需要，有系统性地进行下去；②活动内容要有突出的重点，做到有的放矢；③有利于学生掌握基本技能技巧，有利于今后的再学习深造。

（3）活动成绩效果：①通过学生自我分析和测试进行综合评述；②通过阶段性测试方式，了解学生对知识掌握的程度，以及实际取得的成绩。

（4）活动总结：总结的目的是总结每次活动的得失，从组织者到参与者，从教师到学生都要进行总结，在活动中不断改进。

三、高职学生课外活动作用

高职学生课外活动的作用主要体现在以下几点：

1. 高职学生课外活动有助于提高学生的学习效率

高职学生课外活动最明显的作用就是有利于学生学习效率的提高。高职院校开展的课程内容主要是一些操作性非常强的专业知识，通常这些知识枯燥抽象，难以理解，所以说，学生一直沉浸在这样的学习状态下的话，很容易产生疲劳感，进而在潜意识里排斥所学的内容，如此一来，学生没有学习兴趣，学习效率自然比较低。科学研究表明，如果人一直处在某种环境中，或者大脑始终接受同一事物，就会产生记忆疲劳，面对这样的情况，每隔一段时间做出一定的变化和调整，那么大脑的记忆能力将会成倍提升。所以说，在高职学生的学习中也是如此，当学生长时间学习专业知识后，在抵触心理产生以前，组织学生进行合适的课外活动，就可以把学生从繁重的学业中带到比较轻松的环境里，如此一来，学生在进行专业学习的时候，其学习效率自然会提高。因此，高职学生课外活动对学生学习效率提高的作用毋庸置疑。

2. 高职学生课外活动是全面发展学生能力的必然要求

高职院校学生的全面发展也离不开课外活动的帮助。时代的发展使得社会步入一个全新的模式，行业的竞争更是为社会的发展注入了新的活力。再这样的背景下，社会对人才的需求也发生了重大的改变，今天的社会，不管是怎样的行业，需要的人才都是全面发展的人才，只有某一方面的特长，在其他方面没有任何能力的人，已经被这个社会淘汰。所以说，针对这样的现状，高职院校在重点培养学生某一专业领域的技能的同时，也必须保证学生其他方面能力的全面发展。在我国的教育体系中，从小学开始就不断强调素质教育，对于高职院校而言，增加学生的课外活动，是全面提高学生能力的重要方式。一方面，通过课外活动，高职学生可以发现自己的特长，进而在这一领域有更好的发展，另一方面，课外活动也使得学生能够在专业技能课程之外接受更多的其他方面的知识，这样学生掌握的内容也就不会太单一。因此我们认为，高职学生课外活动是全面发展学生的必然要求，只有通过更多的课外活动，才能使学生获得专业课之外的内容，真正实现学生的全面发展。

3. 高职学生课外活动是增进学生和教师交流的有效路径

在教学环节，学生与教师之间的交流是不可缺少的。一方面，教师与学生的交流可以增进教师与学生之间的感情，有时候，学生和教师的感情对教学目标的实现非常有帮助，如果教师和学生相处融洽，学生就会愿意接受教师的课程，在课上也会有更积极的表现，这样，学生的学习效果自然会有所提升；另一方面，教师与学生的交流能够使老师更了解学生，也可以更加深入地掌握学生学习情况的信息，这样，就能及时发现教学中存在的问题并改进。通过高职学生课外活动的开展，学生可在课堂之外与教师有交集，抛开课业压力以及课堂中教师与学生的地位隔阂，学生与教师的交谈会比较放得开，很多课堂中不能交流的内容就可以通过课外活动进行交流。因此，课外活动的开设为教师和学生创造了更多平等交流的机会，这样的交流对于高职学生的学习是非常有帮助的。总之，高职学生课外活动是增进教师和学生交流的重要途径，也是高职学生课外活动的作用的体现。

4. 高职学生课外活动是实现学生学校生活与社会生活接轨的重要方式

除了以上提到的三点外，高职学生课外活动还有另外一个作用，它是实现学生学校生活与社会生活接轨的重要方式。校园生活简单而单纯，每天的理论课业学习是学生的主要，甚至是全部的学习内容，但是社会生活也不同，学生一旦走入工作岗位，除了一般的工作任务之外，还需要面对很多其他的内容。首先，学生要面对的问题就是如何处理好与其他同事、与领导的关系，这些内容学校的课堂上通常没有，但是通过学校设定的一些课外活动，学生可以接触到它们；其次，学生需要学会做好应急处理，有时候工作中需要的问题非常棘手，或者很突然，这样就要考验学生的应急能力，而应急能力的锻炼也需要课外活动的帮助。总之，对于高职院校的学生而言，从校园生活向社会生活迈步，从校园走向社会的过程，也离不开课外活动的开展。所以说，高职学生课外活动是实现学生学校生活与社会生活接轨的重要途径。

第七章　普通高中教学管理的信息化

第一节　普通高中教学管理信息化的理论基础

一、支撑普通高中教学管理信息化的现代教育思想

1. 全面提高教育质量的思想

《中国教育改革和发展纲要》中明确提出了"全面提高教育质量"的思想，要求各级各类学校认真贯彻"教育必须为社会主义现代化建设服务，必须与生产劳动相结合，培养德、智、体全面发展的建设者和接班人的方针"，这为整个教育领域的改革和发展指明了努力的方向，也为基础教育全面质量观的确立奠定了思想基础。

可以这样理解"全面提高教育质量"思想：一是各级各类教育机构及其教育工作者要全面贯彻党和政府制定的教育方针，不能有偏颇；二是教育教学要面向全体教育对象；三是教育教学过程中要引导、帮助学生在品德、智力、体质等方面发展，为提高全民族的素质，培养有思想、有道德、有文化、有纪律的社会主义建设人才奠定基础。

2. 教育系统论思想

把教育看作一个系统，用系统科学的观点和方法进行理论研究和教育实践，是教育系统论思想的核心。教育系统是为一定的教育目的、由一定要素按一定结构组成，实现一定教育功能的整体，是教育活动存在的形式与状态。可以从以下几个方面来理解教育系统：

（1）教育系统首先是一个对象系统，是社会大系统的一个子系统，具有社会系统的性质。

（2）教育系统是一个社会系统，它随时间、空间的变化而变化。

（3）教育系统是一个开放系统，它受外界因素的影响并作用于外界，即有输入输出的系统，主要包括人、物和信息的输入与输出，从而构成人流、物流和信息流。

总之教育系统是一个复杂的社会系统，是由人、物质、信息、社会与自然生态等诸多因素构成的复杂系统。

3. 学生主体性发展思想

现代教育认为学生是具有独立人格、有发展潜能的完整的能动性主体。在整个教育教学过程中，学生既是教育教学的对象又是学习的主体。教育者所从事的教育活动，所施加的教育影响都是针对学生的，目的都是提高学生的全面素质。

学生主体性发展思想的确立，必须建立在对学生主体性的全面认识与把握上。首先要认识到学生主体的独特性，一个学生就是一个世界，一个区别于他人的相对独立的个体。正是这种显著的差异性才能使每个学生成为独特的个体，也才使得整个社会人才多样化，同时，也为教育工作者的主导作用发挥了广阔的空间。二是自觉性，即有明确的学习目的与学习任务。三是主动性，即学生在教师外部教育影响下独立思考、选择加工和建构自身的知识体系。四是创造性，即学习过程中不满足于现成答案，敢于求异求变求新，这是主体性的最高境界。五是整体性，即学生主体基本素质的全面发展、主体个性的充分张扬。

4. 整体优化的现代教学论思想

整体优化的现代教学论思想是指教育教学结构各要素间构造与组合的整体协调性与功能最大化，其主要内容包括教育教学目标、课程教材、教学方法、教学手段和教学评价等要素的现代化及其整合功能。

二、支撑信息化教学管理的现代教育理论

1. 指导性教学的理论基础

（1）指导性教学的形成发展过程中主要由两种不同的理论做支撑。

行为主义学习理论。行为主义学习理论关注的是直接可观察的，即实验中行为的变化，并将之作为学习的指导。

信息加工学习理论。这种理论是由一系列认知心理学发展而来，这些认知心理学主要研究的是学习中所需的记忆和存储过程。他们将人类学习的过程看作是电脑处理信息的过程。这一领域的理论学家发现了，一个人是如何接受信息并存储进记忆，记忆能够学习心得相关知识并建立在之前所学到的知识之上，以及学习者如何从短时记忆和长时记忆中检索信息并运用于新的情况。

行为主义心理学领域的杰出科学家如斯金纳和桑代克的早期成果，由信息加工主义理论研究者所继承，其中有阿特金森和奥苏贝尔等杰出人物。在这些行为主义和认知主义理论之上发展出教学方法的人中，罗伯特·加涅正是领军人物。加涅还在被称为教学系统设计或系统化教学设计的领域举足轻重。

作为行为主义之父，斯金纳为行为主义学习理论贡献了大量作为基础的实验数据。斯金纳等人将教师的工作看作是，当学生表现出想要学习的反应时，通过设定情境来修正学生的行为，教给他们在所有如此情境下都表现出相同的反应。这种行为主义原理成了两种著名的教育思潮的基础：课堂管理中的行为修正技术和程序教学。尽管目前的程序教学有

很大的局限性，它的理论原则却形成了许多有效的技巧和实践、辅导教材等的基础。

许多教育心理学家发现仅仅关注外在学习行为并不使人满意。他们并不同意行为主义关于仅靠刺激—反应学习就足够形成更高等级的技能的观点。因此他们专注研究如规则学习和问题解决的能力，更注重学习过程中的内部过程。他们希望通过这样的知识，能够创设更合适的情境来提高这些技能的学习。

（2）指导性教学的特点。

以行为主义理论和信息加工理论为基础的教学方法通常更传统，更倾向于教师指导性教学。加涅被认为是发展综合行为主义和信息加工学习理论的指导方针的领军人物。他认为教师若要将学习理论与教学实践联系起来，应该至少达成以下三个任务：

一是确保学生已具备所必须提前掌握的技能。教师必须保证学生已获得学习新技能所需的先决条件性技能。这可能包括分清各种组成技能和所必须学习的规则。加涅将这些组合技能称为学习等级。

二是应用教学情境。教师应该为学生学习过程中的内在过程安排合理的教学情境；也就是说，他们必须应用一系列经过精心设计的知识呈现和活动以帮助学生理解、记忆和转化知识信息和技能。

三是确定学习类型。最终，教师应当将这些情境分成多种不同的学习类型。

行为主义学习理论和信息加工学习理论不仅帮助建立了诸如学习类型及为了形成这些学习类型所需的教学情境的关键性概念；它们还为更有效地进行指导性教学的方法奠定了基础。这些方法被称为系统教学设计或系统方法，主要将学习理论的知识融入进了准备教学资源的步骤中。

（3）系统方法通过自你控制的一系列学习指南，为教材发展做出了重要贡献。然而，当教师运用技术设计他们自己的指导性教学时，将教学系统化考虑可能能够帮助他们提高自身教学效果并有利于他们的信息资源积累。比方说，他们可能会提出并回答以下这些有关提高和发展他们个人规划和资源的教学系统构成问题：教学目的和目标。你是在教你应该教的内容吗？这些教材资源的目的与目标是否和你自己的教学目标相符合？

① 任务分析。当你在教学生时，他们是否掌握了足够的低等水平技能？这些教材是否要求了你的学生所不具备的先决技能？

② 考试与评价。你所使用的考试能否测量出你所教的内容？这些教材资源中所含的条目是否与你的测试相匹配？

③ 教学策略。你的教学活动是否能够为特定类型的学习提供适宜的情境？选择教材资源在教学活动中扮演什么样的角色？为什么？

④ 教学评价和反思。你是否成功地将你所预想的教学展现出来？你该如何改进使教学更高效？教材是否成功扮演了你所预期的角色？你是否需要用更好的方式来利用教材？你是否需要更好的教材参考？

2. 建构主义的理论基础

不同学者对于建构主义的理解各不相同，这导致了无法简单的对建构主义下定义。然而，这些不同可以通过厘清支撑建构主义的理论思想来进行解释。

建构主义学习策略建立在源于认知科学的一系列学习思想上。这一领域研究关注的是学生的学习动机和运用他们在学校之外文化中所学知识的能力。建构主义策略试图针对的是行为主义理论和信息加工理论及建立在其上的教学方法的可见缺陷。另外，建构主义还希望能够鼓励学生发现知识之间的联系以防止所谓的僵化知识，并解决学生不能将已有知识转化为需要先决知识的其他技能问题。

这些理论都是建立在那些伟大的教育哲学家、心理学家和实践家们的思想之上的。杜威、维果斯基、布鲁纳、皮亚杰、加德纳同他们之后的教育家将这些教育理论发展起来，并转化为教学实践。对建构主义学习理论思想做出最大贡献的主要是早期认知学习理论和建立在认知原则之上的一系列后期研究。

（1）早期认知学习理论主要由以下几个方面组成。

杜威的社会建构主义理论。杜威因其理论成为当今教育系统的许多特征奠定了理论基础而著称。他是推动美国教育进步运动的重要人物，为当今学校改革措施提供了许多理论可能。许多杜威的理论思想支撑了建构主义教学和学习模式。在这些思想之中最核心的是学生中心、经验中心和有意义活动。

维果斯基的鹰架理论。维果斯基作为一个著名的人类发展理论学者也为建构主义做出了杰出贡献。他的鹰架和最近发展区两个概念对于建构主义的形成发展非常重要。维果斯基认为在所有复杂思想活动中社会关系是非常重要的，同样的，建构主义也认为教师最应该为学生提供有效的鹰架帮助其学习，并且帮助学生通过与其他人合作以获取新的知识。

皮亚杰的认知发展阶段论。国际知名发展心理学家皮亚杰，被普遍地认为是建构主义思想主要理论构建者。皮亚杰认为，儿童的道德发展是一个由他律逐步向自律、由客观责任感逐步向主观责任感的转化过程。

布鲁纳的相关性原则。教育理论家布鲁纳的一些理论似乎与维果斯基和皮亚杰的理论相一致，都为建构主义提供了支撑。与皮亚杰相似，布鲁纳认为学生的发展经历一系列智力发展阶段。但与皮亚杰不同的是，布鲁纳支持对其进行干预。他主要认为应使教育与学生在每个发展阶段的需求相联系，而且他相信教师能够通过在学习过程中鼓励学生积极参与实现。他认为积极参与应该通过为提供发现学习环境，使学生发现各种可能并辨别出各种知识间的联系来实现。

由这些理论中，建构主义理论衍生出一种观点，教育应当促进每个学生在其相应发展阶段的进步。建构主义易于发现当前教育过于注重和纠结于一些并不适合学生当前发展水平的活动。正如布鲁纳，大多数建构主义学家支持进行教学干预，这些干预能够使教师设计出不仅仅匹配更能促进发展阶段进步的学习活动。他们还认为教育应当为学生提供更多认知发展的机会，这些机会包括发现、未结构化的学习和问题解决。

（2）建构主义理论的主要特点是：

建构主义挑战了传统教育目标，提出了重构思想，革新了教学手段。建构主义理论的目的在于培养学生解决实际生活中实践问题的能力，它的方法鼓励学生自主构建自己的知识体系，而不是简单地从有知识的老师那里接受知识，提倡让学生进行合作学习，而不是单独学习。建构主义理论倾向于关注能够获得问题解决能力的活动，而不是仅仅存在于教学步骤当中的可以学习到的特定的某些技能。与指导性教学中教师确定教学目标并进行指导相比，建构主义教学模式中教师的角色则是，整理教学资源，并在学生确定自己的目标和自学时作为一个引导者。

有时建立在建构主义教学模式之上的教学活动会耗费更多时间，因为它们可能要求教师组织和推进群组合作，并对合作做出权威评价。与此相比，纸笔考试就发展更迅速，组织管理更方便了。许多基于建构主义教学模式的可商用的教学资源都是现代的产物。由于这些资源都是最近才开始被使用的，那么教师对于如何顺利进行教学和预先准备什么教学问题所能利用的资源就非常有限了。尤其当教学活动涉及更新的科技比如交互视频和多媒体等时，这种情况就愈加突出。类似这种类型的课堂教学活动在不断发展，教师却仍在使用旧的课堂教学手段和有限的设备媒体。

在理论学家看来，及时发觉教师在如何使用建构主义教学手段时的潜在矛盾是非常重要的。有学者发现，建构主义理论中的观点可以有很多种不同理解。比如，西蒙·派拍特认为学习活动应该是均匀分散和开放的，不同于发现伟大的想法，而是脑中并没有明确的目的。Spiro 等人则支持在学习初级构成的知识体系为主的情况下发现学习是有很大好处的，但他们至少在获得某些特定的技能和知识上都是赞成的。CTGV（比尔特认知与技术小组）所提出的指导方针仍然是更加目标导向，并且鼓励学生对特定问题提出解决方案。教师应当分析理解学生的需求，并选择最能满足这些需求的建构主义教学策略。

三、关于建立信息化教学管理模式的问题

1. 重视新型教学管理模式的探索

从目前中小学教育信息化的实践来看，不少学校的领导及教师，对基于互联网的信息化教学环境建设，存在重物理环境的建设、轻教学管理的研究与应用。其实这种认识忽略了这样一个基本事实：物理环境是死的、被动的，而教学管理中的交互作用过程和学生学习新知识的认知过程却是活的、能动的。因此，必须更新观念，要从观念上重视新型教学管理和学习过程的设计与开发，通过具有现代教育理念的人（教师与学生）的主观努力，才可以充分发挥信息化教学环境的最大效能，取得信息化教学的最佳效果。

我们知道，教学管理过程要受一定的教育思想、教学理论和学习理论的指导，要受一定环境的制约。正如乔伊斯和威尔所说的："每一个模式都有一个内在的理论基础。也就是说，它们的创造者向我们提供了一个说明我们为什么期望它们实现预期目标的原则。"

换言之，教学管理模式具有依附性，即教学管理模式强烈地依附于教育思想、教学理论和学习理论。教学管理模式所建立的教育思想、教学理论和学习理论，乃是制约教学管理模式的灵魂和精髓，它决定着教学管理模式的方向性和独特性。也就是说，用不同的教育思想、教学理论和学习理论指导，就必然形成不同的教学管理模式。当前教学管理改革的重点是必须改变传统的以教师为中心的教学模式，建构一种既能发挥教师的主导作用又能充分体现学生认知主体作用的新型教学模式。

2. 信息化教学管理的特点

由于信息化一词本身的模糊性和教学管理的复杂性，对信息化教学管理通常会产生不同的理解。从信息化的角度，我们应当明确的是建设校园网络、建设计算机多媒体教室、开发教学资源、提高师生信息素养和制定政策法规是学校信息化管理工作的重要内容。从管理的角度看，我们把信息化教学管理理解为两个部分，即信息化教学的管理和信息化的教学管理。前者明确了信息化教学管理的对象是信息化教学，信息化教学是在信息技术支持下教师"教"和学生"学"的活动，为了实现这种活动，需要规划建设信息化教学环境、开发信息化教学资源、构建信息化教学模式，而这些工作都是传统教学管理所遇不到的。后者明确了这种教学管理是在新技术、新思想指导下的管理，突出了信息化教学管理的特点是信息化。当然，这两方面的理解不是完全分离的，二者存在一定的交叉。

从传统教学管理的工作框架出发，也可以归纳出信息化教学管理的主要工作。在教学思想管理方面，信息化教学管理要求把培养信息素养、创新教学理念和改进教学方法纳入管理计划；从教学过程管理来看，信息化教学管理要求把规划建设校园网络、多媒体教室，建设教学资源，开发网络教学平台，创新信息化教学模式，开发教务管理信息系统等纳入管理视野；从教学质量管理来看，由于评价对象的改变，信息化教学管理对教学评价要求从评价理念、评价方法等方面加以转变。

（1）信息化教学管理为教学带来了改变，这种改变区别于传统的教学有如下特点：

① 信息资源更具开放性与庞杂性。海量信息可任凭人们不受时空限制，自由自在地各取所需；但同时也需增强辨别力与自控力，以免受不良信息的危害。

② 信息传播更便捷。互联网传播信息的快捷方便是传统教学媒体所望尘莫及的。

③ 教学信息的显示更具形象性。多媒体计算机丰富多彩、形象生动的信息呈现方式也是传统教学媒体无法比拟的。

④ 教学信息的共享性。互联网的特性保证了教学信息共享在更广的范围内实现。

⑤ 教学环境的个性化色彩更为明显。信息化教学环境可以使因材施教的原则得到真正落实。

⑥ 教学过程智能化。以现代教育理论为指导，由日臻成熟的各种教育信息技术综合集成的专家系统群，使信息化教学的智能化程度不断提高。

⑦ 教学活动无纸化。教学活动无纸化的好处（如便于信息的传播、修改、存储和降

低成本等）正日益受到人们的青睐。

（2）以校园网络环境为代表的基于互联网的信息化教学管理环境应用于教学，表现出以下优势：

第一，多媒体信息技术平台创设了开放性的学习环境，为学生的个性化学习提供可能，为学生自主选择创新性学习提供了现实性时空。

第二，较强的交互功能和信息的多媒体特性，为激发学生的学习兴趣、发挥主体作用、高效获取与保持信息创造了理想的学习环境。

第三，多媒体系统的超文本功能，优化了教学信息的组织与管理中的许多细节。超文本是媒体系统的一种固有特性，如一些专家所说的，在这种环境中，"可按教学目标的要求，把含有不同媒体信息的各种教学内容组成一个有机的整体""可按教学内容的要求，把含有不同教学特征的各种教学资料组成一个有机的整体""可按学生的知识基础与水平，把相关学科的预备知识及开阔视野所需要的扩展知识组成有机整体"。

第四，系统的网络特性有利于开展合作式学习。合作式学习，一方面加深对复杂问题的深层次理解与掌握，另一方面有利于发展学习主体的高级认知能力，培养合作精神。正如一些教育专家所说的，"合作式学习是最能体现互联网特性，也最有利于 21 世纪新型人才培养的一种教学策略之一。"

第二节　普通高中教学管理信息化的模式

一、建设完善的信息化网络管理平台

教育部发布的《教育信息化十年发展规划（2011—2020 年）》中指出，要在全国建立"三通两平台"工程以推进教育信息化全面建设发展。"三通两平台"就是指宽带网络校校通、优质资源班班通、网络学习空间人人通，以及教育资源公共服务平台和教育管理公共服务平台。要推进学校教学管理的信息化，必须建设好这样的一个工程。针对学校教学管理的信息化主要需要建设好以下几个管理平台。

1. 教育教学管理平台

信息化教学管理平台是由计算机软件管理，而且是根据教学管理工作各方面的要求而专门设计的一套管理软件。这一平台的优越性在于能够为所有在校师生提供不限空间、时间的资源共享机会，并且能根据用户的不同需求提供不同的教育资源。这样的一套平台需要存储数量庞大的电子教学资源，因此必须具备完善的容量充足的教育信息资源库。资源库必须能够存储丰富的资源，根据各学科特点分别设计，满足学校的教育教学要求，能够达到教学各方面基本信息的搜集、检索和统计的功能。还要与上级教育部门数据库相连，依托互联网将各项信息传递到上一级，完成教育信息的交流、分析和分类搜索的数字化和自动化。

对这一系统的要求主要有：

（1）系统开发和数据库系统应使用较为通用的类型，以便能够更好地与其他平台相联通和兼容。

（2）教学资源的分类要按照学科逻辑结构，要具有易于检索和查询的特性。

（3）平台管理应具有易于管理的特性，能够实时进行更新、增添和删改等操作。

2. 教务管理平台

教务管理体系是学校管理中最大的管理系统，包括学生和教师的学籍、档案管理，排课管理，场馆教室管理等。利用信息化环境下的服务平台，就可以完善教务管理系统的服务，提高教务管理的效率，更好地为学校教学服务。

一个合格的教务管理信息平台具有的特征主要是：

（1）满足当前普通高中校园管理的需要和应用，具有信息化管理的便捷优势。

（2）照顾到学校教务管理的各方面需求，能够全程对普通高中教务管理进行监控。

（3）具有良好的系统兼容和扩展性，便于信息实时更新、维护。

（4）界面易于操作并配有详细的操作帮助，方便广大教师、学生使用。

（5）系统与互联网相联通，可公开的数据应有相应的统计功能，便于共享、传递和检索查阅。

3. 远程教育平台

互联网发展的最大成果之一就是缩短了人与人之间的距离，使得空间距离不再成为人们交流的障碍。信息化的教学管理，更要满足教师和学生跨越空间的交流和教学，远程教育平台的作用就在于此。通过这样的平台，教师可以实现实时直播教学，供学生在学校各个多媒体教室或在家里连接互联网观看；还可以上传录制的教学视频、教学课件等多媒体教学资源，供学生通过登录平台进行点播学习。

建设这一平台需要注意的是：

（1）平台教学资源库应充足，以满足教学需求，多媒体资源分类管理、储存易于检索和应用。

（2）平台所在的校园网络应满足可供教师和学生在外部互联网可以访问，以便学生和教师在家里连接互联网时随时点播或上传多媒体教学资源。

（3）平台应该配备相应的交流平台或板块，方便教师和学生就教学问题进行实时的交流沟通。

需要注意的是，远程教育平台的注册系统应当与教务平台的教师、学生管理系统实时联通，以便双方的更新、删改等能及时联通，使得学生和教师能够及时注册、登录系统。

4. 教学评价管理平台

教学评价管理的信息化平台，是建立在信息通信技术基础之上的，供学生、教师和学校管理人员对教学内容、设计和教学效果进行评价、反馈的一个系统。通过计算机网络技术，使管理人员和教师、学生能够在计算机上，相互评价、反馈以改进教学。这个系统主要应满足以下条件：

（1）系统平台界面简洁易懂，方便管理人员、教师和学生注册、使用。

（2）管理人员、教师和学生的注册身份验证应有专人负责，并与学校人事管理平台相联通，以便实时更新注册人员数量和身份。

（3）针对不同身份的登录人员显示相应评价内容选项，供登录用户进行方便的操作运用。

（4）登录用户评价保存时，应对用户评价内容进行自动筛查，删除过低和过高的评价，避免评价偏激、有失公正。

（5）对评价进行统计时，能够自动分类处理，将对教师、学生等不同主体进行的评价分类储存，以便日后查看检索。

（6）对学生的评价系统应包括学生学习成果储存系统，以便储存学生上传的实践学习报告等学期作业，并方便教师随时查看和做出评价。

二、建设教学资源管理的信息化模式

信息技术对整个社会的改变巨大，其迅速和戏剧性远远超出了它本身的沟通交流功能。今天的孩子们对于智能手机、智能打印机、传真机以及互联网等新技术都习以为常，因为这都是他们每天的生活中所常见的事物。即使在今天这样的技术革新迅猛的环境之中，这些沟通交流方式的惊人改变速度之快也让人难以置信；短短几年的时间，一些资源就从可获取变成了随处可见。这些变化也绝不会完成甚至不会慢下来。这惊人的革命发生的主要原因是社会认识到人与人、人与资源之间的沟通接近的重要性。如果知识是力量，那么正如培根所说，那么沟通就是自由——人们获取能够让自己有力量的知识信息的自由。在当今的信息社会中就充满了这令人兴奋的自由气息。

迅速发展的沟通交流技术拉近了世界的距离，正如 Moore 引用的《经济学人》中的一个词"距离死亡"。但这距离的死亡却为教育带来了新的生命。远程教育不仅改变了教育者与学生之间交流和获取信息的速度，还从根本上改变了教育方式。得益于互联网等远程技术，教学从教室和学校这样的物理束缚中挣脱开来，学生和老师成了世界范围的虚拟课堂的一部分。我们的社会才刚刚开始理解并受益于这种新课堂的巨大潜能。

1. 基于互联网的信息化教学资源的获取

网络将电脑联系起来，使得用户可以便捷地分享资源和交流信息。互联网被称为无限的网络或者是"所有网络之母"，因为它是网络的网络。它让世界各地的人们通过连接不同的网络站点互相交流，让人们感觉像是身处同一地方。尽管许多人认为互联网与万维网是同义词，但其实万维网只是属于互联网系统的一部分。万维网是一种互联网服务，它通过超文本文件将世界各地的站点联结起来。通过在网络浏览器中使用超文本或者网页文件，人们可以通过简单地点击文本或图表即可链接至其他网站上的页面。通过这样的方式我们可以畅游整个互联网，获取我们想要的教学资源。

（1）网页浏览和资源检索。

在早期时代，使用互联网必须熟悉一种叫作 Unix 的操作系统的各种指令。然而今天，我们几乎不需要知道 Unix 就可以轻松使用互联网。这是因为我们有了许多被称为客户端的程序，它们可以满足用户的多种需求如浏览和检索。这些程序之所以被称为客户端，是因为它们需要通过所在主机或服务器来进行工作，在某种意义上来说，服务器服务于它们。目前最实用、最受欢迎的客户端有浏览器和搜索引擎。

① 网页浏览器。

网页浏览器可以让用户轻松不费力地从一个网站链接至另一个，它是通过一种被称为超文本的基于文本的链接系统。浏览器之所以可以让使用互联网变成一种简单的"指向—点击"的过程是因为它们可以让用户在万维网上检索信息以获得所有可能资源。第一款浏览器 Mosaic，在 1993 年问世，并从此开始在互联网上受到瞩目。但紧接着，Netscape Communicator（网景通讯家浏览器）和 Internet Explorer 出现了，并逐步成为当今最受欢迎的浏览器。

当浏览器安装到电脑上后，必须进行一些设置，比如当用户连接上互联网时，主页应该自动显示哪个网站等。最后推荐给教师选择的浏览器主页设置有：

A. 教师的个人主页或学校主页。

B. Internet Explorer 主页。

C 新闻服务或是地方新闻媒体的主页。

D. 一种推送技术网站，可以向用户桌面发送头条新闻，并根据用户的兴趣定向推送相关类型的新闻。

E. 知名网站的链接地址汇总网站。

浏览网页似乎是漫无目的地跟随互联网的链接。然而，如果教师想通过更加有方向的检索来获得特定主题的特定资源，那么就需要使用搜索引擎。

② 搜索引擎。

这种产品已几乎成为当今互联网的心脏。由斯坦福大学的 David Filo 和 Jerry Yang 开发的雅虎网就是早期的搜索引擎产品，从此开始互联网搜索引擎便进入了爆发时代。如今的搜索引擎种类多样、五花八门，事实上，由于它们的迅速发展，一些网站也开始了汇总它们而被创造出来。这样的网站上有所有主要的搜索引擎的链接，并提供了如何更好地使用它们检索各种信息的建议和指导。

（2）互联网教学资源的类型。

互联网交流可以通过 e-mail 或其他社交软件和媒体进行，资源获取方便快捷。我们的社会发展依赖于资源交流的速度，这意味着不管是学生还是教师必须了解和掌握我们可以获取的教学资源类型。

图片和动画。剪贴画、图片和动画是多数网页的标准资源。剪贴画和图片集是指那些可能被镶入网页的事先准备的图像。还可以使用扫描仪将一些纸质图片或照片等扫描成图像用于页面中。动画是指使用 Flash 工具或更先进的动画软件，将许多单独画作连续动态地形成让人产生动态错觉的画面。

标准的和流媒体的视频或音频。教师和学生需要使用工具来录制或观看、收听动态的音频或视频。通常这些工具被统称为播放工具，而且一般可以在互联网免费下载到。目前，在互联网主要由两种形式的全动态视频：已下载的影片文件和流媒体视频。

已下载的影片文件是指通过电脑从互联网上下载下来，可以在电脑上使用窗口播放的全动态视频。普遍常用的编辑这类文件的程序有会声会影等。这些影片文件一般可以使用摄像机录制，以 MPEG（Moving Picture Experts Group）或 MP3 等格式存储。如果要观看这类文件，则需要安装播放器程序，如暴风影音等。

流媒体视频是指通过网络压缩和转换成实时视频的影片文件。正如 MPEG 格式文件需要播放器播放，流媒体也需要流媒体播放器播放文件。当用户点击某个远程网站的流媒体文件后，文件就开始加载；于是从点击之后开始，文件就开始播放了，不需等待整个影片完全下载。这对于需要长时间下载的大型视频文件来说非常有用。然而，视频的品质很大程度上依赖于连接互联网的带宽。

电子白板。这是典型的一种被应用于远程教学的显示设备。连接至电脑后，用户可以使用这个设备观看教师书写、画画，并且在结束后能够将此过程存储为文件形式。如果每个网站都配置有电子白板，这些网站的每个用户都可以通过它来提供资源。电子白板是基于三种不同的技术：电磁技术、压力传感器和激光追踪。第一台电子白板被用作"可再生黑板"，正是因为教师可以使用它向学生演示证明过程并发送给学生。目前，这种技术的最高级运用是作为互联网页面设计的大屏幕。教师和学生不需坐在电脑前来回搜寻网站，但可以触摸白板来"点击"图标或是从菜单中选择项目。

文件格式转化。互联网在电脑之间互相传送大型书写文件、图表文件和程序时非常便捷。文件、图像和影片可以通过相应的软件被传送到电脑上进行展示。许多播放器等其他有用的程序都可以方便免费地从互联网获取到。这些程序通常用压缩的形式发送，用户使用前必须经过解压缩过程。如果电脑硬件中安装有一些实用软件如 Stuffit 等，它就可以帮助你自动地压缩和解压缩文件。尽管转换文件已经越来越快捷方便，一些程序之间的兼容性技术问题还存在。许多这样的不兼容问题可以通过发送 PDF 格式的文件来解决。因此，教师在教学中可以多学习使用 PDF 格式的文件制作和转换。

一种简单的发送文件的方式是通过电子邮件附件形式。浏览器和邮件程序都附有内部选项，供用户选择文件作为邮件附件。通常情况下，过程非常简单易操作，只需通过菜单点选附件选项即可。

FTP 是文件转换协议（File Transfer Protocol）的缩写，这是一个通过互联网发送文件的普遍方式。FTP 服务器也有内置搜索引擎以便全文本文件被检索到。FTP 软件需要用来接收和发送 FTP 文件。

当今互联网的云服务技术发展迅速，并凭借其便捷和存储量大等优点逐步占领了 FTP 的用户群，成为更受欢迎的文件分享方式。云服务的主要服务形式有云存储空间，如：dropbox、百度网盘、360 云 U 盘等。

2. 注重合作式学习的信息化教学活动资源

网络课程正以各种形式引爆教育界的热情。越来越多的教师渴望通过为课堂引入基于互联网的教学活动来加入互联网时代的革命浪潮。

（1）很多优秀的基于信息技术的教学应用鼓励学生将技术作为合作的方式，以解决重要的问题或者与全世界其他文化背景的人们交流。有学者将此成为"远程教学活动"或"远程协作教学"，并描述为以下三种普遍形式：

① 人际交流。学生通过技术与其他学生、老师或专家交流。

② 信息收集和分析。使用可提供所需的数据和信息的搜集方法。

③ 问题解决。学生导向和合作的问题解决方案。

根据这三种类型可以衍生出许多不同的活动形式，能够引导教师在活动过程中从计划到产出的行动。以下是几个范例：

电子笔友或"网友"。使用远程技术最简单的教学活动就是将学生通过互联网与远方的搭档或是学习伙伴联系起来，学生通过与伙伴互相联络。通过写电子邮件与真实的人沟通交流而不是仅仅与教师交流，会激发学生的积极性，使他们主动地去联系更多书写技巧如语法、拼写和运用。这使得网络交流成为一种外语或作文课的理想教学活动。互联网通过这种方式还可以消除性别、种族和年龄等社会阻碍。没有了社会和文化差异的交互作用，两个或许从没交流过的人就能够建立起良好的关系。尽管这并不能代替多样文化教育中的面对面教学活动，网络交流也成为一种了解欣赏其他文化的重要方式。

个人和合作小组研究项目。学生可以独自或是分小组在线研究一个课题，可以使用电子或纸质资源。这样的研究活动通常以向班级展示和讨论研究发现为结束。比如，学生的任务是查阅有关太空计划对人类生活和现代文化的贡献的在线文章和报道的数据库。他们可以通过网络联系到专家，与专家交流来补充这方面的信息。研究结束后，班级汇报可以包含贡献的实际例子，也可以加入通过多媒体或相关软件展示的总结。

远程指导。中小学可以通过与大学等研究机构合作，将课堂延伸跨越地域甚至国家，让学生和教师有机会与学科领域的研究者直接联系，获取分享资源。这也是一种提高学生学习兴趣，以及满足学生个性化知识需求的方法。

（2）一对一引导。学生可以与特定知识领域的专家通过信息平台或交流软件进行单独讨论，获取建议和指导。在这种讨论开始之前，学生和指导专家通过共同参加基于网络平台的交流活动来建立指导关系。类似的交流活动有：

① 讨论会。学生和指导专家连入依据兴趣允许多人同时发送实时对话信息的平台，如 BBS 论坛、贴吧或微信、QQ 群、微博讨论小组等。这些对于为学生提供关于职业理想信息和激发学生兴趣等方面有相当大的作用。

② 兴趣讨论室。可以为指导专家、学生、教师分别设置讨论群组。专家使用群组来互相交流指导技巧以及如何解决共同的问题。学生用群组来讨论他们的课题或课堂问题。教师使用群组来讨论教师之间的课题。这每一类群组都是一种兴趣指导。

模拟实地考察教学。一种模拟实地考察的最简单形式是，在教室屏幕上放映一个地方的实地影像来提供教学内容，这种地方通常是一些学生正常情况下没有机会去的地方。模拟旅行的作用是探索世界上的独特地方，通过让学生模拟身处这些地方，让他们可以与身在这些遥远地方的人们的经历。这样的模拟实地考察可以使用视频程序或者可以加入课程引导、参考设备和后续活动，以及问题讨论来将考察经历与相应的课程目标结合起来。学生可以通过电脑、手机、iPad 等电子设备互相交流。一些典型的模拟实地考察教学的例子有长城之旅、华盛顿漫步、考古挖掘探险等。通过这样的模拟实地考察教学，学生们可以想象自己离开了家乡和城市，他们从对于新地方和新面孔的兴奋与好奇中学到知识和技能。

合作完成学习成果。在合作完成学习成果教学方面，教师们已经取得了许多进展。比如，学生们可以通过社交软件向老师提出困惑或者反馈，还可以向专家咨询建议。学生还可以设定一个共同的目标，然后各自独立地进行思考努力，每个学生或小组为最终成果做一部分贡献。这种形式也被称为连锁式写作。举例来说，两个不同的高中，通过网络平台视频或文字连线。其中一个高中的学生，思考研究出一个角色列表和大体的剧本脉络，并写出了场景一和二。另一所学校的学生为此戏剧选择了主题；讨论出了人物个性、角色外表以及每个角色的身世背景；并写出了场景三和四。最终学生们一起完成了整个故事发展路线剧本并演出了这出戏剧，各自独立演出后将演出视频进行交流。

（3）基于问题的教学。强调的是针对一个现实的、非结构化的问题的研究调查和解决方案而组织的教学。这一类问题的解决有很多种形式，如以下四种：

① 协作问题解决。这种形式要求多个学生或多个学生小组协作来解决同一问题。这一类的教学课程被圣地亚哥大学的 Bernie Dodge 和 Tom March 称为"网络查询"。它已经被世界各地的教师广泛使用了。所有这样的课程都是给予学生一个方案和一个任务，通常是以问题解决或成果完成的形式进行的。

② 平行问题解决。这种形式中，一定数量的学生分别在不同方位研究同一个问题。他们各自独立地解决问题，之后将各自的方法和结果进行对比，或是在活动过程中建立一个所搜集问题的数据库或成果集。

③ 实时数据分析。这些活动让学生能够从诸如气象或太阳活动的真实观测现象中搜

集真是的数据。学生可以使用这些数据来回答或解决教师安排的问题任务。

④ 模拟教学活动。利用互联网可以完成两种类型的模拟教学活动。一种是指教师可以根据自己的创意设计的模拟教学活动。比如，模拟航天计划，安排学生为一个火箭发射阶段做准备工作，每个小组的学生准备应对在这一期间可能发生的不同问题。第二种是通过模拟软件模拟真实设备。一些软件或网页可以模拟多种类的虚拟实验室，在这里，学生可以模拟操作实验，学习化学、物理或数学公式推导过程等等。也可以通过 iPad 的 APP store 下载相同效果的 APP，如：烧杯（THIX）、神奇的化学元素在行动（Theodore Gray）等。

三、按照学科分类的教学手段管理的信息化

在掌握了丰富的信息化教学资源获取途径之后，如何在教学过程中进行信息化的管理呢？如何根据不同科目的学科特点将信息化管理手段融入其中呢？教学管理的重要环节就是教学过程的管理，教学过程的信息化必须考虑不同学科的特点，因此，本节按照学科特点分别研究了信息化教学过程的管理模式。

1. 高中语言艺术学科和外语学科的信息化教学

所谓"语言艺术"指的是我们使用语言进行思考、学习和交流的过程。"语言艺术"存在于所有的语言之中，不管是我们熟练使用的语言还是我们刚刚开始学习的语言，我们首先都要考虑在语言艺术教学和外语教学中信息技术所扮演的角色是什么。在高中以前的阶段，语言教学课程主要注重发展学生的基础技能，包括听说读写。到了高中的课程时，语言教学的课程就侧重于文学、写作和正式的交流了（不管是学生的母语教学或是外语教学都如此）。

（1）信息化的语言艺术和外语学科教学中需要注意以下几点：

① 教学必须以学生为中心，适应学生发展。

② 教学应当注重将多种语言技能（听、说、读、写）统一进行整合。

③ 教学活动应当具有交流性，强调有意义学习。

④ 语言教学应当与内容教学相结合。

⑤ 教学活动应与实际生活运用相联系。

⑥ 教学应当帮助学生掌握语言的熟练使用标准。

（2）信息化语言教学中的问题。

① 媒体识读与印刷识读。

要在这个迅速发展的世界生活和工作，就要操作、使用各种形式的媒介、媒体，因此学生需要掌握媒体识读能力，而不仅仅是识读书面上的语言文字。这常常将语言学科教师推入一个两难境地，一方面由于他们受到的专业训练让他们把书面媒体放在最重要的位置，另一方面教授媒体识读的需求又为本来就满满当当的课程施加了压力，这种满满当当不只

是时间上的还有资源上的意义。要掌握媒体识读，学生需要能够以各种形式有效地对信息进行定位、接触、分析、评价、运用和交流。这包含掌握如何为学习和作业中的问题寻找到合适的信息资源，还有如何找到和使用存储在各种形式媒介，如电子光碟、动态影像、声音文件和印刷品中的信息。显而易见，这种能力还需要培养学生的批判思维和有效的决策技能。另外，要具备媒体识读能力，还要掌握相应的资源存储硬件知识，以及如何使用这些设备进行创造和展示多媒体产品，以完成课程目标。使用各种资源的技能，可以支持跨课程领域的信息技术整合，并使学生能够有机会将知识整合进有意义学习的过程、成果和总结之中。

② 直接教学和语境教学。

在外语教学中存在着一个长期以来的争论，即教学应该注重分别教授语言技能（语法、词汇和翻译），还是相反，只是提供给学生一个学习外语的语言环境。总的来说，相对于外语教学中将学生置于直接教授语法规则的环境中，现代高中外语课堂应该更多选择将学生沉浸于需要使用英语进行听说的环境之中，特别是通过相关的课文对话背景来创造这样的环境。目标外语也就是大多数中国高中所教授的英语，在教学时是以重视运用的方式进行的。

专家所称的语境教学，必须通过整合课程外语教学的方式进行实践。语言在一定语境之下被介绍和教授给学生，这种语境就是指包含各种方面的对话交流情境，包括物理环境、交流目的、参与者角色、社会普遍规则，再加上媒介、主体、语音以及交流语域。这种方法反对的是学习外语仅仅通过听这样一种输入方式，学生应当是积极的对话交流参与者。在这个辩论中教师的立场将决定外语教学信息化的手段。比方说，如果教师使用的外语教学手段更倾向于技能基础，那么他应该去寻找相应的语言辅导软件或其他信息化工具。如果教师倾向于使用语境教学手段，那么相应的他应该利用互联网去检索更多目标外语的权威阅读材料。

（3）高中语文和英语学科教学中的信息化策略。

① 写作教学的信息化策略。

80年代中期开始，教育者们改革了传统的将书写作为教学目标的语言教学，引入了注重书写过程的新的书写教学方式。写作教师开始引导学生一种以规划、起草、修正、校对为过程的写作教学。这个过程显然不只是一个终结，它被作为一种学习真正的写作包含什么和如何成为一个真正的写作者的方法。对于写作教学者来说幸运的是，信息技术发展也在同样地向学校教学靠拢。

规划阶段。学生为写作所进行的规划形式很大程度上依据他们的写作的最终形式。如果教学任务是写作一个虚构故事，那么学生需要对故事主线、背景和主要角色进行头脑风暴，对这些想法进行润色和组织，最后用引起人们兴趣的方式将每个故事元素的呈现方式形成计划。如果教学任务是写作一篇报告，那么学生需要从各种资源中收集有关这个主题的信息，接着综合分配这些信息组成目录和分主题，再将如何使信息以逻辑形式展示出来作出规划。这些类型的规划都可以使用一些信息组织软件进行辅助，如电子大纲、思维导图类软件。

电子大纲是指一类软件，它被设计用来记录一系列等级分类组织系统的大纲，能够实现复杂信息系统流程的可视化处理、分析和交流，如 Microsoft Office Visio 等。这样就可以激励学生分析和写作多种主题的内容。比如，这样的教学活动可以是对于戏剧剧本的学习中使用。由对剧本课文内容的大致阅读开始，之后根据主要的表演和场景组成目录，在分目录下填入舞台指导、效果分析和每个场景的对话。输入整个课文内容后，学生就可以利用这个大纲来学习戏剧剧本的教学重点了。比如，当学习角色塑造时，学生可以将课文重新组织，根据特定的场景和表演，将每个角色的台词组合至一个群体之中。这对于学生学习语言模式和其他帮助他们理解角色发展方面的教学是非常有益的。同样的大纲还可以用于剧本元素、场景设置等的写作教学。

起草阶段。这一写作阶段，学生将想法和信息以词、句、段表达出来。起草时，学生所需的技能是写作文段，这些文段仍有待后来的修正和润色。使用"起草"这个词就暗示这不是最终成稿，而且意味着学生将在接下来正式写作时继续进行规划、思考和组织。教师应当引导学生在此阶段时，将自己刚成形的写作想法付诸写作。

文字处理软件已经在学校被广泛应用了，还包括很多用于起草文章过程的特殊功能。比如使用文字处理软件辅助写作和修正阶段。刚开始学习语言的学生需要使用所学的语言进行简单的作文练习。但他们所掌握的词汇和语法有限，因此他们会觉得这样的练习很困难很让人不耐烦。文字处理软件配有的自动拼写检查功能，可以帮助学生更快地改正错误，图表结合功能使他们觉得练习过程更加有趣，还能帮助他们表达他们不会表达的复杂想法。其中一种这样的活动是自传文体练习：让学生练习写自我描述的传记。在使用英语写自我传记的教学任务中，让学生先去收集一些相关的词语，如姓名、年龄、生日、家庭成员、祖父母、朋友、假日的爱好、宗教。喜爱的电视节目、食物、喜爱的运动、参观过的地方、学校的特点等，将这些相关的英语用法加入自己的作文中。

高中阶段的学生普遍使用的文字处理软件是功能相对齐全的微软办公系列软件（Microsoft Office）。最主要的一款是 Microsoft Word，它的功能比较健全，能够处理学生日益增长的复杂学习需求。

修正和校对。在修正阶段，学生为提高写作文章的整体质量而对文章内容和结构做出修改。为了更好地进行修正，学生必须由完成文章转变为分析文章，寻找需要添加、删除或重新分配的内容。在此阶段，教师引导的最好方式之一就是将一个学生的草稿通过屏幕展示出来，将分析和修正文章的想法和策略作为范例。这样，学生通过自己观察就可以在电子写作环境的便利条件下进行修正。教师可以鼓励学生根据其他同伴的反馈发现自己的文章可以改进的地方。屏幕展示的学生文章可以是学生使用文字处理软件打出来的，也可以是通过移动电子设备如 iPad 等平板电脑或手机拍摄的手写高清照片。

校对阶段。这个阶段是要求学生依据标准对文章进行拼写、语法、标点和格式等进行修改。校对区别于修正的对文章内容的改动过程，是一个非常表面化的工作，但却并不意味着不重要。尽管文字处理软件配有拼写和语法等纠正功能，但应建议学生在起草构思时将其关掉，没必要在思考时被纠结于拼写的软件打断。等到校对阶段再使用这些纠正功能，它们才能发挥更好的辅助作用。另外，有些学生可能认为在校正阶段大声朗读文章更有利于自己听出错误，教师可以帮助他们使用一些带有语音识别文字的软件来减轻他们的负担。

②阅读和研究教学的信息化策略

发展阅读技能和习惯时，可以使用以下三个主要的方式加入技术支持。

电脑引导教学。对于阅读能力尚不成熟的阅读初学者，可以使用电脑引导教学方式：使用依据阅读难度分类过的阅读段落和例文，根据这些段落和例文辅导学生，让学生进行基础阅读技能的练习。这种方式较适合于较低年级的基础教育阶段学生。这样的软件通常是将学生最初的阅读能力输入，在学生阅读过程中不断检测学生水平，监控他们的进步。依学生的表现作为引导，程序自动调整阅读段落的难度和接下来的阅读技巧指导。

电脑支持的解读和词汇发展教学。可以使用技术手段为学生提供电子阅读素材，这种素材是专门为了提高学生词汇量和阅读理解能力而设计的。这可以通过将多种资源镶入电子阅读文件中实现。这种形式的阅读素材被称为"支持性文件"或与多种资源链接的文件，每一种对应的功能是针对阅读过程的不同方面。比方说，在一个支持性电子阅读环境之中，不熟悉的术语会链接到它的相应定义；不熟悉的概念和过程会链接到相应的解释、图片或动画；使用缩略图表来代替过大的图片；为消除可能欠缺的前提知识，试用总结文字或视频来介绍背景信息；使用时间表来整合时间顺序的内容。支持性文件还可以包括：

A. 文本转换为语音功能，可将文本朗读出来。

B. 加入教学注释，以提示特定的元认知类型。

C. 链接至其他文件以促进特定主题内容的学习。

在将这些资源细致地分类整合为电子版本的学生阅读材料后，学生的词汇发展和阅读理解能力就会得到很大提高。

电脑辅助笔记。要更有效地从阅读材料中学到知识，一种方法就是在阅读过程中做笔记。教师们多年来研究怎样更好地教学生写大纲和做笔记，以此作为学习阅读技能时的学习策略。电子大纲的广泛使用和思维导图等软件的发展进步带领教学进入了新领域。学生现在可以使用这些电子信息组织工具来轻松做笔记，而且这些新形式的笔记比纸上笔记有着更多的好处。两个最显著的优势就是能够随着学习进程进行调整，再就是可以创造性地利用笔记进行学习。使用电脑辅助笔记的研究表明，这种方法对于很多各个阅读水平上的学生文章理解水平都有着很明显的提高。

③交流和合作教学的信息化策略。

互联网不仅为我们提供了全世界丰富的教学资源和信息，还为学生交流和合作学习增加了机会。它让学生挣脱了地理束缚，能够与全世界的学生和专家交流沟通。为学生提供在线交流工具，为世界范围合作教学提供工具支持，互联网技术为教学的信息化打开了令人激动的新世界。

网页工具支持合作教学。不管是在线还是现实课堂，技术都可以为促进合作学习提供支持。在线合作学习项目是帮助学生培养全球视野和批判性思维技能的有效方式。比如，教师可以通过校园网注册在线项目，如 MayaQuest，AmazonQuest 等网站，学生可以通过这些网站与全世界的教师、学生和专家交流。在这些在线项目中，学生能够跟随一队研究者去往特定的地方探索相关科学问题。学生还可在线直接参与团队的活动研究。这些网站都是英文版，不仅帮助高中学生提高英语交流水平，还能学到自己感兴趣的地理、生物等方面知识。

在课堂上使用网络辅助交流也是很有效果的。比如，在配置了无线网络的课堂中，学生在听课时错过了老师讲的某个知识点，他可以通过平板电脑标记此处，同时平板电脑中的课文软件将此知识点在网上检索到详细注释反馈给学生，学生的课堂理解效率将得到很大提高。

网络公开课程和其他资源。美国的很多著名大学，如哈佛大学、斯坦福大学、纽约大学等，都在网上分享了自己的特色课程，绝大多数都是可以免费获取的资源。近年来，中国的网络公开课网站也发展迅速，比较出色的有腾讯公开课堂、网易公开课等。这些公开课中的语言学科和外语教学课程内容丰富，主题多样，能够更好地满足学生的个性化学习需求，教师可以选择一些作为课堂教学的补充，激发学生学习语文和外语的兴趣。

2. 高中数学和科学学科的信息化教学

数学和科学学科教育对学生的未来关系重大。在这两个领域的教学研究和创新已日渐成为国际教育界重视。技术为建立学生的概念性知识提供了更多方式，同时也为教学与世界接轨提供了更多机会。

（1）信息化数学和科学学科教学中的问题。

① 数学教学标准。

国家教育部在 2013 年发布了《全日制普通高中数学课程标准》，以此作为基础教育高中阶段数学教育的指导原则。标准中指出了数学教育必须具备：完整合理的数学课程，有能力和专业知识扎实的教师来进行教学和评价，给予政策支持和促进教学以及具备技术支持设备的教室。我国普通高中阶段的数学课程标准对教学目的的要求主要是：

A. 获得必要的数学基础知识和基本技能，理解基本的数学概念、数学结论的本质，了解概念、结论等产生的背景、应用，体会其中蕴含的数学思想和方法，以及它们在后续学习中的作用。通过不同形式的自主学习、探究活动，体验数学发现和创造的历程。

B. 提高空间想象、抽象概括、推理论证、运算求解、数据处理等基本能力。

C. 提高用数学提出、分析和解决问题（包括简单的实际问题）的能力，数学表达和交流的能力，发展独立获取数学知识的能力。

D. 发展数学应用意识和创新意识，力求对现实世界中蕴含的一些数学模式进行思考和作出判断。

E. 提高学习数学的兴趣，树立学好数学的信心，形成锲而不舍的钻研精神和科学态度。

F. 具有一定的数学视野，逐步认识数学的科学价值、应用价值和文化价值，形成批判性的思维习惯，崇尚数学的理性精神，体会数学的美学意义，从而进一步树立辩证唯物主义和历史唯物主义世界观。

② 科学学科教学标准。

我国全日制普通高中的科学学科主要分为物理、化学和生物三门学科进行分别教学。教育部分别发布了高中阶段物理、化学、生物三门课程标准对高中阶段的科学教学进行总体指导。三门标准各自根据学科特点编写了不同标准，但其实质对科学学科教学的总体要求是统一的，主要可总结为以下三点：

A. 强调探究学习。科学学科教学的中心就是让学生探究科学问题，结合自身经验发现问题解决方法。教学所注重的探究主要是在自然现象、教室里、户外或实验室，这些学生的科学研究和能力需求满足可以得到教师引导和启发的地方。

B. 科学语言能力。科学语言能力是指学生具备的理解科学概念和过程的能力和知识，这种能力和知识对于学生做出决定、参与社会和文化事务以及经济建设都是至关重要的。

C. 注重学生理解，而不是表面的知识。许多科学学科教育家认为，如果想让学生学习科学、数学和技术，我们必须从根本上掀起那些被覆盖的许多资源上的面纱。填得过满的课表和死记硬背反而给学生培养理解能力造成了负担。

（2）高中数学和科学学科教学的信息化策略。

① 代数教学的信息化策略。

技术手段为学生学习发现函数的关键性概念提供了一种新方法。通过使用计算机的代数功能和图表，学生可以精确地将函数图绘制出来，以及探索现实生活中的数学模型现象、表现。例如，使用 Microsoft Excel（微软的一款电子制表软件）进行函数图像的绘制：

第一步，准备数据。首先要根据函数表达式准备一组数据，然后利用该数据在图表中绘制出函数图像。

第二步，B 列和 C 列为两个函数应变量的值。

第三步，绘制函数图像。在功能区中选择"插入"选项卡，在"图表"组中依次单击"散点图—带平滑线的散点图"。首先要选择图表的数据，鼠标在图表区内右击，在弹出的快捷菜单中选择"选择数据"。在弹出的"选择数据源"对话框中选择"添加"，弹出"编辑数据系列"对话框，选择我们准备好的数据，点"确定"。这样正弦函数图像就添加上了，同样把余弦函数也添加上。

第四步，修改图像。添加了数据函数图像就出来了，我们发现有好多地方不符合要求，需要修改的。首先图例和网格线，我们不需要，可以删除。选择图表中的图例，按 Delete 键删除，再选择网格线，按 Delete 键删除。其次两个坐标轴的刻度还不符合要求，鼠标在每一个坐标轴上右击，在弹出的快捷菜单中选择"设置坐标轴格式"。在弹出的"设置坐标轴格式"对话框中的"坐标轴选项"栏目中，将"最小值""最大值""主要刻度单位"的值设置为"固定"，并在后面的文本框中分别输入"-6""+6""+1"单击"关闭"按钮。两个轴进行同样的设置。最后可以给图像添加函数表达式，先单击选择一个函数图像，然后在一个数据点上单击选择一个数据点，再在数据点右击，在弹出的快捷菜单中选择"添加数据标签"。在弹出的"设置数据标签格式"对话框中，分别设置函数标签的内容、位置及边框颜色等。到此既标准又漂亮的函数图像就设置完成了。

②几何教学的信息化策略。

交互式和动态的集合软件可以为学生提供一个探究和推理几何概念和图形的良好环境。在这里，抽象的概念可以通过电脑展示为形象的图形，更有利于学生理解和推理证明。此外，互联网资源还可以帮助教师教学中将几何与学生的现实生活相联系。

不同于传统教学中学生一味死记硬背几何公式和概念，信息化几何教学使学生能够自主探究问题的结论。比如，使用用于 iPad 的一款名为 Geometry Pad C Bytes Arithmetic LLC）的应用。这款平板电脑应用是一个动态几何应用程序。用户可以通过它创建基本的几何图形，研究和更改图形属性，计算相关数值等。程序中包含测量工具，只需轻轻一点即可测量图形的各项数据包括交点个数等。多次触屏可以测量两点之间的距离，两线相交的角度等。还包含内置计算器，可计算基本的函数如正弦、余弦、正切等。学生可以运用类似的软件自主探究高中数学几何中所要求的椭圆、多面体等图形的特征、计算公式等。

③信息化技术帮助学生理解科学原理。

模拟科学软件可以帮助学生理解和模拟实践科学原理在实际生活中的应用。类似软件可以模拟情境使学生在此情境中必须运用所学的物理化学生物等原理和技能来解决问题或谜题等。一种实用的软件是由美国西北大学开发的 Struggle for Survival。在这款软件中，学生扮演一队科学家，负责查清加拉帕戈斯群岛上的一种鸟类的种群减少原因。在此过程中，学生学习到如何实际运用科学思维，分辨相关信息和无关信息，剔除错误数据，以及根据所搜集的数据得出结论等科学研究过程。这样的科学原理应用模拟过程，能够更好地激发学生对于科学知识学习和研究的动机和兴趣。

3. 高中人文社会学科的信息化教学

人文社会学科是指教学生综合学习社会科学和人文科学的学科，我国普通高中阶段的人文社会学科主要包括历史、地理、政治三门学科。在学校的社会学科学习中，学生可以通过各个领域的规律，如人类学、经济学、地理学、历史学、法学、心理学、政治学、哲学、宗教学和社会学等，学习到系统的知识。社会学科教学的主要目的是帮助学生发展适应社会、做出对社会有利的行为的能力和必要知识。

（1）人文社会学科教学信息化中的问题。

①教学的深度与广度。

深度与广度是人文社会学科教学中的主要问题，特别是在历史教学中。标准化的测试及课程结构都注重强调调查的广泛和知识点的掌握程度。强调知识的深度的人指出以彻底的、全面的方式学习历史可以为过去注入生命，更是培养学生对知识的理解力的关键。但另有人辩驳，对于按时间顺序的历史变化进行学习才更是学生理解历史背景的有效方式。这个问题非常复杂，而且短期内恐怕难以解决。事实上，在这方面的广泛共识恐怕也是不可能实现的。更好的方法是，让各地方教育系统、学校、教育科研机构及一线教师根据自己的实际情况和实践经验去选择教学的最合适方法。

② 信息爆炸带来的风险。

互联网上关于社会学科的主题和问题的信息非常丰富，而这些容易取得的信息也带来了许多担忧。首先，一些人认为，既然学生不再依靠教师作为主要的知识资源来源了，那么网络信息就有可能会使传统的教师与学生的关系发生改变。有些教师表示，有学生在网上查到的信息与练习题甚至老师的讲解不符或相反。在过去，学生所能学到的知识绝大部分都是经过教师或父母筛查过滤过的，而现在，这一筛查过滤阶段似乎已不复存在。学生可以在网上查到纳粹和伊斯兰极端组织的思想信息，将谣言当真，甚至陷入某些阴谋论之中。甚至一些本来很聪明的学生会沉迷于这些不实信息之中信以为真。

许多教育家认为，在当今社会我们比以往任何时候都需要信息。更有学者认为，与其对这些信息避之不及，不如利用它们作为工具教育学生成为有信息分辨能力的人。

（2）高中社会学科教学的信息化策略。

① 文化知识教学的信息化策略。

对相似文化和不同文化的理解和正确评价贯穿了历史、地理和政治学科。信息化技术可以从多个方面对这一目标进行辅助。

探究文化。互联网的相关网站使学生实现去往世界各地的虚拟旅行，搜集其他地域文化的人文地理信息等，这让学生有了更多探索研究其他文化并与自己国家文化进行对比的机会。

与其他文化的学生合作。远程技术，如社交软件等可以让学生与其他地域的学生共同学习和交流自己的文化和社会系统。

体验其他地域文化。通过视频和多媒体百科等，让学生有更多机会看到不同文化的特色和传统，还可以帮助学生借此作为文化对比研究项目的基础。

② 历史发展、变革教学的信息化策略。

历史教学已由过去单纯学习历史事件和日期，逐渐转变为关注历史事件在国家和世界变革过程中的意义和影响。信息化手段可以从多种方式辅助历史观点的教学。

研究历史事件。互联网上关于各个阶段历史研究的信息很丰富。教师可以引导学生通过这些丰富的信息资料更好地了解所学的历史事件背景，并参考各国学者的不同解读，完成合作学习讨论和研究报告等。这些信息对于学生了解同一历史事件的不同人群的不同解读是非常有用的。

历史事件时间顺序研究。学生在理解和记忆历史事件顺序时常常有很大的困难。教师可以指导学生使用历史时间轴编辑软件或网页，将历史事件制作成时间轴形式更加直观和易于记忆。如使用 Tiki-Toki，这是一款在线制作历史时间轴的使用网页（也可下载客户端或 APP 在 PC 或 iPad 上使用），支持多语言操作，画面精美，时间轴条目里可以插入图片和简介文字方便预览，还具备 3D 显示功能，非常实用。

多媒体辅助学习。学生不用仅仅通过课本文字了解历史，而是可以通过多媒体技术更直观的观看、听到真实的历史事件、人物等的图片、纪录片或电影。这些技术让历史教学变得鲜活生动起来。

③ 人文地理知识教学的信息化策略。

使用信息化技术可以使得人文地理知识的效果大幅提高。

使用地方数据信息。地理信息系统（GIS）和全球定位系统（GPS）这样的曾经只有少数人可以使用的工具，通过互联网技术的发展，现在成了教师和学生很容易取得的工具。地理信息系统的网站数量也在不断增加。一些带有内置地理信息系统的网站如谷歌地图等，允许用户在地图上覆盖某地域的数据信息。这些网站或软件使得数据更直观，也使得如普通教师和学生这样的人群可以更容易地使用相关数据，使得人文地理知识更容易被学生理解。利用移动设备的全球定位功能，学生可以定位各自的位置并进一步学习该地的地理知识，这使得学生的学习兴趣和动机得到激发。

实践学习。目前人文社会学科教学中的一些领域仍然仅仅通过知识的记忆。教师可以使用相关网站或软件，让学生进行他们所需的知识与技能的实践。如使用谷歌地图定位某一区域，观察此区域的天气数据等相关地理数据，推测该地区所处的纬度。

四、建立教学评价信息化管理模式

教学评价是教学管理的重要环节，它肩负着提高教学水平，改善教学质量，达成教学目标的作用和功能。通过进行教学评价，可以及时根据评价结果，对下一步的教学计划和教学方式进行调节和控制，完善教学管理细节，提高教学管理效率。信息通信技术的迅猛发展，为教学评价提供了更多更好的方式和手段，可以为教学评价的进行做出更好的辅助和改善。信息化的教学评价，能够更好地适应信息化的教学，成为教学管理信息化的关键部分。

教学评价根据参照系、功能、内容等可分为几个不同的种类，其标准也不相同。教学评价的方式多样，其内涵也各不相同，相应的管理方式也应因评价方式不同而异。因此，在教学评价管理的信息化过程中，我们也应结合各评价方式的优势和劣势进行选择和规划，或综合几种不同评价方式进行教学评价。

1. 教学评价信息化的内容

教学评价的内容丰富，主要可分为教师和学生两个主体。

（1）教师。

教师作为学生学习的引导者，教学活动的主要领导者，对学生学习的效果影响不言而喻。信息化时代的教学评价管理，对教师的评价主要是其在教学信息化环境中的教学能力上。主要可以从以下几个方面进行评价：

① 评价教师的信息素养。

教师的信息素养是否完备，直接影响着教学设计、教学活动等教学内容的实施是否合乎教学管理信息化的要求。对教师的信息素养评价，主要从意识、获取、分析处理等几个方面进行。

② 评价教师的教学设计。

教学设计过程的信息化是通过信息化手段设计课堂活动，进行课堂教学。在进行教学设计的评价时，可以运用以下几个基本的标准：

A. 根据学生不同特点，设计适应学生发展的教学活动，并运用适当的信息技术手段（如制作幻灯片、录制微课等）进行教学设计。

B. 能够根据现有的教学环境和技术支持，设计合理可行的教案，教案的内容形式能够适用于各个不同水平的学生，教案有重复利用的模式和价值。

C. 对于多媒体技术的应用必须有利于提高学生的学习水平。

D. 教学设计内容应与教学大纲相符，并能够根据教学目标对学生学习效果进行合理正确的评价。

（2）学生。

学生是学习的主体，是教学活动的主要影响对象。学生的学习效果评价是教学评价的重要反馈和参考来源，根据对学生各方面的评价结果可以进行下一步教学的反思和调整，以完成教学目标。对学生的评价可从以下几个方面进行：

① 创新意识和能力：运用已学到的知识提出创新想法，制作出创新作品或进行创新研究学习。在个人或小组合作探究学习时，能够提交原创作品作为学习成果。使用已学到的模式和方法对复杂的新系统和实践活动进行分析推理。能够对问题发展和结果进行合理分析预测，提出解决方案。

② 交流与合作能力：有能力运用信息技术的手段与同学、教师、专家或其他同伴交流、合作学习和产出学习成果。能够通过多媒体手段与不同文化的人进行交流想法和信息，具备多元文化理解能力和全球化视野。能够与团队合作进行研究学习，产出原创成果或解决问题。

③ 批判性思维、问题解决和决策判断能力：有能力根据调查研究发现主要矛盾和问题所在。有能力规划和管理为解决学习问题所需完成的事项和活动。搜集、分析和鉴别数据以解决问题的能力。能够从不同角度和使用不同手段发现不同的问题解决方案。

除以上这些评价标准外，还应加上教师评价中信息素养这个部分，这对于学生的评价也同样适用。

2. 教学评价的信息化管理方式

信息化管理形式下的教学评价，必须体现信息化的优势，区别于传统的教学评价，仅仅通过对学生和教师进行考试、测验的单一方式进行评价，而应该结合过程评价、成果评价和自我评价等多种方式。

在教学评价管理信息平台之上，分为对学生和对教师两个不同部分进行评价的管理，主要形式如下：

（1）对学生进行的评价。

从每个学生高一年级入学开始，建立学生的评价档案，档案用于记录学生入学以来的学业成绩和教师评价，并对学生的知识、能力和情感态度价值观的发展进行记录。档案内容要根据不同学科进行分类，以一个学期为单位，由学生自己、小组成员和教师分别进行填写。

表格的填写需要学生、教师和家长分别登录教学评价管理平台进行。在整个学期，学生每完成一次课外实践活动的资料搜集和专题研究时，都要登录系统将自己搜集资料的时间、内容、专题名称进行填写，并将资料和专题报告上传至学习成果储存系统。教师要在每一单元结束和每个阶段实践活动结束后，及时登录评价系统，填写学生的单元测试成绩，以及实践活动评价等级。学期结束时，学生应登录评价系统，填写学期总结和下学期的计划，并对自己和小组成员本学期的学习做出评价。每学科的教师可根据本学期学生在本学科的学习情况进行评价，并针对学生的个性特点提出学习建议，帮助学生了解自己的不足和发扬自己的优势。系统还可以设计家长注册部分，让家长在每学期结束后的假期，在家中连接互联网登录教学评价平台，对学生的学期成绩和表现进行查阅，并做出评价。表格完成后，系统自动储存，作为学生的学期成长档案，供学生和教师为下一学期的教学和学习作反馈和参考。

（2）对教师进行的评价。

基于教师成长的特性，教师的评价档案内容非常丰富，涵盖的方面较多，在进行教师评价管理时，应特别注重资料的分类、储存和检索。

教师评价档案的内容应根据教师成长的规律和国家教育方针提出的教师标准来设计。根据设计的侧重点不同，可分为三种不同类型：基于过程评价方式的教师评价电子档案、基于总结性评价的教师评价电子档案。

① 基于过程评价方式的教师评价电子档案。

这种类型的教师评价档案主要包括对教师一段时期内的教学方法取得的绩效，以及教师在这一过程和领域的专业发展情况。内容可以包括教师在此时期内的教学设计、教案的电子版，学生的成绩和相关作业、作品等。由校长或中层管理人员、学生和家长三个角度进行评价。

对于这一种类型的教师评价电子档案，需要相应的评价管理平台进行支持。在学期中间，教师可随时上传自己一段时间内的电子教案和教学设计内容活动的电子版；校长或中层管理人员在登录进入评价系统后,对于教师上传的电子教案、教学设计和学生成绩等内容进行查阅,做出等级评价并给出评价结果和建议。学生在每学期末登录评价系统,对每一科教师在本学期的教学做出评价,根据自身的听课、参与课堂活动的体验,结合自己对教师所教授知识技能的掌握程度,以及教师平时的课后辅导效果,对教师进行评价,通常是以客观题问卷的形式。学生评价的结果经过系统客观统计分析后上传并存储,供校长或中层管理人员及教师查询、了解。学生家长也可以登录评价系统,对教师的教学方式等提出相应意见和建议。此外,教师登录系统后,也可对自己的同学科或不同学科的同事做出专业性的评价。每个教师的电子档案都对学校管理层和教师本人完全公开,对其他教师和学生及学生家长部分公开。

②基于总结性评价的教师评价电子档案。

这一类教师评价档案侧重于汇集教师在一定专业发展时期之内所取得的专业发展成果,对在这样一个时期之内教师的专业发展情况做出一个总结性的评价,通常这样的评价档案可以作为教师追求进一步提升,如职称评定、职位晋升等的参考要素。

教师可以在进行了一个阶段的教学创新之后,将自己在此阶段所做出的教学创新和成果制成电子版上传至电子档案中,这些创新和成果可以包括独有的教学活动设计、有教学创新的教学计划、原创的教学课件、微课视频、教具等教学资源、录制的课堂教学视频、所获的资格证书或教学评选证书、优秀学生的作业、作品等。学校管理层人员登录系统,对教师所上传的各项成果进行审查、公示和资格评定,以对教师的专业发展水平进行评价,评价结果也可作为教师职称评定或职位晋升的参考。对于所上传的教学成果,电子档案管理平台应进行归类和分档。各学科的教师可以通过登录系统,对同学科的其他教师成果提出建议和评价,作为教师教学成果评价的一部分参考标准。教师本人在上传教学成果后,也可上传自己对于这一阶段教学创新的心得体会和自我评价,以此作为自己专业成长发展过程的记录。对于取得优秀成绩的教师作品,可通过平台设置筛选展示在学校门户网站上,以此激励教师积极进行教学钻研和创新。

以上对于学生和教师两个教学评价主体的评价方式都可以总结为,建立电子成长档案。对电子档案的储存、录入、更新等管理工作均可通过不同用户登录教学评价管理平台进行操作。整个管理过程仅需各个主体完成自己的录入工作即可达成,大大提高了教学评价管理的效率,体现了教学管理信息化的优越性。但其不足之处在于,需要对学校管理人员、教师和学生进行平台操作的培训,前期系统的开发需要财政支持等,需要耗费一些精力和财力。

第八章　职业高中教育教学管理

第一节　职业高中教学管理

一、抓开学的教学管理工作

每个学生到一个新的学校，处在一个新的环境，一定有许多新的打算、新的开始，每个学生心理都会有许多积极的愿望，所以职高班主任开学之初最应做到"四勤"。

勤动脑。即脑子里要装着每个学生的情况，做到知己知彼，勤动脑筋思考，采取用什么样的方式和方法，恰当而灵活地教育管理学生，有效地引导班级学生全面发展，这既是职高班主任成熟度的反映，也是职高班主任教育艺术的反映。勤动脑思考就能寻找到比较好的教育契机和比较好的方法和措施，来教育教学管理班级。职高班主任的工作也就有条不紊，层层开展，步步落实。故勤动脑是做好班级教学管理的重要条件。

勤动腿。就是要坚持"到岗"，深入学生中间，通过细致的观察，去发现、捕捉学生的思想情况，通过了解、观察，知道学生在想什么，做什么，有何打算，以及家庭环境情况。通过掌握学生的第一手资料"因材施教"，促进学生健康发展。勤动腿下寝室关心学生生活，了解学生有什么难处，让学生感到寝室就像家，勤动腿到教室看着学生上课的情况，并与科任教师取得联系，形成教育教学管理的合力。

勤动嘴。班主任通过口头语言向学生灌输正确的人生观、价值观，教育引导学生，让学生明白什么该做、什么不该做，做到令行禁止。勤动嘴时，班主任一定要有针对性，要言简意赅，言之有物，不要讲废话、空话，不要让学生感到厌烦，产生逆反心理，而认为班主任唠叨。讲话时要抓住学生的闪光点，树立典型，经常表扬和肯定学生的成绩、进步。

勤动手。动手做好职高班主任日志，记录学生中发生过的大事，建立学生个人档案；勤动手写好思想教育方案，有步骤地实施教育。对班级教学管理工作定期写好总结，分析工作中的经验和不足；勤动手和学生一起参加劳动，发现教室零乱、东西摆放不整齐时，动手收拾，通过言传身教，模范、表率作用，逐步培养学生养成良好习惯，通过"四勤"工作，对班级教学管理能起到良好的奠基作用。

二、严格教学管理，创造合理的管理机制

管理班级教学最重要的是寻找一个合理的机制。人们常说，一个好的机制可以变成好人，一个坏的机制，可以将好人变成坏人。因此，职高班主任开学之初应该努力思考、探索、建立健全适合本班学生管理制度（如班干部工作职责，课堂常规制度，奖励处罚制度，请假制度，早操、早跑制度，寝室、教室清洁卫生制度等），使班级教学管理有章可循，形成班级常规管理。此时班主任对制度的实施要通过前面的勤动腿严格检查，严格督促，严格要求，严格管理，要说到做到，既要有雷声又要有雨落，抓住典型问题及时处理，今天的问题绝不能拖到明天，甚至不做处理。在处理问题时要通过个别谈话，辩明利害，直至彻底解决问题，起到教育其他学生的作用。在严格管理班级教学中，处理问题，班主任要坚持原则，公平公正，做到以理服人，以情感人，不偏袒任何一个学生，真正做到使学生口服心服，自觉接受教育，改正错误。

三、建立和谐、融洽的师生关系

首先，在一种融洽的气氛中增强班级凝聚力，学生把教师当朋友，理解职高班主任的教育教学管理是为他们好，而不是把班主任看成是警察，监视他们，处处约束他们，专门找他们的碴儿。融洽的师生关系对建立班级集体核心力量起巨大的促进作用，学生把自己看成集体主义的观点。和谐融洽的师生关系，学生不会感到班主任高高在上，师道尊严。良好的师生关系，不会导致学生做一些有损集体荣誉的事，而故意"整治"班主任，并认为是"解气""解恨"，使班主任工作处于难堪、难做的境地。当然，和谐融洽的师生关系，并不是说教师不分原则，为了搞好关系而偏袒学生，对学生的违规视而不见、不管，放任自流。对学生的缺点错误应严格指出，分析弊端、危害，真诚对待学生的缺点和错误，引导学生认识到何为爱、何为害，真正读懂教师的良苦用心，保持教师在学生中的良好形象，树立威望。

四、建立班级核心力量——班干部的选拔培养

1. 干部的选拔

职高班主任在选拔干部时，要注意观察分析学生的能力，有一定的组织能力和有工作能力，有乐于为集体服务的思想，有号召能力和较强的语言表达能力。其次要重视干部的品行，能起带头作用，有正义感，能吃苦耐劳，团结同学，大公无私，以身作则。

2. 干部的培养

通过职高班主任的培养，班干部才能茁壮成长，带好班级，真正成为班级教学管理的主人，成为班主任的助手。每周召开一次干部会，指导他们工作的方式方法，充分相信他

们，大胆使用，鼓励他们积极开展工作，肯定他们的工作成绩，指出不足，逐步提高他们的工作能力，放手让干部开展工作，做干部的后盾，树立干部在同学中的威信，为他们排忧解难，对他们存在的问题和缺点应实事求是，严格指出，一视同仁，不能袒护。通过培养使他们工作能力增强，真正带好班级，使之成班级教学管理的主要力量。

总之，班级教学管理工作是一个复杂的过程，职高班主任只要处理好以上四个方面的工作，对班级教学管理以及优良班级的形成，将起到事半功倍的作用。

第二节　职业高中体育教学

一、职业高中体育教学特点及教学原则

1. 明确教学任务的特殊性

鉴于职业高中的社会责任，职业高中的体育教学不能单纯地向普通高中看齐，一味地追求对口高考升学率，这就要求体育教师能够正视自身的教学特点，明确教学任务的特殊性。职业高中的体育教学除了使学生逐渐掌握基本的体育能力，包括基本的卫生保健和体育知识、运动技能，养成良好的体育意识，增强学生体质和提高学生运动能力，增进健康，增强体质，提高技能等自身作用，还要逐渐提高学生的实践能力，包括分析和解决问题的能力，继续学习和创新的能力，合作交往能力，具有较强的就业能力和一定的创业能力等，使学生尽快适应社会，将所学知识化为生活、学习和工作的后继手段，并将职高体育的时间界限扩展到毕业后的社会生活之中，达到终身体育教育的目标。

2. 选择合适的教学内容

在职业高中的体育教学中，教学内容的合理选择关乎着学生主动性的发挥、科学思维和兴趣的培养，体育达标，考试合格绝不是我们教学内容的最终目的。在实际的体育教学中，有些老师采用"满堂灌""教师第一"的方法上课，忽视了学生的主体性，把体育教学的目标任务简化，与体育教学的系统性、科学性、趣味性背道而驰。笔者在教授本校的体育课程时，针对不同专业选择不同的授课内容。比如对旅游专业学生加强韵律操和艺术体操训练，提高学生内在的气质，培养学生的自信心。对计算机、财会等专业的学生来说，尽量安排健美操和武术这一教学内容，不但能提高学生的兴趣，在使得学生掌握技能技巧的基础上，增强身体素质，缓解学生长时间集中精神，面对显示器所带来的疲劳和紧张。对于机械、土木等工科专业的学生来说，主要选择田径这一教学内容，将障碍跑、接力跑、50米跑、100米跑单元课时量加大，并以跳远、投掷项目等专项课形式进行教学，培养其耐力、灵敏和力量等身体素质，附加篮球等集体性质较强的活动，提高其团队精神，受到了学生的广泛欢迎。

3. 遵循合理的教学原则

为了保证体育活动的教育效果，提高体育教学的质量，职业高中体育教学的开展应该遵循以下原则：

（1）开展多样化的课外体育活动。

由于职业高中的体育课程具有不稳定性，因此多样化的课外体育活动开展有利于弥补这一不足。职业高中的培养特点在于为社会培养中等专业的实用人才，但是现代职业高中的学生就业很不稳定，无法达到绝对的专业对口。因此职业高中的学生必须做到一专多能，这样才能满足以后就业的需要。而职业高中的课外体育活动结合本专业特点，能够增加不同专业的交流，扩大学生的知识眼界，同时也能增强学生的体质。笔者所在的职业高中除了每天有固定的广播体操外，体育教师还根据不同专业特点编排了一些韵律操和武术操等，并经常在学校举行比赛活动，取得了很好的效果。

（2）调动学生参加体育活动的积极性。

在职业高中，学生往往对体育课程不感兴趣，体育教师的教学往往都是教师决定教什么学生就学什么，这很难保证教师教的内容都是学生所感兴趣的内容。这也在很大程度上导致了学生对体育课程冷淡甚至反感，从而不利于培养学生积极参加体育锻炼的意识，最终不利于素质教育的培养。在职业高中体育教学中，必须要调动学生的主动性。把体育课程真正还给学生，使学生真正成为活动的主人，使教师的主导作用和学生的主体作用真正地结合起来。笔者在上体育课之前，往往会列出很多备选方案，然后让学生们选择他们想学的内容，并在体育课程中引入比赛的机制，使学生们积极参与到体育课程内容的选择中，让他们学习所感兴趣的体育内容。这既锻炼了学生的身体素质，又启发了学生的探索精神，使他们保持对体育课程的兴趣，调动他们学习的主动性。

（3）改进体育教学方法。

体育教学方法的改进不仅能够提高学生学习体育课程的积极性，还能够改善学生的学习效果。在目前的职业院校中，许多教师仍然采用传统的封闭式灌输式教学方法，使得体育课的课堂气氛跟文化课一样严肃，甚至有点沉闷和呆板，失去了体育课应有的活力。这很不利于培养学生学习体育课程的兴趣，无法调动学生的主动性。在体育课上，必须改进传统的不合时宜的教学方法，采用针对个体差异的教学方法，少用惩罚的教学方法，要善于发现学生身上的闪光点，培养学生的自信心，让学生在课堂上有进步就行，不勉强，不强求，不一个尺度要求。让自卑的学生克服其自卑心理，形成自信乐观的人生态度。体育课上，我不以成绩为标准，不以教学内容为教条，而是合理利用现代多媒体技术，改进教学手段，选择现代化的教学内容。强调以强身健体为目标，以发展中国体育运动为口号，让体育课学习成为学生的需要，让体育锻炼成为学生的爱好，终身受益。学生爱上体育课，爱上体育课上的内容。这才是体育课的教学目的。

总之，职业学校的体育教学绝不是以简单的身体训练和取得较好的竞赛成绩为主，而是要结合学生的专业特点，全方位发展，提高其身体素质，促进学生身心健康发展，养成良好的体育习惯。建议广大学校体育工作者积极参与探讨，将职业高中体育教学问题的研究引向深入，早日形成科学的职高学校体育教育体系，这样才能使每个学生都能体会到学习和成功的乐趣，满足他们身心发展的需要。

二、职业高中体育教学策略

1. 体育教学应加强德育渗透

体育是个大舞台，中等职业学校体育教学是培养全面发展人才的重要组成部分，体育教师则是通过体育教学去实现培养全面发展人才的神圣使命。通过体育教学，可以使学生树立正确的世界观和人生观，培养学生遵守纪律、团结奋进的集体主义精神和高尚道德品质，这些对职业学校学生来说尤为重要。体育教师在体育教学中，应从"育人"的目标出发，坚持站在"育人"的高度备课，将思想品德的内容寓于整个体育教学之中，将"育体"与"育人"紧密地结合在一起，使学生养成自觉参加体育锻炼的好习惯，为他们将来升学或就业打下良好的身体基础和人文理念，真正体现学校教育培养全面人才的教育目标。

在具体教学中，体育教师可从以下方面加强德育渗透：其一，结合课堂常规进行德育渗透，向学生进行文明礼貌、组织纪律、思想作风的教育。如通过队列练习，有目的地培养学生遵章守纪的自觉性，进一步增强学生的集体主义荣誉感；其二，结合教学内容进行德育渗透。在体育课的教学中，学生有多方面的学习内容，如跑、跳、掷、基本体操、游戏、球类等。如在短跑教学中，结合技术动作要领，要求学生遵守规则，打消抢跑等投机心理，培养求真务实的精神。在这些教学内容中学生最感兴趣的往往是游戏，因此在各种不同类型的游戏教学中渗入德育无疑是最好的途径之一。如接力游戏"抢运伤员"，培养学生团结友爱的精神，严肃认真地完成"战地"抢运"伤员"的光荣任务；其三，充分利用现代教育手段，加大德育渗透力度。主要是利用体育教学活动的实践环境，结合体育教学方法，贴近学生实际，激励学生的进取精神。

2. 体育教学应注重职业特征

职业学校体育教学对专业、工种来说处于服务性地位，不同专业要求学生掌握不同的专业技能，而不同专业技能需要相应的体能保证。如厨师对手腕力量要求比较高，海员必须学会游泳，保安必须熟练掌握擒拿格斗，宾馆服务必需熟练托盘，服务业必须接受形体教育等。体育教学应体现职业技术学校的特点，根据不同专业选择不同的教学内容，加强校本教材的开发和利用，以期收到良好的教学效果。

职业学校体育教学在保证学生身体全面发展的同时，应该根据学生所学职业的特点，使他们受到一定的专门训练，获得本职业所必需的身体素质和实用技能。在教学中，笔者尝试从引发学生学习兴趣、增强学生专业身体素质入手，对不同专业的学生，采用不同的教学方法与手段，使他们具备适应专业岗位所需要的身体素质，如幼教班的教学，在准备活动中，由学生轮流组织领做热身操，老师协助做好组织工作，锻炼学生的组织能力、节奏感、自信心，为将来成为合格的幼儿教师迈出了可喜的一步。再如，计算机、电子专业要求学生的身体具有较好灵敏性和协调性，其体育教学应围绕专业实际，应根据学生的专业特点，选择全面发展学生身体素质的内容，实行有专业针对性的身体锻炼，如健身跑、球类、健美操等项目。通过教学，让学生掌握这些运动项目的基础知识、基本技能，使学生的身体素质得到全面的锻炼，为终身体育锻炼打下坚实的运动基础。

3. 体育教学应激发与培养学生创新意识

在具体教学实践中，体育教师应从以下方面着手培养学生创新意识：其一，在体育教学中注重个体差异，因材施教，使不同层次的学生都有获得成功的可能，感受到成功的喜悦，激发学生创新意识；其二，在体育教学过程中，启发、鼓励学生创造新的方法去完成动作，让学生有目的地质疑和实践，在实践中体会、思考、发现和寻求解决问题的途径；其三，通过各种体育教学手段，创设各种情境，激发学生的想象力，让学生运用已有的知识或技能，从不同的角度、按不同的线索，寻求解决问题的方法和途径，从而培养学生创新意识；其四，教师在体育教学中要引入新的教学思想和方法，切实重视学生的主体地位，让学生变被动学习为主动学习，从而使他们的自主性、主动性和创新性得到更好的发挥，培养学生创新意识。

4. 体育教学应关注女生身心特点

在体育教学中，体育教师应关注女生身心特点，根据体育教学要求和自身教育实践，结合该阶段女生的心理和生理特点进行教学，以提高体育教育质量。首先，体育教学与女生身心特点有机结合。女生肌肉占身体的比重及肌肉力量均较同年龄男生差，在动作练习中容易脱手受伤，也容易产生畏难情绪，在教学过程中发展女生的肌肉力量时应格外重视保护和帮助，消除女生的畏惧心理，防止意外事故的发生，提高教学效果。其次，注意女生意志品质的培养。青春期后的女生，一般来说容易害羞，不大相信自己的力量，胆子较小。因此，在教学中要注意女生意志品质的培养。练习中，在启发自觉的基础上，严格要求学生保质保量完成各项练习任务，决不姑息迁就。要坚持正面教育为主，同时要对她们分析如何完成动作，如何克服困难，并指出具体方法。

三、职业高中体育教学改革

1. 职业高中体育教学改革的必要性

（1）职业高中学校自身的性质要求体育教学围绕学生职业能力培养来开展。

中等职业教育的定位是在义务教育的基础上培养大量技能型人才与高素质劳动者。职业高中学校对学生进行高中程度文化知识教育的同时，根据职业岗位的要求有针对性地实施职业知识与职业技能教育，要求学生具有扎实的实践操作能力与应用专业知识能力、良好的体质和心理状态。因此，职业高中学校体育教学不能仅停留在体育技能的教学上，必须围绕着学生职业能力培养开展体育教学改革，增强学校体育教学的职业针对性，使体育教学成为学生的专业知识转化成职业能力的倍增器，促进学生职业能力提高，使学生步入社会后能在激烈竞争的岗位或职业转换中脱颖而出。

（2）社会发展要求职业高中体育教学必须改革创新。

社会适应力是职业能力的重要组成部分。从一定意义上说，社会适应力最重要的就是人际交往和人际关系的适应，学生无论从事何种职业，都涉及人际交往和人际关系，体育教育就要在促进学生个性的发展、培养学生的人际交往能力方面起到作用。良好的人际交往能力不但是学生生活的需要，更是将来走向社会、获得事业成功的需要。因此，在体育教学中，首先，不能仅传授体育技能，而应是有针对性地培养学生配合、协作、沟通的能力，有意识进行挫折教育和抗压练习，增强适应能力，其次，组织学生积极参与到体育教学中来，培养组织参与集体活动的能力，改变以前老师传授、学生学习的方式，加强教师与学生或学生与学生的相互交往、沟通、交流。再次，加强和创新开展体育活动，在多种形式、内容的活动中学生通过语言、动作、行动、眼色、表情相互作用、相互影响，促进学生间的沟通和交流，并在相互学习、合作、竞争气氛中建立友好关系，增强人际交往的情感体验，培养与他人和谐相处的意识和能力。所以，体育教学要在培养学生人际交往能力方面有所作为。

2. 职业高中体育教学改革的原则

（1）坚持安全、健康第一的指导原则。

职业高中体育教学要坚持安全、健康第一的指导原则，使学生体质、体育能力、体育意识、身心健康都得到健康发展。在这个原则指导下，结合自身的办学特点和学生特点，把所学习专业与体育教学结合起来开展教学活动，使学生掌握科学的体育知识和规范的技能，进行科学的训练和锻炼，形成良好的个性，并能始终贯穿于以后的职业生涯中，成为从事职业顺利发展的有力保障。因此，无论推行何种教学的改革创新，都要求在保障学生身心健康的基础上培养学生的职业能力。

（2）联系并结合当前实际的原则。

职业高中学校体育课程教学改革首先要体现职业教育特点，强调基本动作和基础知识、基本技术和基本技能的教育，重在提高身体素质、心理素质、体育能力上，并掌握一些预防职业病的常识和体育训练项目。其次，要解决当前学生对体育学习兴趣不高的问题，在改革体育教学时，应结合专业特点，制定符合专业特点的体育教材，并基于职业能力培养开发拓展性教学，使学生的职业体能和心理素质得到提高和发展，使学生在校期间能够有意识地学习带有职业内容的体育知识技能，提高学习兴趣，积极参与体育活动，学生在身体素质、心理素质、体育能力得到提高的同时，自己职业能力得到培养，更加适应以后的工作岗位。

3. 职业高中体育教学改革措施

（1）开展针对性教学。

现代社会职业虽然门类繁多，分工也比较精细。但不管从事什么职业都需要有强健体魄和能吃苦耐劳、不怕困难的精神。为此，在体育教学中，应对学生进行长跑和克服障碍的训练，磨炼他们的意志，提升他们的心理素质，使他们以后能很快地适应所从事的工作环境，符合体力和脑力的要求。同时，根据职业高中学生的专业特点，对他们进行和职业相应的体育教学，开展职业实用性身体训练，重点发展相关的身体素质。

（2）开展拓展性教学。

职业高中学校的专业学习，除了对技能有特定要求，也比较注重培养团队合作精神，这也是学生职业能力的一部分。在体育教学中，注重安排一些拓展训练培养学生的团队合作精神。首先，做好游戏课的开展，它是体育课的一个重要组成部分，可专门设计一堂体育游戏课，也可穿插于一节课之间，如老鹰抓小鸡这个经典的游戏，母鸡要保护，小鸡要抱团，离开这个团队意味着失去，里面既有分工又有合作，既能提高学生学习兴趣，又能培养学生的团队合作精神。其次，做好一些集体项目的教学开展，如篮球、足球、排球、拔河等集体项目，都是能很好地体现团队合作精神的运动，像篮球项目，除了五人制的，我们还可以开展三人制的，让学生在成功和失败中去感受集体项目的魅力。再次，可以开展模仿与职业技能相似的一些练习，也可以设定与工作现场相似的场景进行教学，如在操场上设定场地，用杠铃代替轮胎进行拆轮胎练习，让学生拆杠铃片，并搬运一段距离的练习。

总之，职业高中体育教学只有结合学生专业特点，融入相关职业岗位要求去改革、探索、创新，才能使体育教学更加切合实际，才能更好地培养学生的职业能力，也使学生在身体素质、能力、保健方面都得到提高，为自己今后的职业发展打下良好的基础。

结束语

当经济全球化的趋势逐渐风靡于当今世界的各个角落时，各个国家或者说整个社会对科学技术以及信息化产业开始深切关注，因为无论从哪一个角度出发，知识经济已经成为当今世界经济竞争的一种代表性的表现形式；而教育事业作为知识经济发展的一种前提条件，这样的社会境况对于它既是一种挑战，又是一种机会。

在现阶段的教育改革中，如何与时俱进、全方位地实施对学校的管理，正成为一个热门话题。有人说：管理是一门神奇的综合艺术，管理就是生产力，就是效益。管理就是指挥棒，就是组织者引导工作者做人做事的道理，就是如何搞好人际关系、如何工作的方法。也有人说：管理就是计划、组织、指挥、协调和控制；管理就是沟通，就是激励，就是服务。还有人说：管理就是不断改进、总结工作得失，调动大家的工作积极性，提高工作效率的有效手段。那么，如何落实学校的管理？怎样进行管理？对于广大学校管理者来说，似乎还是一个必须研究和探讨的话题。

总之，成功的管理，除了有一套科学规范的管理制度之外，更需要从人的情感需要和发展的角度来思考管理的方法。我们的管理在追求"工作认认真真、一丝不苟"的同时，更应追求工作中团结协作、"创新有效"的境界，积极营造一个尊重人、信任人的环境。学校领导要有服务意识，积极与教师交往，做教师的知心朋友；关心教师的生活，尽力提高教师的物质待遇。在工作中要充分信任教师，放手让教师发挥创新才能，让教师愉快地工作、学习和生活，从而达到"管"是为了"不管"的更高管理境界。